陝西出土蒙元時期墓誌

樊波 主編

陝西新華出版傳媒集團 陝西人民美術出版社

圖書在版編目（C I P）數據

陝西出土蒙元時期墓誌 / 樊波主編 . -- 西安 : 陝西人民美術出版社 , 2021.10

ISBN 978-7-5368-3833-8

Ⅰ . ①陝… Ⅱ . ①樊… Ⅲ . ①墓誌—考古—研究—陝西—元代 Ⅳ . ① K877.454

中國版本圖書館 CIP 數據核字 (2021) 第 221411 號

責任編輯：周佳星　衛春怡　韓宏偉
責任校對：党紅雨

SHAANXI CHUTU MENGYUAN SHIQI MUZHI
陝西出土蒙元時期墓誌

樊波　主編

陝西新華出版傳媒集團
陝西人民美術出版社　出版發行

新華書店經銷　北京雅昌藝術印刷有限公司印刷

635mm × 965mm　1/8　28印張　256千字

2021年10月第1版　2021年10月第1次印刷

ISBN 978-7-5368-3833-8

定價: 860.00元

地址: 陝西省西安市雁塔區曲江街道登高路1388號　郵編: 710061

發行電話: 029-81205258　029-81205300　傳真: 029-81205299

前言

蒙元時期的陝西，帝都的光輝早已褪去，王氣黯然已是不争的事實。但有元一代，陝西一直是西部邊地軍政的大本營，加之曾是元世祖忽必烈的藩府封地，故在“西部諸行省中的重要性位居第一”[1]。

本書是陝西出土蒙元時期墓誌的第一次系統整理和出版，全書共收録墓誌 89 方，每方墓誌包括基本信息、圖版和録文三個部分，編纂時力求資料的全面和信息的準確完整，希望因此能爲學界研究陝西地方史和蒙元史提供更多資料，以推進陝西這一學術領域的研究工作。

從目前掌握的資料情況來看，陝西蒙元時期墓誌在種類上大致可分爲墓誌、塔銘和買地券三種，其中以墓誌數量最多。這些墓誌多數出土於 20 世紀 50 年代中期、80 年代和 21 世紀初期，西安碑林博物館、西安博物院、陝西省考古研究院、西安市文物保護考古研究院、大唐西市博物館等單位收藏的墓誌較爲集中，關中各地市博物館和文管所也有個别墓誌的存藏。從時間上看，最早刊刻的是銅川市藥王山博物館所藏蒙古贵由汗三年（1248）的《羽化了然子同尊師冠履墓誌》，最晚的是陝西省考古研究院 2009 年考古發掘出土的至正二十年（1360）的《劉天傑墓誌》。

陝西出土的蒙元時期墓誌中，近一半爲考古出土，從而使其價值得以提升。考古發掘出土的墓誌與墓葬研究有着緊密的聯繫，爲墓葬的研究提供了重要的參考資料。墓誌内容的解讀和分析，爲墓葬研究提供了清晰的紀年和明確的墓主姓名、身份信息，可以由此判定該墓葬隨葬器物的製造時間，這不僅爲進一步研究該墓葬的隨葬器物組合及葬儀制度、社會風俗等提供了背景材料，同時也爲推算無紀年墓葬的時間提供了標尺。墓誌文中記述的葬地的地理位置及與其他家族成員墓葬的相對位置關係，爲判斷該墓葬與周邊墓葬的

[1] 李治安：《元代行省制度（上）》第十三章《陝西等處行中書省》，中華書局，2011 年，第 324 頁。

關係提供了可靠的綫索，尤其是墓誌所提供的出土地的古地名和行政區屬等歷史地理資料，爲研究該地域的歷史沿革提供了絶好的實物資料。如2009年，陝西省考古研究院在西安市長安區韋曲街辦夏殿村發掘了12座墓葬，出土和采集到劉黑馬，劉黑馬之子元振、元亨，劉黑馬之孫天與、天傑，以及劉元振妻郝柔等墓誌。通過釋讀墓誌，可以確定此地爲元代漢軍世侯劉黑馬的家族墓地，这對研究元代漢軍世侯的埋葬制度具有典型意義。這些家族成員的墓誌同出於夏殿村，但不同墓誌對葬地名稱却有着不同的表述，從而清晰地反映出同一地域在不同時間段所屬行政區劃的變化，尤其是至正二十年（1360）的《劉天傑墓誌》稱葬於“咸寧縣下店”，“下店”與“夏殿”音同而字異，説明今夏殿村之名早在元代晚期已存在，乃“下店”之音轉。

陝西關中一直是傳統漢族文化的中心之一，在歷經宋、金、西夏、元四百多年間党項、女真、蒙古等北方民族的交替影響之後，漢文化仍得以延續和傳承，同時草原文化的影響也在生活中留下了深刻的印痕。陝西蒙元時期墓誌的誌主多是《元史》缺載的人物，絶大多數墓誌文未收録進元人的各類文集中，因此這些墓誌爲陝西蒙元地方史的研究提供了豐富的素材。下面着重從這一角度介紹一下這些墓誌的價值。

首先，陝西出土的重要家族，尤其是元代漢軍世侯家族成員的墓誌，爲研究這些家族提供了第一手資料。

蒙元時期的漢軍世侯是在滅金伐宋的戰争中逐漸地成爲蒙古的中堅力量，蒙古人給予他們所管轄地域的行政、財政、司法、軍隊的世襲權力，他們則擔負起納質、助軍、獻户口、納貢賦、定期入覲、設驛、接受達魯花赤監臨等義務，家族勢力雄霸一方，在蒙元早期地位尤爲突出和重要。研究這些世侯家族，對於解讀蒙元政權的建立、政治統治和宋元戰争等都有着重要的意義。

生活在陝西的漢軍世侯基本上都是追隨蒙古軍隊南征的軍將，如今在河北宣化的耶律秃花家族是蒙古建國初期的世勛大族，所率契丹、女真及漢軍諸部是蒙古建國初期漢軍集團的核心力量，爲蒙古征服西北、西南貢獻頗豐。這一家族墓誌目前可見兩方，分别是西安博物院藏《耶律秃滿答兒墓誌》和西安碑林博物館藏《耶律世昌墓誌》，爲耶律秃花家族的研究提供了新的資訊和研究角度。

原在今山西大同的天成劉氏，其代表人物劉伯林是最早歸附元朝蒙古人的漢軍世侯之一，其孫劉黑馬是元太宗窩闊台所立漢軍三萬户之首。蕭啓慶先生曾遺憾地指出，這是蒙元五大漢軍世侯家族中資料最欠缺的一個。[1]得益於2009年劉黑馬家族墓地的發掘，考古出土其家族成員七方墓誌，爲完善這一家族的籍貫、世系、婚姻等信息提供了資料。墓誌不僅可與《元史》《蒙兀兒史記》等文獻相互勘正，《劉黑馬墓誌》還明確了劉黑馬乃劉伯林之孫，糾正了《元史・劉伯林傳》所載爲劉伯林之子的錯誤。綜合分析劉氏成員墓誌内容，可以確知劉黑馬家族七代子孫的人數和主要家族成員名諱。其第四、第五代聯姻對象多爲漢軍世侯或者屬下，屬典型"世侯型婚姻"；而第六代的婚嫁對象已呈現出向官僚婚姻類型過渡的趨勢，與其家族勢力和影響的下降趨於一致。

田雄，《元史》有傳，1233年被授予京兆路都總管而開始鎮撫陝西，是在陝西建立蒙古地方政权機構的第一人。其第三子田大成的墓誌近年在西安出土，是目前有關這一家族最爲翔實的一則石刻資料，可通過墓誌内容排列出從田雄父輩起連續五代的世系圖。劉黑馬部下、太原等五路萬户郝和尚拔都家族，除出土有郝仲威、郝天澤、郝札剌兒台等人墓誌外，上文提到的劉元振妻郝柔也是這一家族成員。以上這些墓誌内容明確反映出劉黑馬、田雄、郝和尚拔都三個家族之間的聯姻關係，因此爲陝西漢軍世侯的綜合性研究提供了絶佳的資料。

此外，1953年在西安市鄠縣秦渡鎮張良寨村北出土的《賀仁傑墓誌》《賀勝墓誌》，分别是元代漢人中唯一官至御史大夫的賀惟一的祖父和父親，二人在《元史》中均有傳，墓誌内容可與史料相互勘正。

其次，重要家族成員的墓誌内容中，還涉及蒙元時期重大的歷史事件。

13世紀中葉，蒙古與南宋政權在四川地區展開了持續半個世紀（1227—1279）之久的激烈戰爭。陝西作爲當時蒙古征蜀大軍的大本營，許多戰事的

[1] 蕭啓慶：《元代幾個漢軍世家的仕宦與婚姻》，見蕭氏著《内北國而外中國：蒙元史研究》，中華書局，2007年，第300頁。

參與者卒後就埋在長安附近，出土的墓誌中也有一些戰事情况的反映。如西南要地瀘州，由於重要的戰略位置，處於宋蒙雙方反復的争奪之中。1261 年，時任南宋瀘州知府兼潼川路安撫使的劉整率瀘州十五郡降蒙，這一事件改變了整個宋蒙戰争的走嚮。有關劉整降蒙，史籍記載較多，但出土的《劉元振墓誌》和《馮時泰墓誌》補充了這一事件更多細節。劉元振是劉整降蒙時蒙古方面的代表，其墓誌涉及當時劉元振所率兵馬數量、宋軍圍城兵力、蒙古援軍主帥及兵力、援軍解圍策略等信息，而馮時泰則參與了瀘州解圍之後的撫慰工作。於是，一個更爲立體和全面的事件面貌呈現在我們面前。《耶律秃滿答兒墓誌》的誌主耶律秃滿答兒則是 1277 年瀘州之戰的親歷者，墓誌所述"薄城而諭""副將李從……啓東門而降"的細節，點明了蒙古軍隊在這場戰役中戰略戰術的成功所在，也凸顯出石刻資料在事件細節處的補充作用和史料價值。

再次，蒙元時期陝西的人口數量雖遠不及前代，但作爲西部的大本營，陝西依然聚集了衆多的人口。這一時期墓誌内容涉及社會生活的多方面，對多維度瞭解當時陝西社會提供了大量珍貴的素材。

除上文提到的漢軍世侯家族墓誌外，本書中涉及同一家族成員墓誌的有：興元路蒙古教授雷德詮與青澗縣主簿雷德誼爲同族堂兄弟；京兆路鎮撫軍民都彈壓曹世昌與曹世良、韓城縣尹張翼與興元路行用庫使張楫是同胞兄弟；張楫妻高氏的墓誌亦出土。一些誌主之間也存在聯姻關係，如《任謙墓誌》誌主任謙，其母曹氏的墓誌載於同恕《榘庵集》[1]中，以曹氏墓誌信息爲中介，可知任謙的妹夫即《嚴毅墓誌》誌主嚴毅的獨子嚴有恒，任、嚴兩家是姻親。

誌主的職業也很多元。《徐寬墓誌》和《王世英墓誌》的誌主徐寬和王世英擔任過政府負責翻譯工作的譯史、通事之職；《師弼墓誌》和《尚好信墓誌》的誌主是商人；《嚴毅墓誌》和《武敬墓誌》的誌主職業是醫生。《張弘毅墓誌》誌文中記載誌主張弘毅反對其子爲吏，認爲"吾聞刻木爲吏，期不對，懼壞汝心地也"，反映了當時的人對爲官爲吏的一種看法。《李圭

[1]〔元〕同恕著，李夢生校勘：《榘庵集》卷八《任正卿妻曹節君墓誌銘》，山西古籍出版社，2003 年，第 81 頁。

墓誌》的誌主李圭不僅有“通星曆風水之術”，而且誌文所載其撰寫的《地理捕龍賦注》和《五姓内外宅纂》二書，屬修建冢墓和宅邸的占卜風水之書，未著録於元明以來的公私書目之中，故可補元代藝文之闕。

此外，京兆總管府奏差提領經歷段繼榮、西京課税所奏差高全、鳳翔路副總管趙崇簡、耀州知州馮時泰、同州判官王鑄、同知耀州事王世英、茶局提舉郭宗敏、盩厔縣尉張璧、安陸府知府兼管内勸農事王文、南陽屯田副總管張謙、同知平凉府事劉逵、河南府路陝州知州兼管本州諸軍奥魯勸農事知河防事張儆等墓誌信息，也從一個角度展現出蒙元時期陝西一批青年才俊在仕宦道路上各自不同的人生經歷。這些誌主均生活在陝西，墓誌内容爲瞭解陝西當時的行政管理建制、社會成員構成、文化價值等方面提供了第一手資料。

本書收録的出家人墓誌或塔銘，數量不多，誌主在宗教界的地位和影響力也遠遜於同時期碑刻記述的高僧大德，但《羽化了然子同尊師冠履墓誌》《通玄大師墓石》《常守久墓誌》《張德琳墓誌》等道門人物墓誌中所記載的宫觀、事迹，以及《真净塔銘》《妙覺塔記》《僧任崇鼎塔銘》《義公和尚塔銘》等僧衆生平的記述，依然可視爲解讀這一時期宗教生活的一把鑰匙，顯得彌足珍貴。

買地券是墓葬中常見的隨葬明器，從東漢一直沿用到明清。本書收録《姜從善買地券》《袁貴安買地券》《李新買地券》《莽完不花買地券》四方買地券，在書寫形式上，除《姜從善買地券》是先刻寫後又填紅外，其餘三方均爲朱書。就内容而言，除年代、地望外，其主要内容具有鮮明的道教文化特徵，與傳統的風水觀念、信仰有着密切的關係。

陝西蒙元時期墓誌的研究，有益於從碎片綴合和區域多元的視野來推進蒙元史研究的深入和完備。陝西作爲古代絲綢之路的起點省份，隨着“一帶一路”的建設，其地域史的研究勢必須要跟上時代的步伐，相信陝西蒙元時期墓誌的整理研究，對地域史乃至蒙元史整體研究都會起到積極的推動作用。

目録

凡例 1

羽化了然子同尊師冠履墓誌　戊申年（1248）三月九日 001
劉黑馬墓誌　中統三年（1262）三月十六日 003
王恩墓誌　中統五年（1264）四月五日 006
段繼榮墓誌　至元三年（1266）正月十二日 008
真净塔銘　至元六年（1269）七月十五日 011
韓瑞墓誌　至元 六年（1269）十月二十五日 012
通玄大師墓石　至元七年（1270）正月十五日 014
僧任崇鼎塔銘　至元八年（1271）四月一日 016
高全墓誌　至元九年（1272）二月二十三日 018
妙覺塔記　至元九年（1272）九月 020
大唐清凉國師妙覺之塔　至元九年（1272）九月 023
郝仲威墓誌　至元九年（1272）十一月二十九日 025
周舍人妻耶律氏磚誌　至元十年（1273）七月十七日 027
趙崇簡幽堂記　至元十一年（1274）正月四日 028
吴清墓誌　至元八年（1271）十一月十二日 030
曹世昌墓誌　至元十二年（1275）三月二十六日 032
田大成墓誌　至元十二年（1275）四月二十日 035
劉元振墓誌　至元十二年（1275）十一月六日 038
張楫墓誌　至元十二年（1275）十一月七日 041
吴恕墓誌　至元十四年（1277）十月七日 044
輔昌磚誌　至元十七年（1280） 046

馮時泰墓誌　至元十八年（1281）二月二十四日 048
李時彦墓誌　至元二十一年（1284）三月十一日 050
王鑄墓誌　至元二十四年（1287）六月十四日 052
常守久墓誌　至元二十四年（1287） 054
賈進墓誌　至元二十五年（1288）八月八日 056
張翼墓誌　至元二十六年（1289）二月十日 058
李居仁墓誌　至元二十七年（1290）七月 060
嚴君禮墓誌　至元二十七年（1290）十二月一日 062
耶律禿滿答兒墓誌　至元二十八年（1291）正月十日 064
姜從善買地券　至元二十八年（1291）二月二十八日 068
胡全墓誌　至元二十九年（1292）二月九日 070
張德琳墓誌　至元二十九年（1292）三月 072
党文通墓誌　至元二十九年（1292）四月十日 074
師弼墓誌　至元三十年（1293）十一月九日 076
義公和尚塔銘　至元三十一年（1294）三月 078
袁貴安買地券　元貞元年（1295）閏四月五日 080
張輔臣壙記　大德二年（1298）二月 082
王進墓誌　大德三年（1299）二月二十日 084
郭汝弼墓誌　大德三年（1299）七月八日 086
高林墓誌　大德三年（1299）十一月二十五日 088
范祖文墓誌　大德四年（1300）正月二十日 090
李圭墓誌　大德五年（1301）十一月七日 092
武德墓誌　大德六年（1302）正月二十六日 094
劉元振妻郝柔墓誌　大德六年（1302）五月 096
馮士安墓誌　大德七年（1303）二月 100
王文墓誌　大德八年（1304）八月四日 102
張楫墓誌　大德八年（1304）九月 104
郝天澤墓誌　大德九年（1305）八月十日 106

嚴毅墓誌　大德九年（1305）八月二十二日　109
曹世良墓誌　大德九年（1305）八月二十二日　112
吴天祐墓碣銘　大德十年（1306）閏正月二十五日　114
徐寬墓誌　大德十年（1306）二月二日　116
張楫妻高氏墓誌　大德十年（1306）二月　118
韋珪墓誌　大德十一年（1307）六月　120
張謙墓誌　大德十一年（1307）八月二十八日　122
賀仁傑墓誌　大德十一年（1307）九月　124
任謙墓誌　至大元年（1308）八月十一日　130
趙泰墓誌　皇慶元年（1312）四月　132
武敬墓誌　皇慶二年（1313）五月　134
王世英墓誌　延祐三年（1316）二月十一日　137
輔昌墓誌　延祐三年（1316）四月一日　139
弘公和尚壽塔記　延祐四年（1317）二月　141
劉天與墓誌　延祐四年（1317）十月　142
郭宗敏墓誌　延祐五年（1318）八月十四日　144
趙元諒墓誌　延祐六年（1319）三月二十七日　146
張璧墓誌　至治元年（1321）十一月　148
王忠墓誌　至治二年（1322）八月十四日　152
尚好信墓誌　至治三年（1323）三月三十日　154
答里麻世禮墓誌　泰定元年（1324）二月二十八日　156
李新買地券　泰定二年（1325）二月二十六日　158
耶律世昌墓誌　泰定三年（1326）六月一日　160
賀勝墓誌　泰定四年（1327）十月三日　162
杜季昌墓誌　致和元年（1328）四月十七日　168
趙公瑾墓誌　天曆二年（1329）八月十八日　170
郝札剌兒台墓誌　後至元二年（1336）二月七日　172
雷德詮墓誌　後至元三年（1337）五月二十日　174

劉逵墓誌　後至元三年（1337）八月五日　176
莽完不花買地券　後至元四年（1338）十一月十二日　180
張弘毅墓誌　後至元五年（1339）九月十七日　182
雷德誼墓誌　後至元七年（1341）二月十三日　184
馮祐墓誌　至正二年（1342）四月九日　186
劉義墓誌　至正四年（1344）十一月十日　188
莫簡墓誌　至正九年（1349）春　190
崇公壽塔銘　至正十年（1350）八月二十五日　192
張儆墓誌　至正十七年（1357）十月二十四日　194
劉天傑墓誌　至正二十年（1360）十一月二十九日　200
劉元亨墓誌　刻立時間不詳　202
劉惟德墓誌　刻立時間不詳　203

徵引書目　**204**
後記　**207**

凡例

一、本書收録目前所見出土於陝西境内的蒙元時期墓誌、塔銘和買地券拓片圖版，包括原石佚而存拓者。個别朱書买地券及未獲拓片者用原石圖版。

二、排列順序以墓主葬年爲序，夫妻合葬者，以後一个葬年爲準；有刊立時間者，以刊立時間与葬年時間混排；具體年代不詳者排在最後。無明確卒葬年、書撰姓名者，若依據誌文可推知，依序排列，并加脚注説明。

三、墓誌統一用“某某某（姓名）墓誌”，女性一般冠以夫名。

四、本書行字數均以滿行爲統計標準，誌文中因避諱表敬而出現的雙抬頭、三抬頭格式等的字數均忽略不計，且不再一一説明。

五、墓誌録文采用横排形式，序文部分行款依原墓誌自然行款，以“/”表示轉行。銘文部分皆另起一行并縮進排版。墓誌首行題中“并序”二字皆與正文同大而不作小字排印。文中的避諱空格皆連排不空。

六、本書采用繁體字排印，墓誌録文中出現的簡體字照録，出現的碑別字、異體字、俗字，均改爲正字（除地名、人名外）。損泐或模糊而能推考其字者，則在字外加“□”；不可辨識者，以“□”如數代替。損字不可數者，以括注“上闕”或“下闕”標示。原誌錯字保留，於錯字後加“[ ]”表示正字，原誌脱文者加“（ ）”説明標示。

七、墓誌録文采用新式標點，但不使用引號。

八、墓誌主要著録的圖書以最早披露或刊布圖版、録文爲主。單册圖書不列卷數，成套圖書明確到具體册。每方墓誌最多羅列三種。

羽化了然子同尊師冠履墓誌

刊立時間： 戊申年（1248）三月九日立。

行款書體： 誌上端題“羽化了然子同尊師冠履墓誌之銘”7行14字，滿行2字，篆書。誌文25行，滿行54字，楷書。

撰書人名： 張□柔撰，郭道容書并題額。

誌文首題： 羽化了然子同尊師冠履墓誌銘并序。

形制紋飾： 誌石青石質。首殘，竪長方形，方座。石殘高204厘米，寬88厘米，厚22.5厘米。座長102厘米，寬86厘米，露出地面高45厘米。

出土時地： 不詳。

存佚狀況： 現存立於銅川市耀州區藥王山孫真人昇仙臺曬藥場遺址。

主要著録： 《藥王山碑刻》。

【録文】

羽化了然子同尊師冠履墓誌銘并序

三洞講經師張□柔撰，池陽逸民郭道容書丹篆額/

爲善無近名，爲惡無近刑。世之所爲善者，莫不近於名而已；爲惡者，莫不近於刑而已。爲善離於刑則至善矣，離刑至於道而忘惡矣。有人於/此，□善不爲人所譽，遭刑不爲人所辱，偉哉。先生同姓，素友名，了然子号，頻陽西郊□金之子也。年一紀，六骸直寓，一條生死，□無以忘返之/□□騆□無□則□□□□□□□□父母□□□□經五稔，遇伏魯先生昌黎公坐立不教議，往歸而虛實雌雄，合乎前□，必有□异於/人者也。遂而□□□□□□□□□□□□□□□□□□其德得而不蕩，閉門□□。假丐糊口，往□富平、耀郡一十年矣。□巡司捕盜，以先/生爲□□□□□□□□□□□□□死而復甦，賴李保以免，方寸如石，天光内發，□宇泰定，得不爲向之所謂行善不爲人所譽，雖刑不爲/□□□□□□□□□□□□□□□□□□□伏魯登遐，葛兄□舉之□□法□□□□拔欲惡之□葦徹志心之教，謬諸□□□□曰堂/□□□□□□□□□□□□□□□□□□□□□□□□□之和，時正大五年也，□□年閏九月，復還商洛山中。一日，□□□□若有遺/□□人之意□□□□□方□之□□□□□□□□天□□□□所□之□乃留冠□而入於山中。門人步趨馳走，尾其後□，奔□□塵則/□若此□□□□□□亦□□□□□□□□□□□□□□之哉/本朝隐□□□□門人□□□□□□□□□有□□□□□真人昇仙臺之上，伏魯先生墓之右穴地，以瘗昔冠履。時丁未大吕也。吁！先/生以德□爲□遷化，人知世道之一時，超死生之兩謬，□情吾有所受，避世無以□□，得不爲直寓六骸，死生一條者哉。門人全真子朱志完、/清夷子井志義，擬封壙穴，求銘于余。余謂至人無己，神人無功，聖人無名。今先生既藏其功，又泯其名迹，彼所以善善者，又何足以明哉。若如/其□□□糠秕詬厲也，曰：不然，萬世之後，風摧雨剥，壅久湮墊，絶徵空棺，無所考實，不乃今人之過歟。且黄

帝乘火龍上昇，劒履埋𡒄之喬/山；許生永葬於陰山，龜茲沂峽於木櫪。子其□讓，堅懇不已。余嘉厥至誠，而爲之銘。銘曰：/

猗歟先生，天光内明。遺人離□，去奢戒盈。喜怒不形，藏乎無名。直寓六骸，屏杜七情。死生一條，□□两停。/世塵土苴，道德純精。忘年忘義，不將不迎。虚應麟德，空兹鶴鳴。槁灰□□，厭斁覲丘。世道变喪，入山孤㷀。/或煮白石，或居赤城。遺愛眷慕，景仰簪纓。冠履徒在，瘞之荒塋。考乎□迹，勒銘旌□。竭海摧嶽，斯□無傾。/

時大朝國太歲戊申年暮春有九日，門下受業弟子朱志完、井志義立石並刻銘/

同受業門人：石善□、□善□、高善能、游善□、党善從、賈善真、薛善□、楊志寧、□□□、李守玉、□□□/伏魯真人堂下了然子□□□□冠履，净明觀住持□宿李素□、□□□、似志榮、毛□□、楊素立、曹素圭、尹□□、□□□/堂下法侄：□□□、高志超、楊道□、席□□、李□□、張志遠、戴志安、徐志清、王志□，□守真、郭守成、□□□、□守純、王筠童、楊山童、郝□童、□□□/結緣會首：李□、李展、李□、曹立、怡春、張立、安進、李□、雷□、秦興、李和/同結緣會首：□通事、安通事、王通事、郭通事、程通事、米通事、劉通事。/功德主：前京兆知府耀州長官兼征行百户劉尚、太守王浩、同知趙彦、軍判王丙、華原縣令陳□

《羽化了然子同尊師冠履墓誌》拓片

劉黑馬墓誌

卒葬時間： 中統三年（1262）三月十六日葬。

行款書體： 誌文31行，滿行36字，楷書。

撰書人名： 駱天驤撰并書，戴仲禄刻。

誌文首題： 大朝故宣差都總管萬户成都路經略使劉公墓誌銘并引。

形制紋飾： 誌蓋、石均青石質。蓋方形盝頂，高76.5厘米，寬74厘米，厚13厘米，四殺綫刻卷雲四神紋，係用唐人墓誌石改製而成，其上原刻6字，改製時被鑿毁而不辨字迹。誌石長方形，高69.5厘米，寬65.5厘米，厚18.5厘米。

出土時地： 2009年西安市長安區韋曲街辦曲江觀山悦住宅小區基建工地出土。

存佚狀況： 現藏陝西省考古研究院。

主要著録： 首次刊布於《考古與文物》2015年第4期（《西安南郊大朝劉黑馬墓發掘簡報》）、《元代劉黑馬家族墓發掘報告》。

《劉黑馬墓誌》誌蓋拓片

宣差都總管萬戶成都路經略使劉公墓誌銘并引
驪山駱天驤撰并書　長安戴仲祿刊
公諱黑馬，本耶律德光之後，金朝改耶律為移剌，又改移剌為劉姓，失其家譜，難考其詳。自祖
伯林居西京威寧縣，以為威寧人。父諱時，隱德不仕。母康氏，生公，天資英毅，賦性寬厚。大安末
天兵大入，所向城邑無不崩潰。祖知天時，遂率衆以身歸
大朝，授西京留守、天下兵馬副元帥。公甫十四，隨祖從軍南下諸州郡，凡獲四百餘城，所至公
常登陷陣。祖歎曰：當來必襲我職。壬午歲，祖薨，公奉
詔承祖職，征河東南北路、山東、陝西道、漢川，扶輿元徑，擣襄鄧，以取河南。己丑歲
宣賜虎符，授山西兩路太原平陽等路萬戶。庚子歲，入
覲，授都總管萬戶，俾專意征蜀。挾成都，定五十餘城。公專以寬慈為務。癸卯歲，應州郭志全叛
捕獲□十戶，計家五百餘口。公曰：彼皆脅從者，無辜而死。悉皆放去。中統元年，奉
旨令長子元振襲授都總管萬戶職事，授公成都路經略使。公自入蜀，摩撫凋殘，恩溉澤濡闔
境蘇息。斯不亦勇者之仁乎！關河響動，懷赴如歸。宋將賫存孝者，聞公之仁，引兵来歸。中統二
年冬十二月二十一日以疾薨，享年六十有三。聞訃之日，官僚士庶識與不識無不悲悼。昔人
有言曰：活千人者子孫必封。計公平昔之所全活者不可勝數，又聞有陰德者必有陽報。公自
破河南後，見俘虜人口在人之彀中，苦楚凌虐有不忍者，公遂奏於
朝，乞令山西等處州郡經過軍馬無人起立，可將河南新民充編戶起立。
上從之，隨軍拘刷河南被虜人萬餘口，悉皆為良民。故今之子孫詵詵，又各有其職，蓋積陰德
之所致也。公娶夫人賈氏，三從有備，四德無虧，每以仁慈寬厚惠愛為念，號曰賢德夫人。又娶
魏氏、張氏、完顏氏、蒲察氏、孟氏、高氏、薛氏。子男十四人：長曰元振，襲父職；次曰元貞，不仕；次曰
元正，管人匠達魯花赤；次曰元禮，都總管奧魯萬戶；次曰元濟，成都府路總管；次曰元德，山西
等路管民總管；次曰琰，山西西路奧魯萬戶；次曰元亨，山西東西兩路征行千戶；次俱幼。女十
六人，俱適名族。孫男二十人，孫女十六人。以中統三年三月十六日葬于京兆府咸寧縣洪固
鄉永寧村之鳳棲原，從□食也。襄事有日，夫人賈氏請僕誌其墓。僕以晚學後進，禮不敢當，辭
之再三，固不獲已，謹按其狀，摭實而為之銘。銘曰：

源深流遠　善積福延　公侯子孫　必復其先　猗歟劉公　將門之裔
年當齠齔　孝行俱備　弱冠襲職　天資清廉　所行惟勤　凡事以謙
履鋒陷陣　如彪如虎　所當者破　惟公之武　攻城戰野　能救其人
稟資厚重　惟公之仁　盡忠於國　克孝於家　傳之清白　不奢不華
無忝其先　而有衆子　諸孫詵詵　方濟其美　萬年之邑　洪固之鄉
鳳棲之原　永寧之岡　終南在前　涇渭居後　納銘幽堂　庶傳永久

《劉黑馬墓誌》誌石拓片

【録文】

大朝故宣差都總管萬户成都路經略使劉公墓誌銘并引 /

驪山駱天驤撰并書，長安戴仲禄刊 /

公諱黑馬，本耶律德光之後。金朝改耶律爲移剌，又改移剌爲劉姓，失其家譜，難考其詳。自祖 / 伯林居西京威寧縣，以爲威寧人。父諱時，隱德不仕。母康氏，生公，天資英毅，賦性寬厚。大安末，/ 天兵大入，所向城邑，無不崩潰。祖知天時，遂率衆以身歸 / 大朝，授西京留守、天下兵馬副元帥。公甫十四，隨祖從軍南下，諸州郡凡獲四百餘城。所至，公 / 常登陷陣，祖嘆曰：當來必襲我職。壬午歲，祖薨，公奉 / 詔承祖職，征河東南北路、山東、陕西，道漢川，拔興元，徑擣襄鄧，以取河南。己丑□歲，/ 宣賜虎符，授山西兩路、太原、平陽等路萬户。庚子歲，入 / 現［覲］，授都總管萬户，俾專意征蜀。拔成都，定五十餘城，公專以寬慈爲務。癸卯歲，應州郭志全叛，/ 捕獲八十户，計家五百餘口。公曰：彼皆脅從者，無辜而死。悉皆放去。中統元年，奉 / 旨令長子元振襲授都總管萬户職事，授公成都路經略使。公自入蜀，摩撫凋殘，恩涵澤濡，闔 / 境蘇息，斯不亦勇者之仁乎？關河響動，懷赴如歸，宋將賽存孝者，聞公之仁，引兵来歸。中統二 / 年冬十二月二十一日以疾薨，享年六十有三。聞訃之日，官僚士庶識與不識，無不悲悼。昔人 / 有言曰：活千人者，子孫必封。計公平昔之所全活者，不可勝數。又聞有陰德者，必有陽報。公自 / 破河南後，見俘虜人口在人之㲉中，苦楚凌虐有不忍者，公遂奏於 / 朝：方今山西等處州郡，經過軍馬，無人起立，可將河南驅掠新民充編户起立。/ 上從之，隨軍拘刷河南被虜人萬餘口，悉皆爲良民。故今之子孫詵詵又各有其職，蓋積陰德 / 之所致也。公娶夫人賈氏，三從有備，四德無虧，每以仁慈、寬厚、惠愛爲念，號曰賢德夫人。又娶 / 魏氏、張氏、完顔氏、蒲察氏、孟氏、高氏、薛氏。子男十四人，長曰元振，襲父職；次曰元貞，不仕；次曰 / 元正，管人匠達魯花赤；次曰元禮，都總管奥魯萬户；次曰元濟，成都府路總管；次曰元德，山西 / 等路管民總管；次曰琰，山西西路奥魯萬户；次曰元亨，山西東西兩路征行千户；次俱幼。女十 / 六人，俱適名族。孫男二十人，孫女十六人。以中統三年三月十六日葬于京兆府咸寧縣洪固 / 鄉永寧村之鳳栖原，從卜食也。襄事有日，夫人賈氏請僕誌其墓，僕以晚學後進，禮不敢當，辭 / 之再三，固不獲已，謹按其狀，摭實而爲之銘。銘曰：/

源深流遠，善積福延。公侯子孫，必復其先。猗歟劉公，將門之裔。/ 年當髫齔，孝行俱備。弱冠襲職，天資清廉。所行惟勤，凡事以謙。/ 履鋒陷陣，如彪如虎。所當者破，惟公之武。攻城戰野，能救其人。/ 稟資厚重，惟公之仁。盡忠於國，克孝於家。傳之清白，不奢不華。/ 無忝其先，而有衆子。諸孫詵詵，方濟其美。萬年之邑，洪固之鄉。/ 鳳栖之原，永寧之岡。終南在前，涇渭居後。納銘幽堂，庶傳永久。

王恩墓誌

卒葬時間：中統五年（1264）四月五日葬。
行款書體：誌文27行，滿行27字，楷書。
撰書人名：無。
誌文首題：故京兆府録事兼市令司王公墓誌銘并序。
形制紋飾：誌石石質不詳。拓片高72.5厘米，寬72厘米。
出土時地：不詳。
存佚狀況：藏地不詳，私人藏拓。
主要著録：未見著録。

【録文】

故京兆府録事兼市令司王公墓誌銘并序 /

中統四年春二月，京兆録事王公惠民以書相招，懇設庠于私第之北 / 舍，命二孫定安、慶安就學焉。相慰問，相憫悼，且相撫摩，禮遇殊厚。未幾，/ 忽有坐奠之變，一城士民爲之慘然，予亦悲慟，蓋是年三月十六日也，/ 年五十有九。重以其妻李氏之命，傳授如故。次年四月初五日，卜葬于 / 本府咸寧縣曲江池芙蓉園乾山巽水之壬穴。具前宣撫司李理問所 / 録行狀，請誌其墓。自惟公之於予，勤厚如此，容以不敏辭？公諱恩，惠民 / 其字，先世平陽臨汾人，喪亂中適遺族譜，故曾高祖父之名，俱莫能知。/ 自其幼歲，已有特立獨行之志，爲人不事謟瀆，頗好書史，座間未嘗不 / 談及今古治亂之基。/ 大朝革命，速哥官人征河南，公出佐軍謀，不動一鏃而千餘口皆款附，/ 以此累遷上功之職。歲丙申，京兆路達魯花赤陝撒丁，以公夙有才幹，/ 携来秦中，領京兆權府事，遂家居焉。陝撒丁既没，公亦謝事，閑居二十 / 餘年，無復干時。歲戊午，京兆宣撫使下令除弊，小大庶官，咸與惟新，求 / 其貞幹者，衆皆舉公爲録判。中統二年，中書省改除長安縣丞兼捕盜 / 之職，次年又遷録事，尋京兆延安鳳翔達魯花赤再補市令司，其出處 / 大概如此。李氏事婆克孝，能以勤儉起家。子男五人，曰仁，曰義，曰禮，曰 / 海山，曰信；女一人，曰英哥。義其庶出焉，餘皆李氏所出也。仁娶本府雒 / 慶之女，禮娶理問之女，海山暨信俱早逝，英哥年未笄，許適韓。孫男二 / 人，曰定安、慶安。義之母知其命有貴賤，不敢與李氏齒。義之於兄弟，亦 / 慊於嫡庶之辨，嘗致禱其父而析居焉。至謂家貲户籍之數，節序往来 / 之儀，兄弟叔侄，兩不相聞，亦嘗明之有司，文狀具在。蓋義之能自處也。/ 吁！天不憖遺一人，嫡子俱喪，公亦云亡，所以懷保二孫而克紹王氏之 / 業者，李氏之功也。《禮》曰：孫可以爲王父尸，子不可以爲王父尸。自天子 / 至庶人，分殊而一理耳。故君子有抱孫不抱子之説。議者曰：非我族類，/ 其心必異。以理揆之，殆未可以藐諸孤。公若有靈，尚其鑒兹。銘曰：/

是宜惠民之室，既美且完，以利其子孫。

故京兆府録事兼市令司王公墓誌銘并序
中統四年春二月京兆録事王公惠民以書相招懇設庠于私第之北
舍命二孫定安慶安就學焉相慰問相憫悼且相撫摩禮遇殊厚未幾
忽有坐奠之變一城士民為之慘然予亦悲慟蓋是年三月十六日也
年五十有九重以其妻李氏之命傳授如故次年四月初五日卜葬于
本府咸寧縣曲江池芙蓉園乾山巽水之壬穴具前宣撫司李理問所
録行狀請誌其墓自惟公之於予勤厚如此容以不敏辭公諱恩惠民
其字先世平陽臨汾人喪亂中遺族譜故曾高祖父之名俱莫能知
自其幼歲已有特立獨行之志為人不事謟瀆頗好書史座間未嘗不
談及今古治亂之基
大朝革命速哥官人征河南公出佐軍謀不動一鏃而千餘口皆款附
以此累遷上功之職歲丙申京兆路達魯花赤陝撒丁以公夙有才幹
携来秦中領京兆權府事遂家居焉陝撒丁既沒公亦謝事閑居二十
餘年無復干時歲戊午京兆宣撫使下令除弊小大庶官咸與惟新求
其貞幹者衆皆舉公為録判中統二年中書省改除長安縣丞兼捕盜
之職次年又遷録事尋京兆延安鳳翔達魯花赤再補市令司其出處
大槩如此李氏事婆克孝能以勤儉起家子男五人曰仁曰義曰禮曰
海山曰信女一人曰英哥義其庶出焉餘皆李氏所出也仁娶本府雒
慶之女禮娶理問之女海山暨信俱早逝英哥年未笄許適韓孫男二
人曰定安慶安義之母知其命有貴賤不敢與李氏齒義之於兄弟亦
慊於嫡庶之辨嘗致禱其父而析居焉至謂家貲戶籍之數節序往来
之儀兄弟叔姪兩不相聞亦嘗明之有司文狀具在蓋義之能自處也
吁天不慭遺一人嫡子俱喪公亦云亡所以懷保二孫而克紹王氏之
業者李氏之功也禮曰孫可以為王父尸子不可以為王父尸自天子
至庶人分殊而一理耳故君子有抱孫不抱子之説議者曰非我族類
其心必異以理揆之殆未可以藐諸孤公若有靈尚其鑒茲銘曰
是宜惠民之室　既美且完　以利其子孫

《王恩墓誌》拓片

段繼榮墓誌

卒葬時間： 至元三年（1266）正月十二日葬。
行款書體： 誌文30行，滿行30字，楷書。
撰書人名： 郭鎬撰并書，僧福錦刻。
誌文首題： 大朝故京兆總管府奏差提領經歷段君墓誌銘并序。
誌蓋標題： 京兆總管府奏差提領經歷段公墓誌銘。4行，滿行4字，篆書。
形制紋飾： 誌蓋、石均青石質。蓋方形，高72厘米，寬67厘米，厚15厘米。誌石方形，高73厘米，寬72厘米，厚15厘米。誌文四周綫刻花卉圖案，上下與左右圖案内容各不相同。
出土時地： 1956年西安市南郊曲江池西村出土。
存佚狀況： 現藏西安碑林博物館。
主要著録：《西安碑林全集》《新中國出土墓誌·陝西（貳）》。

【録文】

大朝故京兆總管府奏差提領經歷段君墓誌銘并序/

前陝西四川等路行中書省左右司員外郎郭鎬撰并書丹/

君諱繼榮，字子昌，曜州美原人。高祖穆，通奉大夫、陝西路轉運使。曾祖好問，承/直郎、藍田令。祖居實，武節將軍、洛交尉。父暉，信武將軍、監清水縣酒。君幼能自/樹立，甫冠，值/天兵下陝右，挈家避地終南石臼谷。爲衆所推，主守禦事，終歲無虞。以功超遷/忠顯校尉，繼以蔭補官，待闕方城尉。秦藍總帥府選充令史，積勞，累遷昭毅大/將軍，遥授同知昌武軍節度使事。歲癸巳秋，率壯士三百歸投/大朝。會田侯雄奉/上命，復立京兆幕府，以得君爲重，事無巨細一委君。戎政民事，君力爲之，悉整/辦。田侯即世，子大成嗣以年幼，仍以師禮事君。田氏父子前後以狀薦者非一，/當途諸鉅公並以温言獎賚，書諸牘以爲君榮。奈何天嗇其壽，以壬子十月初/十日終於正寢，享年五十。葬於咸寧縣洪固鄉芙蓉原，從墨食也。娶夫人劉氏，/君舊官階三品，故劉氏稱夫人焉。祖建威，齊王豫之母弟也。父禹川，陝州同知。/河中李金吾，其外祖也，娶狀元吕子成之女。夫人吕出也，生長貴族，婦德家範，/爲宗族所稱。忽感痼疾，竟以是終于乙丑十一月二十二日。子男一人，小字壽/興，尚幼。女一人，適行中書省奏差趙忠政卿。權厝夫人於堂，卜以明年正/月十二日，啓夫之藏而合祔焉。其婿政卿具禮過僕而言曰：妻父墓木已拱，而/石刻尚缺，忠無所逃其罪，今襄事在迩，已連磨二石矣。願先生銘之，以傳不朽。/僕與政卿舊，嘗同在省幕，義不容固拒，謹次叙其事而系以銘。曰：/

帝命田侯，往臨西陲。天贊段君，實左右之。/成侯之功，非君而誰。侯亦知君，鶚書載馳。/當路旌褒，蓽屋生輝。天賦君才，百不一施。/復嗇其壽，而止於斯。婉彼劉氏，寔齊之裔。/既生華族，宜配君子。淑茂柔順，宗族稱美。/忽染沉痾，莫終壽祉。蘭馨玉潤，有子有婿。/永言孝思，襄此大事。卜宅靈原，納銘幽窿。/骨瘞名存，亘千萬祀。/

至元弍年正月十二日，婿前行中書省奏差趙忠立石，/奉先僧福錦刊

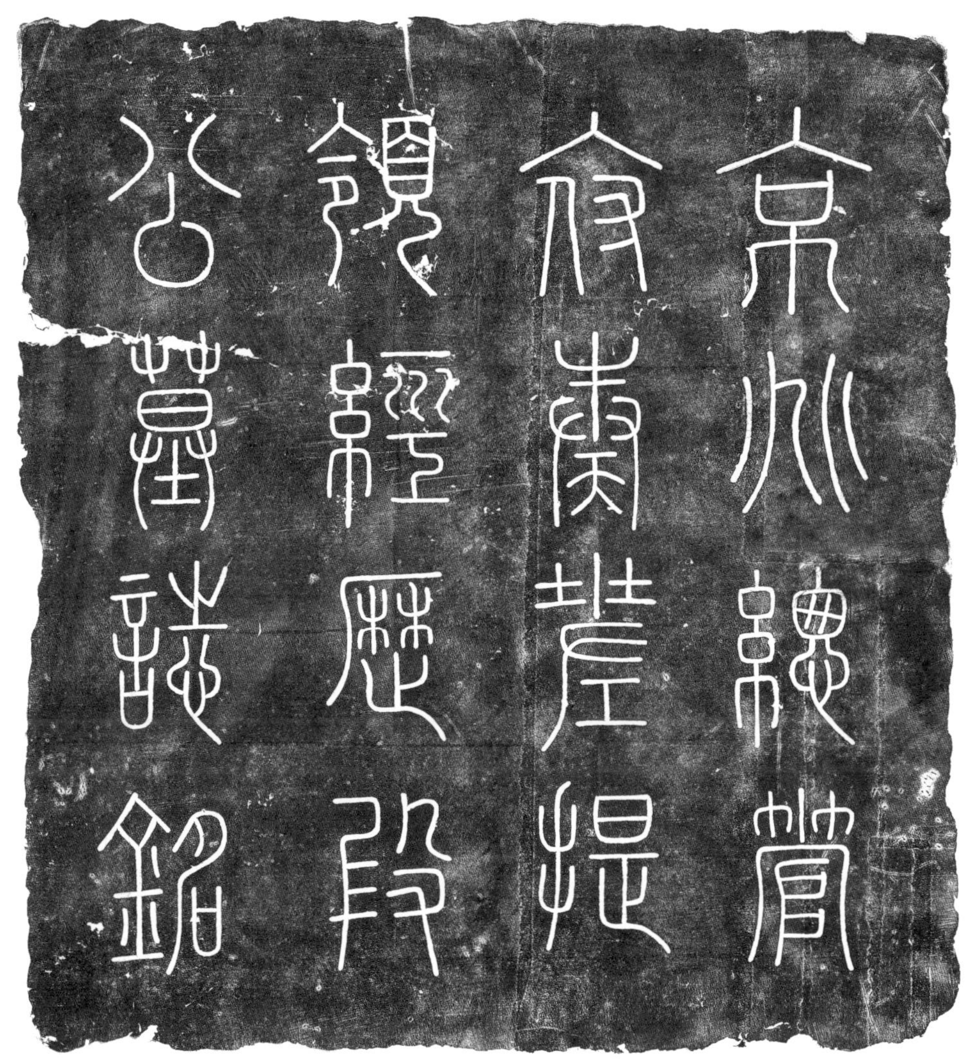

《段繼榮墓誌》誌蓋拓片

《段继荣墓志》志石拓片

真净塔銘

刊立時間： 至元六年（1269）七月十五日立。
行款書體： 銘文大字2行，滿行7字；小字5行，行字數不等，均爲楷書。
刊石人名： 無。
塔銘首題： 故佛國真净大禅師正公長老靈塔。
形制紋飾： 塔銘青石質，方形，高、寬均59厘米，厚13厘米。
出土時地： 不詳。
存佚狀況： 現藏西安市長安區百塔寺。
主要著録： 《中國三階教史》。

【録文】

故佛國真净大禅 / 師正公長老靈塔 /
終南山第一代開山住持百塔大萬壽禅寺嗣祖沙門正和尚 /
大朝至元六年歲次己巳七月望日，小師善亨等建 /
門人善亨、善琇、善廣、/ 善智、善順、善潭 /
師孫祖海、祖洪

《真净塔銘》拓片

韓瑞墓誌

卒葬時間：至元六年（1269）十月二十五日葬。
行款書體：誌文28行，滿行28字，楷書。
撰書人名：孟文昌撰，駱天驤書。
誌文首題：故宣武大將軍韓公墓誌并銘。
形制紋飾：誌石青石質，方形，高51厘米，寬50厘米，厚14厘米。
出土時地：不詳。
存佚狀況：現藏西安市長安博物館。
主要著録：《長安新出墓誌》《長安碑刻》。

【録文】

故宣武大將軍韓公墓誌并銘 /

甥男秦蜀五路四川行中書省奏差孟文昌撰，/ 前司天臺判驪山駱天驤書丹 /

公諱瑞，字國祥，世貫古燕。始祖令公，深天文曆數之學，仕晉爲司空。晉運 / 代革，歸契丹，事王姚。犨册大聖即帝位，國號大遼，進秩令公，年四十八薨。/ 一子職僕射，嗣聖立，輔相之，後卒，並敕葬皇墳内。有子五，一匡嗣，封秦王，/ 賜姓耶律，兼人户一萬户；二匡美，□□封鄴王，亦各有賜葬地；三匡贊，户 / 部使；四匡圖，五匡道，俱登顯仕。秦王九子，長曰蘇司，嗣相位；次曰成古，守 / 司徒；次曰天保，守太傅；次曰德讓，年二十五，一命防禦使，以戰功加節度 / 使，入朝爲點檢兼樞密使。三十，封楚王。景宗崩，聖宗三歲，公爲丞相。太后 / 以聖宗幼小，未能莅政，特有旨：可自今後，凡朝，丞相坐，懷中抱聖宗，代行 / 政事。至十八，始能自行國政，特加十字功臣、經天緯地匡時致力立國功 / 臣、大丞相兼政事令，封晉國王，賜連御名隆運。聖宗名隆緒。及賜手詔，稱 / 兄不名，令乘輦上殿。七十有疾，聖宗日往視之，專令仁德皇后晨昏省問。/ 薨之日，葬禮與景宗同，葬于廣寧府閭山官墳，額名皇兄大丞相晉國王。/ 次曰萬命，侍中；次合喝，户部侍中；次定哥，相公；次迷哥，郎君；次福哥，守司 / 徒。子孫蕃盛，當代莫比。高祖企，先仕金，爲右丞相，封濮王。曾祖德元，東上 / 閤門副使。祖鋼，沁南軍節度使，遷河東北路兵馬都總管。父亡其諱，以資 / 蔭補官，累加懷遠大將軍。公用是宰永寧、長水縣，及瓜代，居民輒留，凡歷 / 六考。壬辰之亂，不知所從。郡君蒲察氏，子二：丑奴、元光奴，俱甫冠而卒。女 / 三，長適國族完顏氏；次適翰林待制，即文昌之母也；次彩鸞，殁于兵中。甥 / 文昌以公實祖妣南陽郡君之弟，痛其無嗣，謹於至元六年己巳十月二 / 十五日丁酉，葬于咸寧縣龍首鄉九曲池西原先塋之左，用世其祭享云。/ 又爲之銘，曰：/

膏之沃者光必明，根之茂者枝必榮。鬱哉佳城，是阡是銘，以利我 / 後生。/

時大朝至元六年十月二十五日，女翰林待制、同修 / 國史孟宅韓氏、甥男孟文昌立石

故宣武大將軍韓公墓誌并銘

甥男秦蜀五路四川行中書省奏差孟文昌撰

前司天臺判 驪山 駱天驤書丹

公諱瑞字國祥世貫古燕始祖令公深天文歷數之學仕晉為司空晉亡

代其歸契丹事王姚輦冊大聖即帝位國號大遼進秩令公年四十八薨

一子撒□僕射嗣聖立輔相之後卒亦勑葬墳內有子五一匡嗣封秦王

賜姓耶律兼父戶一萬戶二匡美封鄴王亦各有賜葬地三匡贊戶

部使四匡圖五匡道俱登顯仕秦王□子□曰蘇司嗣相位次曰咸古守

司徒次曰天保守太傅次曰德讓年二十五一命防禦使以戰功加節度

使入朝為點檢兼樞密使三十封楚王景宗崩聖宗三歲公為丞相太后

以聖宗幼小未能莅政特有旨可自今後凡丞相坐衙中抱聖宗代行

政事至十八始能自行國政特加十字功臣經天緯地匡時致力立國功

臣大丞相兼政事令封晉國王賜連御名隆運聖宗名隆緒及賜手詔稱

兄不名令乘輦上殿七十有疾聖宗日往視之專令仁德皇后晨昏省問

薨之日葬禮與景宗同葬于廣寧府閭山官墳額名皇兄大丞相晉國王

次曰萬命侍中次令喝戶部侍中次定哥相公次迷哥郎君次福哥守司

徒子孫蕃盛當代莫比高祖企先仕金為右丞相封濮王曾祖德元東上

閤門副使祖鋼沁南軍節度使遷河東北路兵馬都總管父世其諱以賓

蔭補官累加懷遠大將軍公用是宰永寧長水縣及瓜代居民輒留凡歷

□年壬辰之亂不知所從郡君蒲察氏子二丑奴元光奴俱甫冠而卒女

三長適國族完顏氏次適翰林待制郎文昌之母也次□□殁于兵中

文昌以公實祖妣南陽郡君之弟痛其無嗣謹於至元六年己巳十月二

十五日丁酉葬于咸寧縣龍首鄉九曲池西原先塋之左用世其祭享云

又為之銘曰

覃之深者光必明根之茂者枝必榮懿哉佳城是阡是銘以利我

後生

旹大朝至元六年十月二十五日女翰林待制同修

國史孟宅韓氏甥男孟文昌立石

《韓瑞墓誌》拓片

通玄大師墓石

刊立時間： 至元七年（1270）正月十五日立。
行款書體： 誌文大字3行，滿行6字；小字1行，共19字。均爲楷書。
撰書人名： 無。
誌文首題： 無。
形制紋飾： 誌石青石質，方形，高38厘米，寬39厘米，厚7.2厘米。誌文四周綫刻卷雲图案。
出土時地： 1968年陝西省華陰縣西關村出土。
存佚狀況： 現藏西安碑林博物館。
主要著録： 《華山碑石》《西安碑林博物館新藏墓誌彙編》。

【録文】

古鄭將相，京兆/明真通玄大師，/賜紫道士段墓。/
大朝至元七年庚午歲孟春望日門人菊志敬立。

《通玄大師墓石》拓片

僧任崇鼎塔銘

卒葬時間： 至元八年（1271）四月一日葬。

行款書體： 塔銘上端題“故鼎公和尚之塔”1行7字，楷書。銘文12行，滿行15字，楷書。

形制紋飾： 塔銘青石質，方形，高44厘米，寬43厘米，厚9厘米。

出土時地： 1956年西安市南門出土。

存佚狀況： 現藏西安碑林博物館。

主要著録：《西安碑林全集》《新中國出土墓誌·陝西（貳）》。

【録文】

故鼎公和尚之塔 /

師諱崇鼎，字革非，生於成都，俗姓任氏。/ 幼歲出家，十九於大慈寺開演《圓覺》《楞 / 嚴》《起信》等論。大朝丁酉至於長安，初 / 在官塔檢閲《大藏》，四時開演經論。海雲 / 國師贈通玄英悟大師，至甲寅年間住 / 持資聖，逐日密誦《楞嚴》大經，以爲常課。/ 於至元七年十月二十五日誦經畢，焚 / 香發願，説偈云：楞嚴三昧日精持，胱體 / 無依頓不疑。徹底展開無一字，光明遍 / 界更明誰。咦，端坐而化，法壽七十一，僧蠟［臘］/ 五十五。傳法徒弟祖潤分骨建塔焉。/

歲在辛未至元八年四月初一日銘

故鼎公和尚之塔

師諱崇鼎字華非生於成都俗姓任氏
幼歲出家十九於大慈寺開演圓覺楞
嚴起信等論　大朝丁酉至於長安初
在官塔撿閱大藏四時開演經論海雲
國師贈通玄英悟大師至甲寅年聞住
持資聖遂日密誦楞嚴大經以為常課
於至元七年十月二十五日誦經畢焚
香發願說偈云楞嚴三昧日精持脫體
無依頓不疑徹底展開無一字光明遍
界更明誰　噫　端坐而化法壽七十一僧
臘五十五傳法徒弟　祖潤　分骨建塔焉
歲在辛未至元八年四月　初一日銘

《僧任崇鼎塔銘》拓片

高全墓誌

卒葬時間：至元九年（1272）二月二十三日葬。
行款書體：誌文27行，滿行36字，楷書。
撰書人名：高逸民撰。
誌文首題：大元故西京課稅所奏差高君墓誌銘。
形制紋飾：誌石青石質，方形，高63厘米，寬75厘米，厚度不詳。
出土時地：不詳。
存佚狀況：現藏寶鷄市鳳翔區博物館。
主要著録：未見著録。

【録文】

大元故西京課稅所奏差高君墓誌銘 /

中順大夫中書吏禮部侍郎高逸民撰 /

君諱全，世代州崞縣常樂里人。祖阜，父資，皆不仕，數年業農，以信厚著鄉里。金季，國兵南略 / 河東，代爲兵衝，列郡皆保，聚山塢，民無留籍，故君與兄亨悉隸軍伍。君沈□有膽略，重然許□，/ 氣義相尚。先是兄亨既歸附，留寓雲中。後數年，君亦被俘北上，道出雲應，兄亨識於市，購與同 / 居。君事兄謹甚。雲中有府兵張姓者，嘗使酒負氣，□□里巷。一日，爲怨家所殺，□爲蹤迹無獲。/ 其妻堅以君兄弟素豪傑，疑辭之，訊掠百狀。君因謀□□然，曰兄固仁善，此寔全爲之，兄不知 / 也。請就戮，無及吾兄。辭□衷懇，官義之，爲緩其事。未幾，獲□□者，由是閭里稱義門。本路轉運 / 司因辟君署奏差兼管□酒醋事。季子可庸既官，遠任鳳翔，□庚申，挈家入秦，居官所。以至元 / 六年八月三日卒于鳳翔府之私第，享年七十有九。正室張氏，恬素有家法，動遵儀則，訓諸子 / 以義方，以至元八年十一月三日卒，享年七十有一。後一年二月廿三日合葬於府東肇亭鄉 / 申都村西，距鳳翔十五里。先是，次室任氏卒雲中，今亦遷祔。子男三人，長伯林，任出也，静退不 / 仕；次可大、可庸，出正室張氏。可大，謹愿有守，前提領順天路交鈔事；季可庸，沈毅通敏，歷任鳳 / 翔路屯田總管，再授宣命、金符，提領鳳翔路都總管府事兼本路屯田諸倉事，政迹有聲，爲 / 時顯人，今授朝列大夫、同知北京路都總管府事。孫男九人，長仁，任京兆興平三務使；次誼、禮、/ 謙、信、諄、温、諶、訥，尚幼。女孫十一人，皆適名家。今曾孫又四男子。嗚呼，風俗壞亂，雖骨肉間小利 / 害如錙銖，分剖證訴，相詆牾，相傾軋，不相勝，不置也。君天資篤厚，毅然知仁義所在，視死如歸。/ 此亦可以激頹風而振衰俗矣。福禄壽考，子孫蕃衍，其報施，盖有□云。君家先壟，在崞之東北 / 鄉，石溝山、雁門楊武之間，其山川雄勝，風土渾厚，北朝右姓，猶有存者，君豈其苗裔邪？今徙岐 / 山，□西周肇興之地，遺風餘俗故在也。其祚胤綿遠昌熾，盖未易量，因系之銘。

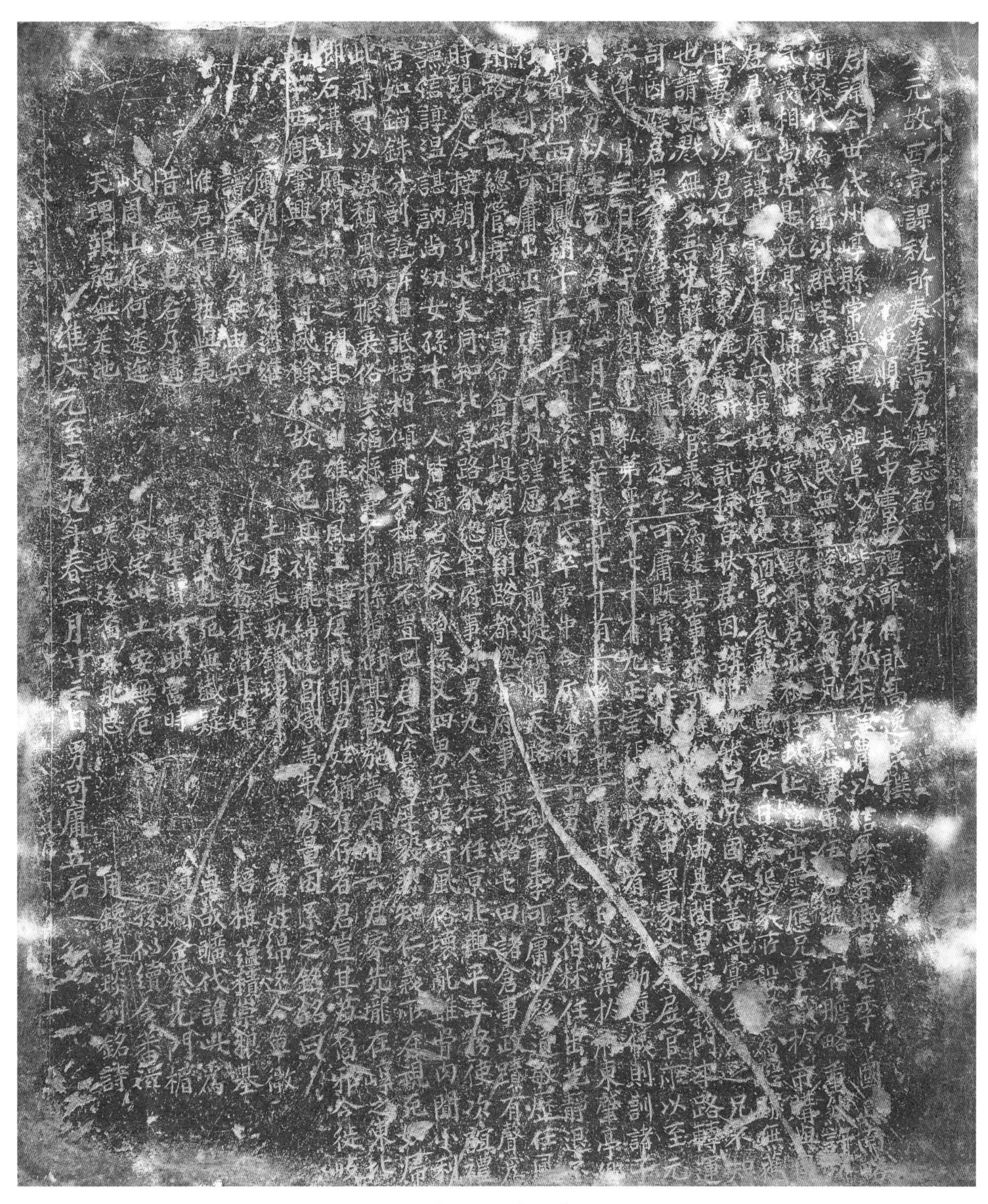

《高全墓誌》拓片

銘曰：/

雁門古昔雄藩維，土厚氣勁鍾環奇。著姓綿遠今单微，/譜學廢久無由知。君家務本潛其輝，培植蘊積崇根基。/惟君偉烈孰與夷，蹈義赴死無纖疑。卓哉曠伐誰此爲，/惜無太史名乃遺。篤生賢材映當時，焕爛金紫光門楣。/岐周山水何逶迤，奄宅此土安無危。子孫似續今藩滋，/天理報施無差池。嗟哉後裔其永思，用鑱翠琰刊銘詩。/

維大元至元九年春二月廿三日，男可庸立石

妙覺塔記

刊立時間： 至元九年（1272）九月立。
行款書體： 記文62行，滿行39字，楷書。
撰書人名： 釋印撰，釋彧書。
記文首題： 大元華嚴寺重修大唐華嚴新舊兩經疏主翻經大教授充上都僧統清凉國師妙覺塔記。
形制紋飾： 塔青石質，現僅存前半截，殘高69厘米，寬59厘米，厚度不詳。
存佚狀況： 現砌嵌於西安市長安區華嚴寺内華嚴四祖清凉國師靈塔塔基上。
主要著録： 《陝西金石志》《續修陝西通志稿》《北京圖書館藏中國歷代石刻拓本匯編》第48册。

【録文】

大元華嚴寺重修大唐華嚴新舊兩經疏主翻經大教授充上都僧統清凉國師妙覺塔記/

宣賜京兆府長春禪庵長講沙門印吉祥集，/京兆延安鳳翔三路僧尼都提領釋彧吉祥書丹/

師諱澄觀，字大休，俗姓夏侯氏，越州會稽人也。年九歲，礼本州宝林寺禪德體真大師爲師。甫越一期，/解通三藏。十有一歲，蒙恩得度，儭衣福田，心冥理觀，乃講《般若》《涅盤［槃］》《净名》《圓覺》等一十四經,《起信》《瑜珈》/《因明》《唯識》等九論。其他《長安四绝論》《生公⼗四科》《終南法界觀》《天台止觀》《康藏還源觀》，耽玩不捨，如龍/戲珠也。年滿，受具於曇一大師，继稟南山業，遂講律藏。又於常照禪師受菩薩戒，啓十弘誓，非徒言之，/實允蹈之，行解圓融，福德具足。又參無名大師，印可融宗，宗説兼通，理之必至，審觀稱性，無越華嚴。仍/依東京大詵和尚聽受玄旨,一歷耳根,再周能演。詵曰:法界盡在汝矣。至《住處品》,慨念文殊隨事，觀/照五臺，遂不遠万里，委命栖託。閣錫大華嚴寺，十年于兹，山門净侶，敦請敷揚，若曰一乘別教，談何容/易，但以斯教賢首頗得其門，後學未窺其奥，每恨人亡法障，未備全書，承襲有人，逢蒙見解。吾於/此時，不可默矣。又念五地聖人，身栖佛境，心證真如，於後得智，起世俗心，作世間解。乃覽儒家/經子史傳、道家莊老寓言，東震詞翰、西乾梵書，悉皆游刃。擬著大疏於般若院，祈聖加護，見一金/像，挺特山嶽，面如滿月，卓立空際，仍於寐中捧咽面門。及覺，遂下椽筆如有神助，通以同時。具足十玄，/科以信解，行證四分，首尾相應，遠近相符。譬如大明當空，衆星奪曜。是月也，設無遮以慶之，疏就將闌，/忽夢爲龍，頭枕南臺，尾蟠北臺，鱗鬣耀空，明逾皎日。須臾，奮迅化作多龍，分照而去。流通之兆，其在兹/乎。暨演新製，五雲凝空，四衆輻凑，咸來叩曰：大教理深，疏文義廣，願加再剖，以决重昏。遂與上首覺人、/僧睿、智愷等製《隨疏演義鈔》四十卷、《隨文手鏡》一百卷，口訓面授。

《妙覺塔記》拓片　國家圖書館供圖

又爲相國鄭公餘慶、南康王韋公皋、/越州觀察孟公簡、左拾遺白公居易等著十七卷文，是皆所以發明華嚴之旨也。又爲僧録邃大師等/製經律論關脉三十餘部，又七聖誕節對御説法表奏八十餘卷。國師以玄宗開元戊/寅歲生，天寶戊子歲出家，肅宗至德丁酉歲受戒，代宗大歷戊申歲譯經，德宗元興［興元］甲/子歲造疏，至貞元丁卯绝筆，貞元丙子翻經賜紫，貞元己卯授清凉國師號。順宗礼爲師，問/大經理趣，言下有省，焕若臨鏡照明於心。憲宗元和庚寅授僧统印。穆宗、敬宗礼爲師，贊/云：我和尚甚深希有，類優曇鉢花；朗潤随機，若摩尼大寶。文宗太和辛亥，受心印於師。開成己未/（春）三月六日，且召上足三教首座宝印法師海岸等付法入寂，歷九宗聖世，爲七帝門師，俗壽一/百二，僧臘八十三。形長九尺有四，垂手過膝，目夜發光，晝乃不瞬，言論清雅，動止作則，才供二筆，學贍/九流。凡著述見流傳者總四百餘卷，盡形一食，大經前後講五十餘遍，無遮大會十有五設，出家弟子/爲人師者三十有八。海岸虚寂爲首，禀授學徒逮千人數，唯東京僧睿、圭峰宗密獨得其奥，餘則虚心/而來，實腹而往。蜕徑三七，顔色潤澤，端坐如山，乃定力也。其月二十七日恭承遺旨，迁奉全身於終南/石室。皇帝輟朝，重臣縞素，其餘即可知也。初暮，有西域梵僧在葱嶺見二使者，足不履地，以咒/止而詰之，曰：余北印土文殊堂神，於東土取華嚴菩薩大牙供養。及至，奏啓石室驗之，果無大牙，惟/三十九齒，色若冰霜。遂闍维靈骨，得舍利數千粒，明白光潤，舌若紅蓮，火不能變，悉聚而瘞之。文宗/命裴公美撰碑，沈元及塑像。塔謚妙覺，御製真贊，尊師禮貌，優渥無前。今則年代浸遠，塔廢碑亡，漫/不可考。有清凉遠孫、永安嫡子龍川行吉祥者，受/今上皇帝之師號，得/大元帝師之戒法，欲重建祖塔。自燕京至臨洮，往復万里，特以是事白今/帝師，决其可否。帝師曰：善哉，善哉，真美事也。出白金一笏以遺之，併嘱陕西僧统雄辯大師、五路/提領遷公大師共成其事。既衹終南，按傳載遍求塔址，劚土尋文，僅見石座。因請詮庵主者書《清凉疏》/三卷，欲葬塔中，以酬志願。继而因缘際會，有以石匣来施者，有以舍利来献者。如照禅師於/天兵之後，在華嚴寺收得清凉舍利，因施於衆，有達僧判清典座劉万户太夫人賈氏、張大監夫人/劉氏等各施所得舍利計千餘粒。方欲詣市贖玻璃瓶以貯之，万户夫人復以家藏玉瓶爲施，并轉法/藏，設齋慶贊。迎引之日，甘澤應祈，烏雲四起，還欲大澍，香花幡蓋，遶長安城，送出南關，隊仗四散，雨方/滂霈。是夕宿張大監莊，夫人劉氏大興供養。翌日，道至焦村，欲雨不雨，粘合二哥千户夫人术忽氏、衆/檀信等設供，鼓樂喧闐，幡花間雜。送至寺中，本處齊提控、衆老宿等又復設齋，罷，人散，復大雨矣。此皆/檀越之敬信，清凉之感應也。塔成，命印吉祥記之，自愧謏聞，難勝大任，牢辭不獲，姑述梗概，以酬盛/心。若夫序清凉之世繫師承，美清凉之道德功行，已具載於相國鄭公餘慶十卷之文、裴公休/妙覺之碑矣，兹毋庸贅云。/

至元九年歲次壬申九月日，宣賜扶宗弘教大師上谷大法雲寺傳戒長講沙門行吉祥建/

宣授陕西五路釋教都提領圓融湛寂弘教大師弘遷，/宣授陕西等路釋教都僧统本寺住持雄[辯]大師釋信滿，/宣授諸路釋教都總统燕京[大]寶集寺住持壇主遠孫圓明吉祥同建。/本寺院主信遇，/副院弘冲，/宣授鞏昌路都提領崇信、都僧録惠才、僧録覺照、都僧判崇緣、僧判復興；/京兆路都僧判通濟大師幸達；收舍利主無憂居士吴清；/京兆路都僧録明鑒通思大師文亨；前咸寧縣丞任天祐；/宣授京兆路僧尼都提領大師明湛；提點正元；/僧统所案司提舉惠達、知管普明、知書文滿、德闓，譯使唐文慶，知印张英；/京兆路僧録司提點宝輝、知文道常，管勾道瓊、提點祖敬；/宣授扶宗弘教大師傳法門人講經沙門了應、了悟，小師提點義明，權講海慶，/提點祖宝、海興、海進、海達、海悟，提點海珍、海受、海回、海聚，/侍者海初、海俊、海祐、海祥、海貴、海湛、海榮、海信；提控刘澤；/上座海智、海志、海應，助缘尼福瓊、善妙、行堅、智善、智秀、福智、海昌；/西京路都僧録普恩寺住持通悟大師令吉祥

大唐清凉國師妙覺之塔

刊立時間： 至元九年（1272）九月立。

行款書體： 塔銘2行，滿行5字，楷書。題款共10行，滿行30字，楷書。

刊石人名： 戴仲禄刻。

銘文首題： 大唐清凉國師妙覺之塔。

形制紋飾： 塔銘青石質，長方形，尺寸不詳。

存佚狀況： 現嵌於西安市長安區華嚴寺妙覺塔第四層西面壁上。

主要著録： 《陝西金石志》《續修陝西通志稿》。

【録文】

前題名

河北陝西等路總管萬户兼成都路經略使劉黑馬太夫人賈氏，/ 宣授懷遠大將軍成都路萬户劉元振，前陝西路司天少監刘元孚，/ 宣授屯田奥魯總管石抹常山太夫人移剌氏、夫人張氏、新婦夫人刘氏，/ 宣授嘉議大夫司天臺張提點夫人武普政，/ 前太傅府郎中張震夫人李惠明，西蜀四川都轉運使王楫夫人張惠秀 / 施才。

塔銘

大唐清凉國 / 師妙覺之塔 /

後題名

大元至元九年重陽日，長安戴仲禄刊，韓進等砌 /

宣授扶宗弘教大師奉聖州大法雲寺行吉祥蓮，學人講主可偉、崇重、悟勝，/ 昭勇大將軍鞏昌路軍前便宜都總帥汪，平凉府衆官，元帥同知王琳等，/ 宣授鞏昌路達魯花赤别乞怙木兒，總管府同知孫，秦州衆官，元帥石抹等，/ 宣授京兆路達魯花赤總管同知治中高，府判寇，衆官員，胡經歷等 / 施才。

《大唐清涼國師妙覺之塔》實物圖

郝仲威墓誌

卒葬時間：至元九年（1272）十一月二十九日葬。
行款書體：誌文41行，滿行24字，楷書。
撰書人名：劉秉中撰并書，党思明刻。
誌文首題：大元故總管五路萬户權成都路都元帥郝侯墓誌。
形制紋飾：誌石青石質，横長方形，高55厘米，寬92厘米，厚13厘米。
出土時地：三原縣出土，時間不詳。
存佚狀況：現藏西安碑林博物館。
主要著録：首次刊布於《碑林集刊》總第十七輯（王亮亮：《元〈郝仲威墓誌〉考略》）。

【録文】

大元故總管五路萬户權成都路都元帥郝侯墓誌 /

前京兆路左翼諸軍萬户新興劉秉中撰并書 /

侯諱仲威，字子允，以小字按攤行世，爲安肅著姓。曾大父佺，大 / 父增，皆隱德弗仕。父和尚，五路萬户太原路行省；母太夫人張 / 氏。侯幼而沈毅，甫冠，才藝超卓，善騎射，國語字書尤精。逮行省 / 公捐館，名爵掃地，慨然有起宗之志。歲甲寅，從 / 大駕征雲南，師次白蛮，敵據白砦不下。上親督諸將攻之，駐蹕 / 行營，侯小心宿衛，通曙不眠。明日，上諭衆曰：深入賊境，當備 / 不虞。朕終夜三起，視汝曹皆熟寐，獨按攤按弓利鏃而坐，其服 / 勞王事如此者，殆欲保全其父之名耳。親以金碗所膳而食之，/ 且謂師還，當以重填［鎮］委卿。中統辛酉，家人數百以糾家訟，爲中 / 貴之驅。侯赴訴于朝，允令按户版断付之，侯皆貰爲平民。/ 上以糾家元佩金符授侯，侯再拜，讓其弟。上嘉之，特以雲南之 / 功命世父爵，授宣德、西京、太原、平陽、延安五路總管萬户，佩金 / 虎符銀章，并賜海青銀符二，裨將楊士衡金符一。侯受寵若驚，/ 毅然以報國自任。故凡提兵徇地，所向有功。至元二年夏，宋將 / 昝万受帥衆寇懷安，行院檄侯分部邀擊。諸將視可而進，侯先 / 率麾下馳突奮擊，敵之孫、鮑二將爲集矢所斃，万受亦被鏃，衆 / 遂大敗，斬首七百級，俘獲數百人，軍資鎧仗不勝計。行院奏膚，/ 上多其功，賜白金兩鎰，金錦一，金鞍一，侯悉散之部曲。明年，命侯 / 攝成都路都元帥，漢軍皆隸焉。四年春正月，行院怙的統大軍 / 復征嘉定，以侯總前鋒先進。侯徑渡大江，敵望風奔潰，遂奪糧 / 船戰艦，馘虜殺傷甚衆，不幸遘疾。左右擬請行院先還成都療 / 疾，侯曰：吾蚤失所怙，門户浸衰，/ 聖恩天大，圖報無階。誓死疆埸，當以馬革裹尸，固其所也。如欲遽 / 歸，仆於床簀，豈不与初心相違背乎？疾遂革，薨于嘉定楊山江 / 之軍營，寔是月二十五日也，享年三十有八。侯天資忠孝，器量 / 宏博，吉凶禍福不以回其慮，廢興存亡不以奪其節。使家世將 / 絶而復續，稍微而更熾，足以無愧于郝宗矣。惜乎，天不假壽，俾 / 不得大其經綸而窮其底藴，

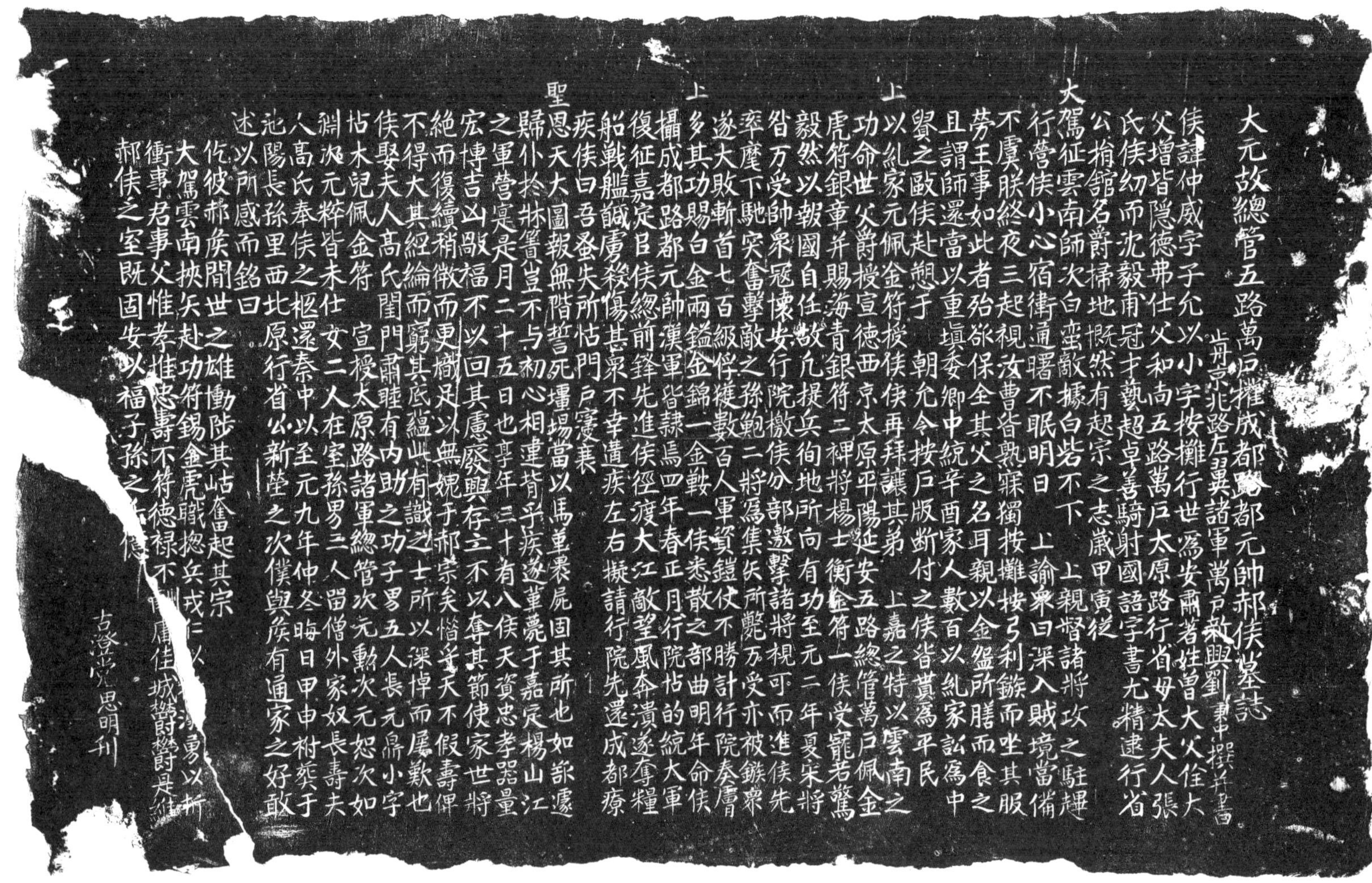

《郝仲威墓誌》拓片

此有識之士所以深悼而屢嘆也。/ 侯娶夫人高氏，閨門肅睦，有内助之功。子男五人，長元鼎，小字 / 怙木兒，佩金符，宣授太原路諸軍總管；次元勛，次元恕，次如 / 淵，次元粹，皆未仕。女二人，在室。孫男三人，留僧、外家奴、長壽。夫 / 人高氏奉侯之柩還秦中，以至元九年仲冬晦日甲申祔葬于 / 池陽長孫里西北原行省公新塋之次。僕與侯有通家之好，敢 / 述以所感而銘曰：/

仡彼郝侯，間世之雄。慟陟其岵，奮起其宗。/ 大駕雲南，挾矢赴功。符錫金虎，職總兵戎。仁以[拯溺]，勇以折 / 衝。事君事父，惟孝惟忠。壽不符德，禄不[酬]庸。佳城鬱鬱，是維 / 郝侯之室既固，安以福子孫之[千]億。/

古澄党思明刊

周舍人妻耶律氏磚誌

卒葬時間：至元十年（1273）七月十七日葬。
行款書體：誌文5行，滿行5—6字不等，楷書。
撰書人名：無。
誌文首題：無。
形制紋飾：誌磚質，方形，高、寬均33厘米，厚6厘米。
出土時地：不詳。
存佚狀況：現藏西安碑林博物館。
主要著録：《西安碑林全集》。

【録文】

周舍人故妻 / 耶律氏之墓 /
大元國至元十 / 年歲次癸酉七 / 月十七日安葬

《周舍人妻耶律氏磚誌》拓片

趙崇簡幽堂記

卒葬時間：至元十一年（1274）正月四日葬。
行款書體：記文大字1行，共14字；小字25行，滿行22—24字。均爲楷書。
撰書人名：趙必大、必達等撰，程漢填諱。
記文首題：大元國鳳翔路副總管趙公幽堂記。
形制紋飾：記石青石質，横長方形，高43厘米，寬47厘米，厚12厘米。
出土時地：不詳。
存佚狀況：現藏西安博物院。
主要著録：未見著録。

【録文】

大元國鳳翔路副總管趙公幽堂記 /

皇考姓趙，諱崇簡，字易之，世系源派，具之志銘。生於前金 / 朝禎［貞］祐丙子，未冠，癸巳歲 / 朝省選拔，充吏户禮三部掾史，給賜銀章，凡九載。辛丑，欽奉 / 先帝聖旨，充 / 闊端太子府必闍赤和多赤。中統二年，欽奉 / 今上聖旨，特賜金章，充 / 直必怙末兒大王府漢兒大必闍赤霍敦赤。三年，再被 / 旨充河南路副統軍，尋於至元六年蒙 / 恩授奉訓大夫、同知鳳翔府總管事。今年冬十一月間，感冒 / 得疾，十二月初五日卒于治寺。元妃夫人北京王氏，次李 / 氏，次移剌氏。男三人，長必大，次必久，次早卒，王夫人所生；/ 幼必達，李氏所出。女四人，瑞璋、唐古真、蒙古真、福璋，長適 / 南京路治中吾古論，次適成都府征行三千户總管田 / 琳，幼二人未聘。孫男壽僧，孫女僧哥。哀惟皇考自十八 / 躋仕版，馳驅 / 王事四十餘年，上下四方，一心勤瘁，/ 帝心簡眷，分任价藩。甫遂安，間而纏綿微疴，奄忽大故，皆必大等 / 不孝之罪。上通于天，五内分崩，百身莫贖。忍未即死，祗奉 / 母命，得卜于京兆府長安縣苑西鄉新池頭坎山之原，取 / 以至元十一年正月初四日奉喪遷厝，當日窆。惟皇考 / 生平出處、履歷德業、治績未易殫極，尚俟備録，仰干聞人，/ 發揮潛幽，刊之樂石，以究顯揚。茹苦銜哀，姑述死生梗概，/ 納之竁域。云至元十一年正月上四日，孤子趙必大、必達 / 等泣血謹誌。/

眉山前進士程漢填諱

大元國鳳翔路副總管趙公幽堂記
皇考姓趙諱崇簡字易之世系源泒具之誌銘生於前金
朝禎祐丙子未冠癸巳歲
朝省選拔充吏户禮三部椽史給賜銀章凡九載辛丑欽奉
先帝聖旨充
闊端太子府必闍赤和多赤中統二年欽奉
今上聖旨特賜金章充
直必怙末兒大王府漢兒大必闍赤霍敦赤三年再被
旨充河南路副統軍尋於至元六年蒙
恩授奉訓大夫同知鳳翔府總管事今年冬十一月間感冒
得疾十二月初五日卒于治寺元妃夫人北京王氏次李
氏次移剌氏男三人長必大次必父次早卒王夫人所生
幼必達李氏所出女四人瑞璋唐古真蒙古真福璋長適
南京路治中吾古論 次適成都府征行三千户總管田
琳幼二人未聘孫男壽僧孫女僧哥哀惟 皇考自十八
躋仕版馳驅
王事四十餘年上下四方一心勤瘁
帝心簡眷分任价藩甫遂安間而纆綿微痾奄忽大故皆奚等
不孝之罪上通于天五内分崩百身莫贖忍未即死祗奉
母命得卜于京兆府長安縣苑西鄉新池頭坎山之原取
以至元十一年正月初四日奉喪還厝當日窆惟 皇考
生平出處履歷德業治績未易殫極尚俟備録仰干聞人
發揮潛幽刊之樂石以究顯揚茹苦銜哀姑述死生梗槩
納之窀域云至元十一年正月上四日孤子趙必大必達
等泣血謹誌
眉山前進士程 淇 填諱

《趙崇簡幽堂記》拓片

吴清墓誌

卒葬時間： 至元八年（1271）十一月十二日葬，至元十二年（1275）三月一日改葬。
行款書體： 正反兩面刻。誌陽13行，滿行23字；誌陰2行，滿行14字。均爲楷書。
撰書人名： 吴忠撰。
誌文首題： 故無憂居士吴君墓埋銘。
形制紋飾： 無蓋。誌石青石質，圭首，竪長方形，高60厘米，寬31厘米，厚15厘米。
出土時地： 不詳。
存佚狀況： 現藏大唐西市博物館。
主要著録： 首次披露於《碑林論叢》總第二十四輯（王彬、陰玲玲、楊潔：《大唐西市博物館藏元代墓誌考述》）。

【録文】

誌陽

故無憂居士吴君墓埋銘/

君諱清，字季澄，行第八，姓吴氏，家世乾州醴泉縣之北閭里/人也。曾祖以善行著名，号三居士。祖諱昌，務農，知稼穡。君自/壬辰歲被兵東徙，已而還鄉，寓京兆府咸寧縣東關居。君性/行純篤，安貧守分，有樂天知命之志，鄉里稱之。名無憂居士，/以勤恪信厚成家焉。春秋六十有九，以微疾而終。娶同郡曹/氏，享年五十有八，先考君六年而卒。男二人，長忠，娶郭氏；次/恕，娶齊氏。女二人，長適惠宅邦達，幼適武敬。孫男五人，長名翔脩，/習儒業；次山山，次羊奴。忠等痛思罔極之恩，深謀祭祀之便，/故不欲歸宗遠葬，乃别卜吉地，得本府縣之東北苑東鄉臘/殿社坎山之原，以爲歸葬之所。庶幾，靈柩堅密而神爽安寧。/此即大葬，致誠之意，同窶異藏，禮也。聊記歲月云耳。/

至元八年歲次辛未十一月十二日，孝男吴忠等謹誌。

誌陰

至元十二祀，歲在乙亥三月一日壬/申，改葬於洪固鄉黄渠頭，從吉兆也。

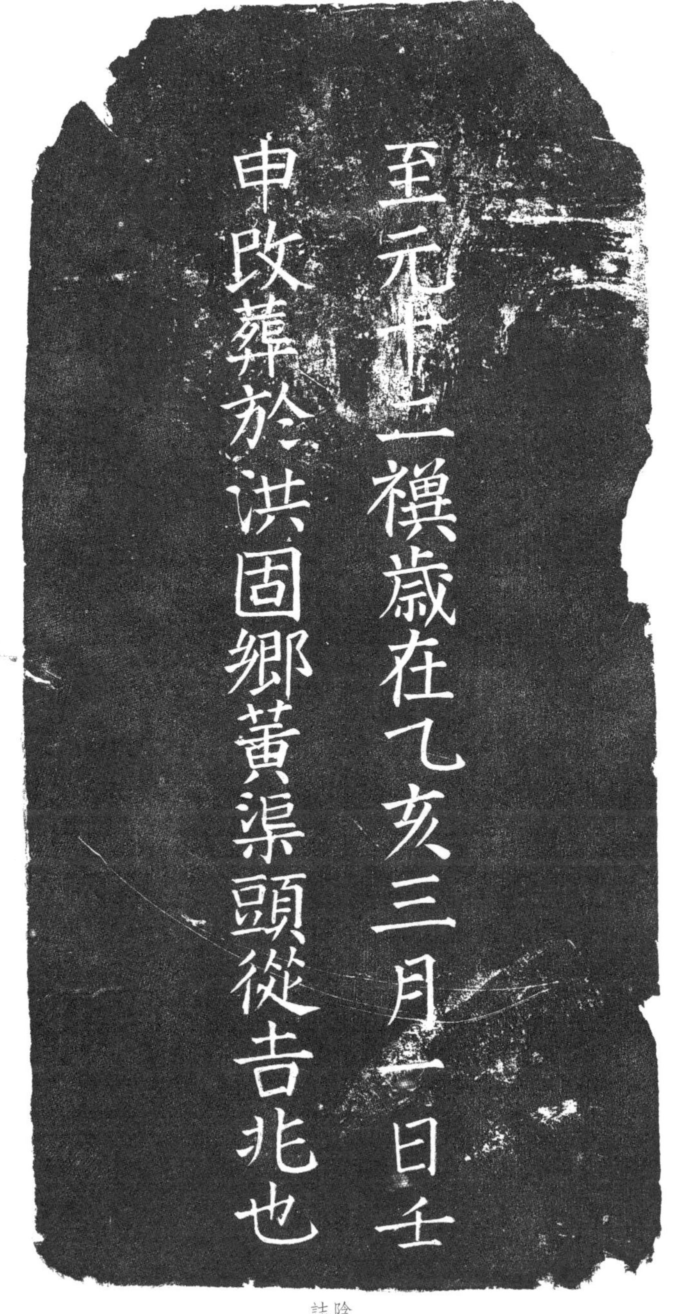

至元十二禩歲在乙亥三月一日壬
申改葬於洪固鄉黃渠頭從吉兆也

誌陰

故無憂居士吳君墓埋銘
君諱清字季澄行第八姓吳氏家世乾州醴泉縣之北閭里
人也曾祖以善行著名号三居士祖諱昌務農知稼穡君自
壬辰歲被兵東徙已而還鄉寓京兆府咸寧縣東關居君性
行純篤安貧守分有樂天知命之志鄉里稱之名無憂居士
以勤恪信厚成家焉春秋六十有九以微疾而終娶同郡曹
氏享年五十有八先考君六年而卒男二人長忠娶郭氏次
恕娶齊氏女二人長適惠宅邦達幼適武[illegible]孫男五人長名翔脩
習儒業次山山次羊奴忠等痛思罔極之恩深謀祭祀之便
故不欲歸宗遠葬乃別卜吉地得本府縣之東北苑東鄉臘
殿社坎山之原以爲歸葬之所庶幾靈柩堅密而神爽安寧
此即大葬致誠之意同窆異藏禮也聊記歲月云耳
至元八年歲次辛未十一月十二日孝男吳忠等謹誌

誌陽

《吴清墓誌》拓片

曹世昌墓誌

卒葬時間： 至元十二年（1275）三月二十六日葬。

行款書體： 誌文32行，滿行32字，楷書。

撰書人名： 李庭撰，駱天驤題蓋，蕭𣄃書，戴仲禄刻。

誌文首題： 大元故京兆路鎮撫軍民都彈壓曹公墓誌銘并序。

誌蓋標題： 大元國故京兆路鎮撫軍民都彈壓曹府君墓誌銘。5行，滿行4字，篆書。

形制紋飾： 誌蓋、石均青石質。蓋方形盝頂，高59厘米，寬59.5厘米，厚11厘米。誌石方形，高64.5厘米，寬65厘米，厚13厘米，誌石背面由上而下開鑿有兩個邊長8厘米、深4厘米的方棱形孔。

出土時地： 西安市出土，時間不詳。

存佚狀況： 現藏西安博物院。

主要著録： 《陝西碑石精華》《新中國出土墓誌·陝西（叁）》。

【録文】

大元故京兆路鎮撫軍民都彈壓曹公墓誌銘并序 /

京兆路府學教授李庭撰，京兆路府學正駱天驤篆蓋，蕭𣄃書 /

至元乙亥歲三月十六日丁亥，前京兆路鎮撫軍民都彈壓曹公卒於景風街私第 / 之正寢，斂以時服，春秋四十有八。將以其月二十六日葬於咸寧縣洪固 / 鄉廟坡里 / 之先塋，禮也。其弟世良謁文以誌其墓，謹按：曹氏係出顓頊之後，魏武帝作家傳云，周武王封其母弟振鐸於曹，以國爲氏。自相國參佐，漢得天下，封绛侯，子孫散居河 / 東。世既遠，譜逸不可考。四世祖諱景，居石州之寧鄉，遂爲其縣人。高祖諱贍，曾祖諱 / 志，皆隱居不仕；祖諱慶，從軒成復立河東，以功授千夫長。娶同里趙氏，生公之考諱 / 俊，字伯英。/ 大元開創，佐北京田侯立陝西，充京兆鎮撫，因占籍焉。娶杜氏，生公，諱世昌，字京父。/ 自幼穎悟，既學，涉獵書史，略通大義，居喪以孝聞。弱冠襲父職，即有能名。中統元年，/ 平章廉公、參政商公宣撫陝西，辟公兼理問官。時屬軍興，調度百出，悉倚公爲辦。/ 疑獄滯訟，隨即裁決，皆得其情。二相以爲材，遂保奏 / 朝廷，/ 宣授京兆鎮撫軍民都彈壓，仍賜銀符以寵之。四年，以例罷。至元元年，/ 平章賽公行西省事，慎選僚屬，得參議智公、總管張公暨公等十人專使。/ 奏準，月俸三十千，公辭，不獲免，應命督規畫沔州船運。先是，監造者多□減以私己，/ 由是船艘脆薄，不踰年輒壞。公至，親爲計料，折衷覆實，遂得堅完，運漕賴此以通，省 / 所費十之三四。既而奉檄發山西，兵起豪强隱避之家，免孤貧無告之役。其用心 / 公正，臨事不爲苟簡，於斯可見矣。是歲，以母老不仕，卜居府城之北坊，占地數十畝，/ 圍而墉之，種花藝果，引水注池，築基構亭，以爲游息之所。歲時與親舊飲宴其上，浩 / 然有終焉之志。宣撫趙公名之曰清暉，一時名士如翰林學士徒單雲甫、行樞 / 參議陳公季淵、杜止軒仲梁皆有題咏，都運王公爲文以記之。所謂孝親友弟，尚 / 氣義，交豪傑，周濟貧乏，爲一鄉之善士。庶幾，實録云，公資慷慨，輕財重義，施予不責 / 其報，且達於政事，使之與當世豪傑，馳騖於功名之會，其所成就必有大過人者。然 / 家道既豐，遂無意於仕進，閑居養志，

《曹世昌墓誌》誌蓋拓片

以終其身。所謂知命君子者，非邪。先娶監軍駱/公之女，再娶先鋒使夾谷公之女。子男一人，曰始郎，尚幼，夾谷氏出也;女二人，駱氏所/出，長適商州防禦使傅思鼐，幼在室。公之弟世良，字嘉父，愛敬其兄，侍立終日，雖命/之坐不敢也。故公喪之日，哀慟過制，亦可謂難也已。是宜爲銘。銘曰：/

嗚呼京父，識敏而明，志强而毅。才足以超萬里，而留滯於小官；勢足以摩九霄，/而陸沈於散地。能委分以樂天，甘優游而卒歲。可謂一鄉之善人，宜垂光於千/祀。咸寧之原，卜兹幽隧。恃天監之孔昭，尚後人之是利。

戴仲禄刊

大元故京兆路鎮撫軍民都彈壓曹公墓誌銘并序
京兆路府學教授李庭撰　京兆路府學正駱天驤篆蓋　蕭𣂏書
至元乙亥歲三月十六日丁亥前京兆路鎮撫軍民都彈壓曹公卒於景風街私第
之正寢斂以時服春秋四十有八將以其月二十六日葬於咸寧縣洪固鄉廟坡里
之先塋禮也其弟世良謁文以誌其墓謹按曹氏係出顓頊之後魏武帝作家傳云
周武王封其母弟振鐸於曹以國爲氏自相國參佐漢得天下封絳侯子孫散居河
東世既遠譜逸不可攷四世祖諱景居石州之寧鄉遂爲其縣人高祖諱贍曾祖諱
志皆隱居不仕祖諱慶從軒成復立河東以功授千夫長娶同里趙氏生公之考諱
儁字伯英
大元開創佐北京田侯立陝西充京兆路鎮撫因占籍焉娶杜氏生公諱世昌字京父
自幼穎悟既學涉獵書史略通大義居喪以孝聞弱冠襲父職即有能名中統元年
平章廉公　參政商公宣撫陝西辟公兼理問官時屬軍興調度百出悉倚公爲辦
疑獄滯訟隨即裁決皆得其情二相以爲材遂保奏
朝廷
宣授京兆路鎮撫軍民都彈壓仍賜銀符以寵之四年以例罷至元元年
平章賽公行西省事慎選僚屬得參議智公總管張公暨公等十人專使
奏準月俸三十千公辭不獲免應命督規畫沔州船運先是監造者多刻□以私己
由是船艘脆薄不踰季輒壞公至親爲計料折衷覈實遂得堅完運漕賴此以通省
所費十之三四既而奉　檄發山西兵起豪强隱避之家免孤貧無告之役其用心
公正臨事不爲苟簡於斯可見矣是歲以母老不仕卜居府城之北坊占地數十畝
園而墉之種花藝果引水注池築基構亭以爲游息之所歲時與親舊飲宴其上浩
然有終焉之志　宣撫趙公名之曰清暉一時名士如　翰林學士徒單雲甫行樞
參議陳公季淵杜止軒仲梁皆有題詠　都運王公爲文以記之所謂孝親友弟尚
氣義交豪傑周濟貧乏爲一鄉之善士庶幾實錄云公資慷慨輕財重義施予不責
其報且達於政事使之與當世豪傑馳騖於功名之會其所成就必有大過人者然
家道既豐遂無意於仕進閑居養志以終其身所謂知命君子者非邪先娶監軍駱
公之女再娶先鋒使夾谷公之女子男一人曰始郎尚幼夾谷氏出也女二人駱氏所
出長適商州防禦使傅思鼎幼在室公之弟世良字嘉父愛敬其兄侍立終日雖命
之坐不敢也故公喪之日哀慟過制亦可謂難也已是宜爲銘銘曰
嗚呼京父識敏而明志彊而毅才足以超萬里而留滯於小官勢足以摩九霄
而陸沈於散地能委分以樂天甘優游而卒歲可謂一鄉之善人宜垂光於千
祀咸寧之原卜茲幽隧恃天監之孔昭尚後人之是利
戴仲祿刊

《曹世昌墓誌》誌石拓片

田大成墓誌

卒葬時間： 至元十二年（1275）四月二十日葬。

行款書體： 誌文38行，滿行38字，楷書。

撰書人名： 孟文昌撰，駱天驤題蓋，賈庭臣書，戴仲禄刻。

誌文首題： 大元故昭勇大將軍南京路總管兼開封府尹諸軍奥魯總管田公墓誌并銘。

誌蓋標題： 大元故昭勇大將軍南京路總管兼開封府尹諸軍奥魯總管田府君墓誌銘。6行，滿行5字，篆書。

形制紋飾： 誌蓋、石均青石質。蓋方形盝頂，高、寬均55厘米，厚10厘米。誌石方形，高、寬均61.5厘米，厚19厘米。

出土時地： 不詳。

存佚狀況： 現藏大唐西市博物館。

主要著録： 《洛陽新獲墓誌：二〇一五》《慶祝蔡美彪教授九十華誕元史論文集》（楊潔：《元代〈田大成墓誌〉考略》）。

【録文】

大元故昭勇大將軍南京路總管兼開封府尹諸軍奥魯總管田公墓誌并銘 /

雲中孟文昌撰，/ 京兆路府學正駱天驤篆蓋，/ 京兆路總管府治中賈庭臣書丹 /

公諱大成，姓田氏。祖資榮，父雄，世爲北京人。父儀狀瓌偉，孔武有力，乘時而奮。属 / 天朝經略四方，掌握兵柄，攻城戰野，多著奇效，以勛陞陝西京兆等路都總管。剖符分壤，爲名諸侯，/ 英聲茂實，在人耳目，具述神道碑銘，此不復載。公性純厚，仁且慧，幼從師學，受經通大義。年十五，以 / 先侯奉命征討，取漢中諸郡。詔公領其事。歲丁未，先侯薨，膺 / 璽書虎符，正襲前職。秦民始離湯火，流散甫集，區分室處，授之業田，遺黎復知生聚，能撫摩煦育，崇 / 尚寬簡。身帥以正，廉潔自律，纖芥無私受。由是下絶侵漁，竟［境］内翕然稱理。公妙齡英發，識見明敏，加 / 之倅貳得人，當代蔚有能聲。至元二年，超昭勇大將軍、延安路總管兼府尹。五原地隘阻民，依山谷 / 間，盜賊易爲淵藪。時有賊酋劉壽童者，桀驁難制，道路久梗，商竇不通，居人益困。乃嚴防禁，厚賞予，/ 招納亡命，惠以植弱，威以鋤强。數月之間，劉及餘黨悉平。野猪嶺故道，遠而險，人苦登涉。公行視地宜，易之夷近，一方便之。因貸逋欠，省徭役，俾力農桑，田野日闢。頑獷之徒，化而馴良，民用妥安，户口 / 增倍，爲治績之最。山東銅臺，古稱劇郡，事務夥繁，朝廷以比歲旱蝗，思所以安之，移公鎮大 / 名。下車之始，躬率父老祭禱，蝗乃出境。民罹饑乏，無所於糴，公獨任其責，發倉廩以賑之，脱殍亡者 / 甚衆，事竟以聞，詔允所請。秩未滿，特旨遷南京路總管兼開封府尹及諸軍奥魯事，/ 勛階如故。夏，大水，黄流泛溢，村墟之民，巢樹以避之，塞堤之役，幾被溺。時已暮，公即遣巨艦數十艘，/ 夜令急渡，遂得俱免。國家有事南伐，汴當會衝，軍馬之屯駐，糧餉之轉輸，供給旁午，爲起浮 / 梁以濟洪河，人獲便利，兵資器仗，饋運如流，未嘗少誤，以致戰無不克，卒拔襄樊功亦有預焉。公之 / 父子在關中，遺恩餘澤，被人也久；愛戴之心，迄今不忘。母太夫人楊氏，崇道敬善，宫觀之興，皆其權 / 輿。時貴往往奉黄冠師，公正家以法，獨禁絶之。自

《田大成墓誌》誌蓋拓片

童丱位通顯，腰金食鼎，僅四十載。所典皆大藩，所/至輒見治，令聞赫奕，一時罕及，簡在宸聽，眷遇之殊，蓋將大用矣。不幸於至元十二年三月十/五日以疾終于私第，春秋五十有三。訃聞，僚采［寀］士庶，莫不悼嘆。兄二人，曰大明，授平陽、太原、京兆軍/馬都總管；曰大器，任京兆路奧魯總管。弟八人，曰大有，充京兆路人匠大使；曰大安，擢京兆路征行/千户；曰大亨，曰大豐，曰大受，曰大鼎，曰大璞，曰大寧，俱未仕。初室夫人李氏，平陽人匠提領李公之/女；夫人張氏，真定等路行軍千户兼同知威州節度使張公之女，偕先公卒。繼室夫人張氏，陝西路/轉運使張公之女，内儀肅正，閨門有度，宗族稱焉。子男四人，曰仁，娶行省僕散公之女，甫冠入/宿衛，早荷見知；曰義，幼亡；曰信，娶征行千户納合公之女；曰禮，未娶。女三人，長適延安路總管/劉公男天祥，次適延安路治中完顏公男弼，次適先鋒使夾谷公男。孫男三人，曰堅童，曰順童，曰/禹童；孫女二人，皆幼。以是年四月二十日辛酉祔葬于先塋之左，禮也。夫人張氏，次子信，具公之始/末，以宣使張君爲介，命僕志諸墓，昭示永久。僕辭不獲已，謹摭其實，勒之于銘。其辭曰：/

《田大成墓誌》誌石拓片

堂堂田公奮戎軒，有来朔方乘風雲。揚厲天聲張我軍，義旗一叱開三秦。削平西鄙恢奇勛，山/河盟誓茅土分。嗣侯襲慶寬而文，蕃宣四徒龍光新。洗濯瘡痍煦以仁，爾耕尓鑿飽且温。鼠竊/嘯凶横噬吞，芟除强梗夷其根。旱魃熾虐如惔焚，哀歲阻饑粒乃民。彼方畏咎祇保身，肉糜吾/饜奚恤人。商羊舞蹴天瓢翻，黄流潰潦俄潰奔。赤子其魚誰與援，濟川舟楫真逢君。王師南下/時事殷，戒械山積貔貅□。駕津而梁排急紛，一鼓已撤荆吴藩。藹然當世休聲聞，/九重優顧注意勤。長星俄墜陰霾昏，人悲薤露懷遺恩。鳳栖奕奕咸秦原，佳城永與南山存。鼎/鍾勛業垂清芬，鎸諸貞珉詔後昆。/

長安戴仲禄刊

劉元振墓誌

卒葬時間：至元十二年（1275）十　月六日葬。
行款書體：誌文39行，滿行39字，隸書。
撰書人名：王磐撰，廉希憲書。
誌文首題：大元故成都路經略使懷遠大將軍行軍副萬户劉公墓誌銘并序。
誌蓋標題：大元懷遠大將軍成都經略使劉公墓銘。4行，滿行4字，篆書。
形制紋飾：誌蓋一體，方形，青石質，高92厘米，寬93.5厘米，四側綫刻獸首人身的十二生肖圖案，係用唐人墓誌石改製而成。
出土時地：2009年西安市長安區韋曲街辦曲江觀山悦住宅小區基建工地出土。
存佚狀况：現藏陝西省考古研究院。
主要著録：《元代劉黑馬家族墓發掘報告》。

【録文】

大元故成都路經略使懷遠大將軍行軍副萬户劉公墓誌銘并序 /

翰林學士嘉議大夫知制誥兼修國史王磐撰，/ 榮禄大夫平章政事廉希憲書丹 /

公諱元振，字仲舉，姓劉氏，宣德州威寧縣人。曾大父伯林，當大元開國之初，有大功勞，官至西 / 京留守兼兵馬副元帥，謚忠順；大父時，早世；考諱嶷，河北、陝西等路都總管萬户、成都路經略使，謚忠 / 惠。公幼沉默寡言，入學講誦經史，與諸生游從，雍容歡洽，未嘗以驕貴自异。癸丑歲，宋人寇亂商於，/ 上命忠惠公分兵鎮遏，命公攝行都總管萬户府事。精兵宿將，悉隸麾下。公時年二十七，既莅事，/ 號令嚴明，賞罰允愜，内外怗然畏服。戊午歲，憲宗皇帝親御六師，由川蜀伐宋，駐蹕釣魚山，公 / 與主帥紐鄰、别將、偏師，自瀘江南渡，入爲先鋒，摧堅陷陣，所向克捷。會有旨，振旅乃還。中統改元，/ 詔命忠惠公充成都經略使，公正受都總管萬户，皆佩金虎符。宋瀘南安撫使劉整密遣人送款，將舉 / 瀘南以降。忠惠公欲遣公往應之，諸將皆曰：劉整受宋厚恩，位安撫使，當顓面之託，非有朝夕之急，無 / 故送款，何可輕信？萬一差池，悔無及矣。公獨曰：諸君之慮過矣。宋朝權臣當國，賞罰無章，諸將有功者，/ 畏其跋扈難制，往往以計除之。整本非江南人，爲將粗有聲名，今居瀘南重地，事勢正如李全、張惠，此 / 其送款，無可疑者。遂奉命率甲卒二千直抵瀘州，遣使與整相聞。整即開壁出迎，交拜馬前，握手道誠 / 款，笑語如舊知。明日，整請燕從者於城中，公釋戎服，與整聯轡而入，燕酣，以白金六千兩、男女五百人 / 爲獻。公即以金分賜將士，一錢不入己。男女擇取幼者四人，餘悉各還其家。宋遣制置使俞興、都統制 / 老水張者，將兵五萬、戰艦三千餘艘圍瀘城，晝夜急攻，百道並進，自正月至五月，城幾陷者屢矣。左右 / 或勸公：事勢危迫，宜有變通，且劉整本非吾人，今與俱死，何益？不若突圍而去。公曰：人以誠款歸我，我 / 來應接，是已受其降矣，豈可以小有艱阻，輒爲改圖？食將盡，乃殺所乘馬以犒將士，募善水者賫蠟書 / 索援兵於成都，主帥昔力觧令侍郎張威將兵三千赴援，夜舉三烽與城中相應。犁［黎］

《劉元振墓誌》誌蓋拓片

明，公與整分道而 / 出，直冲宋壁，與援軍内外合勢。宋軍腹背受敵，斬老水張於陣前，俞興遁還，自相蹈藉，弃甲山積，遂以 / 劉整還瀘州歸。初，城圍未解，公慮整手下將校艱危之際，或生反側，乃擅造金銀符二十餘，擇有功者 / 與之，僚佐諫止，以爲不可。公曰：春秋之義，大夫出疆，有可以利國家、安社稷者，則專之。若以爲罪，吾自 / 當之，必不以累諸君也。及此，自陳其事。朝廷嘉其知權，不以爲罪，仍賜錦衣一襲、黄金五十兩、白 / 金一千兩，諸將賜與亦各有差。二年冬，忠惠公薨，公居喪哀毁，尋有旨起復，襲父任，充成都經略 / 使。公弟元禮，潼川路副都元帥，俱佩金虎符；弟元濟，成都路總管，亦佩金符。昆弟三人，參錯四川，共掌 / 軍民之政，榮耀冠一時。七年，會有言勛舊之家，事權太重，宜稍裁抑者，遂以例减降，授公懷遠大將軍，/ 復爲行軍副萬户；元禮，延安路總管。公受命莅事，益勤招降討叛，屢奏膚功。十一年，兼潼川路招討副 / 使。十二年，以事至成都，得疾。七月二十九日薨，享年五十有一。夫人郝氏，太原五路萬户郝侯之妹，有 / 賢行。子男緯，授輔國上將軍、四川西道宣慰使；婦廉氏，平章公之女也。孫四人，長曰文起，受明威將軍、/ 河東陜西等路萬户，佩三明珠金虎符，次曰文亮、文鐸、文蒨，俱幼；女孫五人。公儀容秀偉，寬厚長者，與 / 人交，温恭相下，略不以門地［第］自高，待諸弟友愛深至。太夫人在長安，公仕宦千里外，甘旨珍異，饋送無 / 虚月。在軍中，與士卒同甘苦，均勞逸，賞罰信必。其莅民也，政令寬簡，所至有惠愛。子緯，以至元十弍年 / 十弍月六日壬申，舉公之柩，葬于京兆萬年縣貴胄里鳳栖原，從先塋也。銘曰：/

大元肇興，風虎雲龍。攀附孰先，惟忠順公。功書竹帛，名載鼎鍾。才賢繼出，家聲益隆。招討堂堂，早承 / 義方。雖爲將種，詩禮自將。莅事成都，慈惠安舒。政清令簡，疲民以蘇。敵將危疑，送款来歸。衆議盈庭，/ 莫决是非。公心昭晰，照物明徹。一語既開，群言皆折。群言皆折，瀘南遂平。拓土千里，奄有蠻荆。公在 / 蜀川，餘二十年。田疇開闢，壁壘修完。民樂其生，户口羡增。軍安戎律，卒練兵精。棧道連雲，丹旐歸秦。/ 佳城鬱鬱，先壟相鄰。四世傳忠，百年遺愛。令子賢孫，昌榮未艾。

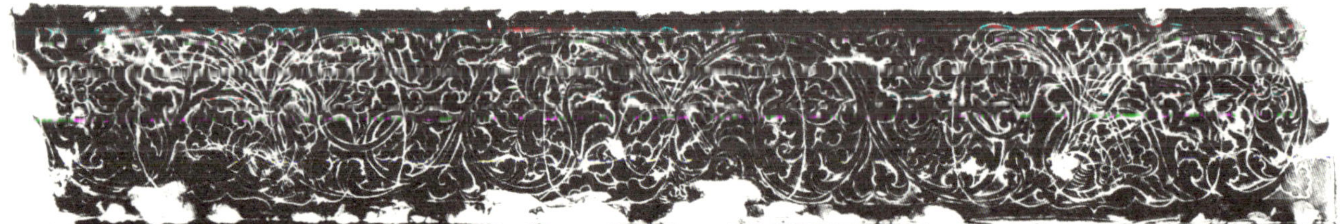

大元故成都路經略使懷遠大將軍行軍副萬戶劉公墓誌銘并序
翰林學士　嘉議大夫　知制誥　兼修國史　王磐譔
榮祿大夫　平章政事　廉希憲書丹
公諱元振字仲舉姓劉氏宣德州威寧縣人曾大父伯林當　大元開國之初首大功勞官至西
京留守兼兵馬副元帥謚忠順大父晧早世考諱巖河北陝西等路都總管萬戶成都路經略使謚忠
惠公幼沉默寡言入學講誦經史與諸生游從雍容歡洽未嘗以驕貴自異癸丑歲宋人寇商於
上命忠惠公分兵鎮遏　命公攝行都總管萬戶府事精兵宿將悉隸麾下公時年二十七既涖事
號令嚴明賞罰必信內外怗然畏服戊午歲　憲宗皇帝親御六師由川蜀伐宋駐蹕釣魚山公
與主帥紐隣別將偏師自瀘江南渡入為先鋒摧堅陷陣所向克捷會有　旨振旅乃還中統改元
詔命忠惠公充成都經略使公亞受都總管萬戶皆佩金虎符宋瀘南安撫使劉整密遣人送款將舉
瀘南以降忠惠公欲遣公往應之諸將皆曰劉整受宋厚恩位安撫使當顯面之託非有朝夕之急無
故送款何可輕信萬一差池悔無及矣公獨曰諸君之慮過矣宋朝權臣當國賞罰無章諸將有功者
畏其跋扈難制往往以計除之整本非江南人為將粗有聲名令居瀘南重地事勢正如李全張惠此
其送款無可疑者遂奉命率甲卒二千直抵瀘州遣使與整相聞整即開壁出迎交拜馬前握手道誠
欵笑語如舊知明日整請燕從者於城中公釋戎服與整聯轡而入燕酣以白金六千兩男女五百人
為獻公即以金分賜將士一錢不入己男女擇取幼者四人餘悉各還其家宋遣制置使俞興都統制
老水張者將兵五萬戰艦三千餘艘圍瀘城晝夜急攻百道並進自正月至五月城幾陷者屢矣左右
或勸公事勢危迫宜有變通且劉整本非吾人今與俱死何益不若突圍而去公曰人以誠款歸我我
来應援是已受其降矣豈可以小有艱阻輒為改圖食將盡乃殺所乘馬以犒將士慕善水者齎蠟書
索援兵於成都主帥答力解令侍郎張威將兵三千赴援夜舉三烽與城中相應犁明公與整分道而
出直衝宋壁與援軍內外合勢宋軍腹背受敵斬老水張於陣前俞興遁還自相蹈藉棄甲山積遂以
劉整還瀘州歸附城圍未解公慮整手下將校艱危之際或生反側乃擅造金銀符二十餘擇有功者
與之僚佐諫止以為不可公曰春秋之義大夫出疆有可以利國家安社稷者則專之若以為罪吾自
當之必不以累諸君也及此自陳其事　朝廷嘉其知權不以為罪仍賜錦衣一襲黃金五十兩白
金一千兩諸將賜與亦各有差二年冬忠惠公薨公居喪哀毀尋有　旨起復襲父任充成都經畧
使公弟元禮潼川路副龍元帥俱佩金虎符弟元濟成都路總管亦佩金符昆弟三人參錯四川共掌
軍民之政榮耀冠一時七年會有言勲舊之家事權太重宜稍裁抑者遂以例減降授公懷遠大將軍
復為行軍副萬戶元禮延安路總管公受命從事益勤招降討叛屢奏膚功十一年兼潼川路招討副
使十二年以事坐成都得疾七月二十九日薨享年五十有一夫人郝氏太原五路萬戶郝集之妹有
賢行子男緯授輔國上將軍四川西道宣慰使婦廉氏平章公之女也孫四人長曰文起受明威將軍
河東陝西等路萬戶佩三明珠金虎符次曰文亮文鐸文蒨俱幼女孫五人公儀容秀偉寬厚長者與
人交溫恭相下畧不以門地自高待諸弟友愛深至太夫人在長安公仕宦千里外甘旨珍異饋送無
虛月在軍中與士卒同甘苦均勞逸賞罰信必其莅民也政令寬簡所至有惠愛子緯以至元十弌年
十弌月六日壬申舉公之柩葬于京兆萬年縣貴胄里鳳棲原從先塋也銘曰
大元肇興風虎雲龍攀附孰先推忠順公功書竹帛名載鼎鍾才賢繼出家聲益隆招討堂〻早承
義方雖為將種詩禮自將從事成都慈惠安舒政清令簡疲民以蘇敵將危疑送款來歸衆議盈庭
冀決是非公心昭晰照物明澈一語既開群言皆折群言皆折瀘南遂平拓土千里奄有蠻荊公在
蜀川餘二十年田疇開闢壁壘修完民樂其生戶口義增軍安戎律卒練兵精技遣連雲丹旐歸秦
佳城鬱〻先塋相隣四世傳忠百年遺愛令子賢孫昌榮未艾

《劉元振墓誌》誌石拓片

張楫墓誌

卒葬時間：至元十二年（1275）十一月七日葬。

行款書體：誌文28行，滿行56字，楷書。

撰書人名：李庭撰。

誌文首題：大元故北京路都轉運使張公墓誌銘并序。

形制紋飾：無蓋。誌石青石質，豎長方形，斷爲上下兩截，高109厘米，寬57厘米，厚15.5厘米。

出土時地：不詳。

存佚狀況：現藏大唐西市博物館。

主要著録：《洛陽新獲墓誌：二〇一五》、《碑林論叢》總第二十四輯（王彬、陰玲玲、楊潔：《大唐西市博物館藏元代墓誌考述》）。

【録文】

大元故北京路都轉運使張公墓誌銘并序 /

王府咨議李庭撰 /

張氏之先，遠有世緒。唐末有諱叔夜者，嘗鎮太原，其子孫散處北邊，經亂譜逸，不可考。祖諱淵，佐金國開創有功，世襲猛安，居臨潢府之全州，遂占 / 籍焉。考諱士明，襲父職，有膂力，善騎射。大安末年，奉敕與蒲察同知保守臨潢。徙高州，中途遇 / 天兵南下，所在州郡，望風奔潰。公獨率本部兵，且行且戰，至撒馬營獲免，全活者五萬餘口，以功陞玉田萬户，轉燕京施仁門都統。娶閻氏女，封瀘 / 川縣君，生公諱楫，字濟之。幼有立志，不樂爲兒戲事。既學，通經史諸子之書。年十七，隨駕遷汴梁。朝廷念乃父之功，賞賚甚厚，仍選南京巨族賀師 / 顔女以妻之。甫冠，以蔭補商州洛南縣倉使。值壬辰大變，關陜失守，軍民往往逃避商山岩谷間，漫無統攝。衆議推公爲主，公時以年壯氣鋭，受而 / 不辭。於是定軍伍，設戰備，號令風行，遠邇莫不聽命。既而聞汴京有變，鈞許亦陷。公曰：此天時也，不可以抗。與其徇一己之節，曷若活萬民之命。乃 / 率數千人歸命 / 天朝。會歲歉艱食，奉上司檄，將歸附民遷北方，遂偕家属親舊至北京。庚子歲，有 / 旨擇廉能，官補錢穀之職，當途者舉公以應其選。初任監北京酒税，臨事剛决，不畏强禦。雖豪宗大姓，斂手不敢犯令。歲終，課績居多，陞北京路都 / 轉運使。時居官者，一切裒利迎合，以鈞權位，殊非公本志。乃力辭而退，閑居里閈，以教育諸子爲己任，戒之曰：既爲男子，當立大功以取富貴，慎勿 / 以賄利爲累。我嘗奉母訓，以謂爲官以非道獲利，雖日以甘旨奉我，我終不飽；若以清廉見稱，雖日以藜藿奉我，我亦不飢。汝等當終身佩服斯言。/ 戊午歲，二子庭珍、庭瑞隨 / 車駕征南，奉命挈家來長安。於是買田園，置第宅，日與耆舊宴游爲樂。一時達官貴人，以公年高德重，率待以上賓之禮，無賢不肖，皆曰純德君子。/ 至元十二年十月十九日以疾終於所居之正寢，享年七十有六。夫人賀氏，生長華族，聰明有賢行，能持其家。生三子，長曰庭玉，西蜀四川茶場轉 / 運同知；次曰庭珍，嘉議大夫、平江府路達魯花赤，佩金虎符；次曰庭瑞，中順大夫、成都府路總管，佩金虎符。女三人，長適北京鞏監軍男德元，次適/東京李大使男震，次適北京巨族閻伯祥。孫男十四人，長曰岱，京兆守鎮南山總把;次曰岳，郢復漁湖提舉，(餘)皆幼。孫女六人，俱在室。自中原板蕩，日/尋干戈，萬姓流離，家無完族。惟公一門老稚數百指，圓聚如初，不失一口。加之三子依乘風雲，並居顯職，聲光赫然，震耀當世，莫與爲比。非祖/先以來積功累行，何以及此？初，公在北京日，有柳營居民石抹重奴、李諒等，貸白金三百錠，既而度其人貧不能償，即取其券焚之。嘗祝曰：惟願後/嗣昌盛。漢夏侯勝云：有陰德者，必響其樂以及其子孫。以今觀之，吾是以知天道之可信，前賢之言爲不誣矣。且公始以廉能見擢，砥節首公，頤行/其志，終以剛直不能隨時俯仰，慨然高蹈，解印而歸。進退從容，不爽於義。方之昔人，未足多讓。嗚呼！可謂賢也已。諸子以至元十二年十一月初七/日，舉公之柩，葬於京兆府萬年縣洪固鄉少陵原，從吉兆也。乃狀公之行事，見託撰述，將以書於墓石，亦孝子顯揚其親之意也，是宜爲銘。銘曰：/

張惟大家，世有積德。餘慶所鍾，乃生英特。中原逐鹿，率土瞻烏。乘時變化，奮飛/天衢。舉世滔滔，掊聲攫利。我獨超然，辭榮眷□。廉以潔己，孝以承親。義方教子，並爲才臣。天鑒孔昭，報施不謬。/五福兼全，康寧富壽。燕山之竇，蜀郡之陳。仁賢高致，异世同倫。少陵古原，卜兹兆域。刻詩貞珉，垂名罔極。/

至元十二年歲次乙亥十一月丁卯朔初七日癸酉，/孝子張庭珍、庭瑞，孝孫岱、岳、嵒、嵩、崇立石

大元故北京路都轉運使張公墓誌銘并序

王府咨議李庭譔

張氏之先遠有世緒[illegible]末有諱叔夜者嘗鎮太原其子孫散處北邊經亂譜逸[illegible]可考祖諱淵佐金國開創有功世襲猛安居臨潢府之金[illegible]占

籍焉考諱[illegible]明[illegible]職有膂力善騎射大安末年奉勅與蒲察同知[illegible]臨潢[illegible]高州中途遇

天兵南下[illegible]州郡望風奔潰公獨率本部兵且行且戰至撒馬營獲免全活者五萬餘口以功陞玉田萬户轉燕京施仁門都統娶閻氏故[illegible]

川縣君生公諱楫字濟之幼有立志不樂為兒戲事既學通經史諸子之書年[illegible]七隨駕遷汴梁朝廷念乃父之功賞賚甚厚仍選南京巨族賢師

顏[illegible]以妻之甫冠以廕補商州洛南縣倉使值壬辰大變關陝失守軍民往往逃避商山巖谷閒漫無統攝衆議推公為主公時以年壯氣鋭[illegible]而

不辞於是定軍伍設戰備號令風行遠邇莫不聽命既而聞汴京有變鈞許[illegible]公曰此天時也不可以抗與其徇一己之節曷若活萬民之命廼

率數千人歸命

天朝會歲歉艱食奉　上司檄將歸附民遷北方遂偕家屬親舊至北京庚子歲有

旨擇廉能官補錢穀之職當塗者舉公以應其選初任監北京酒稅臨事剛决不畏彊禦雖豪宗大姓斂手不敢犯令歲終課績居多陞北京路都

轉運使時居官者一切衰利迎合以鈞權位殊非公本志廼力辞而退閑居里閈以教育諸子為己任戒之曰既為男子當立大功以取富貴慎勿

以賄利為累我嘗奉母訓以謂為官以非道獲利雖日以甘旨奉我我終不飽若以清廉見稱雖日以藜藿奉我我亦不飢汝等當[illegible]身佩服斯言

戊午歲二子庭珎庭瑞隨

車駕征南奉命挈家來長安於是買田園置第宅日與耆舊宴游為樂一時達官貴人以公年高德重率待以上賓之禮無賢不肖皆曰純德君子

至元十二年十月十九日以疾終於所居之正寢享年七十有六夫人賀氏生長華族聰明有賢行能持其家生三子長曰庭玉西蜀四川茶場轉

運同知次曰庭珎嘉議大夫平江府路達魯花赤佩金虎符次曰庭瑞中順大夫成都府路總管佩金虎符女三人長適北京舉監軍男德元次適

東京李大使次適北京巨族閻伯祥孫男十四人長曰岱京兆守鎮南山總把次曰岳鄢後漁湖提舉皆幼孫女六人俱在室自中原板蕩日

尋干戈萬姓流離家無完族惟公一門老稚數百指團聚如初不失一口加之三子依秉　風雲並居顯職聲光赫然震耀當世莫與為比非祖

先以來積功累行[illegible]以及此初公在北京日有[illegible]嘗居民石抹重奴李諒等賓白金三百錠既而度其人貧不能償即取其券焚之嘗祝曰惟[illegible]

嗣昌盛漢[illegible]侯勝公有陰德者必響其樂以及其子孫以今[illegible]之吾是以知天道之可信前賢之言為不誣矣且公始以廉能見擢砥節首公[illegible]行

其志終以剛直不能随時俯仰慨然高蹈解印而歸進退從容不褻於義方之昔人未足多讓嗚呼可謂賢也已諸子以至元十二年十一月初七

[illegible]公之柩葬於京兆府萬年縣洪固鄉少陵原從吉兆[illegible]乃狀公之行事見託譔述將以書於墓石亦孝子顯揚其親之意也是宜為銘銘曰

張惟大家　世有積德　餘慶所鍾　廼生英特　中原逐鹿　率土瞻烏　秉時變化　奮飛

天衢　舉世滔滔　指磐攫利　我獨超然　辞榮[illegible]志　熏以潔己　孝以承親　義方教子　並為才臣　天鑒孔昭　報施不謬

五福萬全　康寧富壽　燕山之寶　蜀郡之陳　仁賢高致　異世同倫　少陵古原　卜茲北域　刻詩貞珉　垂名罔極

至元十二年歲次乙亥十一月丁卯朔初七日癸酉

孝子張庭珎　庭瑞　孝孫岱　岳　嵩　宣立石

《張楫墓誌》拓片

吴恕墓誌

卒葬時間： 至元十四年（1277）十月七日葬。

行款書體： 正反兩面刻，誌陽10行，誌陰9行，共19行，滿行19字，有豎界行，楷書。

撰書人名： 趙友撰。

誌文首題： 故進士吴君誠齋先生墓誌。

形制紋飾： 誌、座均灰黑陶質。誌圓首，豎長方形，斷爲上下兩截。誌高45厘米，寬26.5厘米，厚3.5厘米。龜座長36.5厘米，寬27厘米，高13厘米。

出土時地： 西安市長安區出土，時間不詳。

存佚狀況： 現藏西安市長安區博物館。

主要著録： 未見著録。

【録文】

誌陽

故進士吴君誠齋先生墓誌 /

君諱恕，字仲寬。其先汾州孝義梧桐人也。曾 / 祖考諱德，祖考諱巽。大金真［貞］祐南渡，僑居 / 汝南鎮，至今松楸在焉。父諱好古，昆仲二人。/ 生三子，君其次也。大安辛未六月二十六日生宝 / 豐之邑。叔父生二子。壬辰兵乱，不知所在。唯 / 君北渡，邑于平水襄陵，篤信好學，名揚 / 于晋。至戊戌年，/ 大元拔選儒士，君以三科中選，晚解梁 / 迁居长安。當時士大夫無不尊之。不幸

誌陰

至元十二年冬十月七日，以疾卒于正寢，春 / 秋六十有五。君娶牛氏，開州人，美原令之 / 女也。其牛氏修行婦道，鄉黨之間無不称 / 其賢。生三子，一女適梁孫孔目之子。長子 / 鼐，仲曰鼎，季曰鼒。二孫，長曰桂孫，次曰宜孫。/ 至元十四年冬十月七日，葬于華林鄉清 / 凉原。以孺人牛氏附，禮也。/

京兆路醫學教授趙友序其事而 / 誌焉。

誌陰

誌陽及龜座

《吴恕墓誌》實物圖

輔昌磚誌

卒葬時間： 至元十七年（1280）葬。
行款書體： 誌文10行，滿行10字，楷書。
撰書人名： 無。
誌文首題： 無。
形制紋飾： 誌磚質，方形，高37厘米，寬36厘米，厚6厘米。
出土時地： 1956年西安市南郊出土。
存佚狀況： 現藏西安碑林博物館。
主要著録： 《西安碑林全集》《新中國出土墓誌·陝西（貳）》。

【録文】

輔昌，京兆北關人，召遠門/祖塋咸在。公性直無華，頗/義气。其子孫恒以勤儉爲/戒，與今市井人去相遠矣。/妻衛氏，先卒，次妻尚（上）官氏，/無恙。子四人：世安、世榮、世/忠、道奴。女二人。孫男四/人。公享年七十有三，以疾/卒。至元之庚辰葬長安縣/義陽鄉野狐冢，从吉卜也。

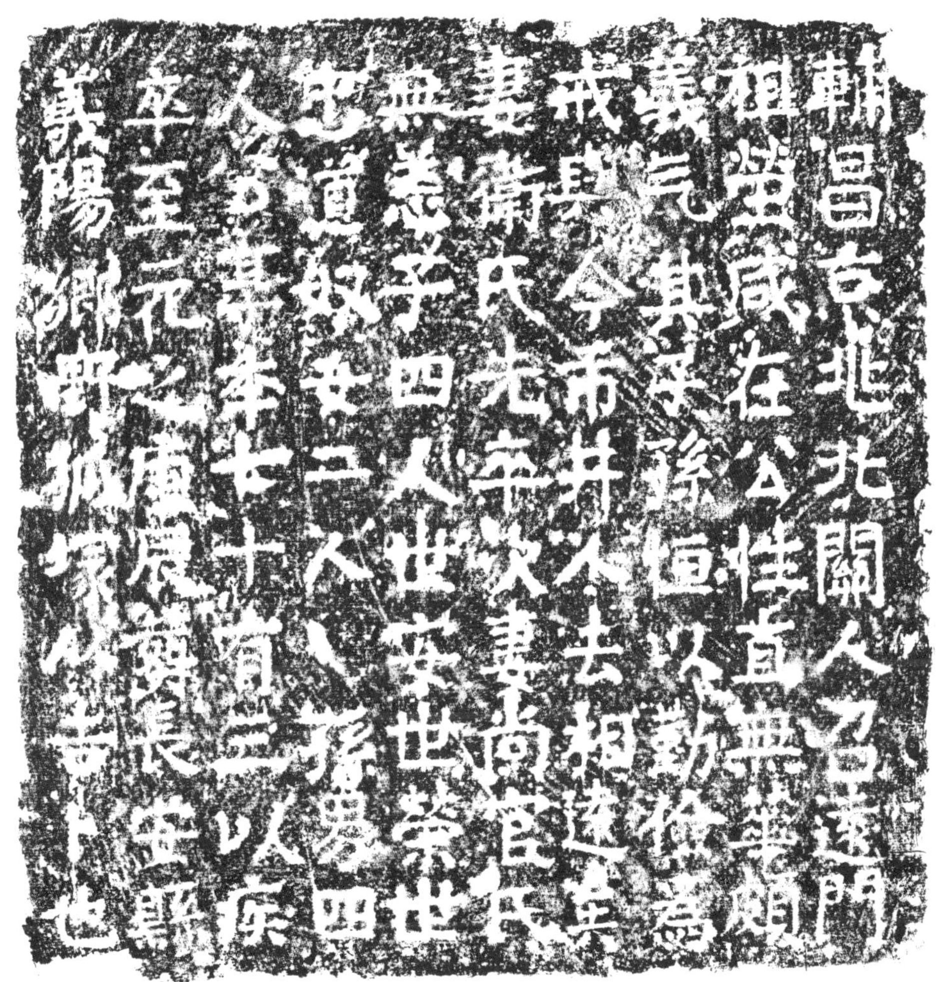

《輔昌磚誌》拓片

馮時泰墓誌

卒葬時間：至元十八年（1281）二月二十四日葬。
行款書體：誌文33行，滿行36字，楷書。
撰書人名：馬紹庭撰并書，曾益刻。
誌文首題：大元故奉議大夫耀州知州馮公墓誌銘。
形制紋飾：誌石青石質，方形，高67厘米，寬61厘米，厚13厘米。
出土時地：西安市長安區韋曲出土，時間不詳。
存佚狀況：現藏西安碑林博物館。
主要著録：《西安碑林全集》《新中國出土墓誌·陝西（貳）》《西安碑林博物館新藏墓誌彙編》。

【録文】

大元故奉議大夫耀州知州馮公墓誌銘/

安西邸記室參軍馬紹庭撰并書/

公諱時泰，字子通，盩厔人。其先居秦之始平，五季時以避地，涉渭而南，因家焉。公六世祖嘗主/是邑簿，生公高祖觀，觀生曾祖清，清二子，曰永昌，曰永忠，曰永興。祖永忠，四子，長曰辰，字孝卿，/貞祐進士，釋褐太原寧化簿，就遷令；次曰厚，曰德，曰原。縣令五子，公其仲也，自幼養於叔父原。/肄先業，後以兵荒，遂挈家從叔父東出關，北渡河，壬辰至太原，血屬咸聚焉。己亥，公中儒選。甲/寅還鄉，初仕京兆路勸農官，次任三白渠副使。中統元年，用陝西等路宣撫司薦，欽受/宣命，充規措軍儲轉運副使。四年，佩金符，充順慶閬州等路規措軍儲課税漕運使。至元二年，/加奉直大夫，改京兆、鳳翔、鞏昌、延安等路轉運副使。四年，加奉議大夫，遷陝西五路西蜀四川/都轉運副使。十三年，改知耀州。秩滿，未浹七旬，杜門甘老，無復有仕進意。至元辛巳二月十九/日以疾終，享年七十有二。公性仁淑，儀觀魁偉，親親愛人，不忤於物。雅好儒術，雖在擾攘間，未/嘗少弛。幼嘗負祖父避亂關東，至爲人傭書以給養，内懷道藝不恤也。後還故里，安貧遣日，不/求聞達。宣撫司甄録人材，首見辟用，士林榮之。中統初，西北多故，蘭州軍闕食，委公中粮萬餘/石，應期而辦，官民賴之。二年夏六月，宋瀘州安撫使劉整遣使持書詣西臺請降，章上未報。行/省商公議，欲先人嘗其信否，就爲撫諭，而難其選。參佐趙公以公才幹乃舉，應之。同列以遠方/重地，惜其行。公曰：國之大事，願請一往，雖死無恨。秋七月，至成都，宋俞興圍瀘甚急，整遣使從/間道來求援，主將謾不之省，方飲酒爲娱。公適在坐，爲之明陳利害，廓宣忠義，遂欲與整使俱/行。於是主將惶懼，即日以兵南下。八月，公至神臂山，圍已釋矣。公徑入瀘城，示以不疑。宣言/聖上寬仁，宰輔賢良，效順投明，乃其時也。整其吏民軍士，喜而羅拜，但恨歸命之晚耳。將歸，整/令僚吏索良家子女賜公，公爲書責之，意謂保城而降，本欲安民，今反奪人童稚，以代公等餽/賜之勤，是誠何心哉？翌

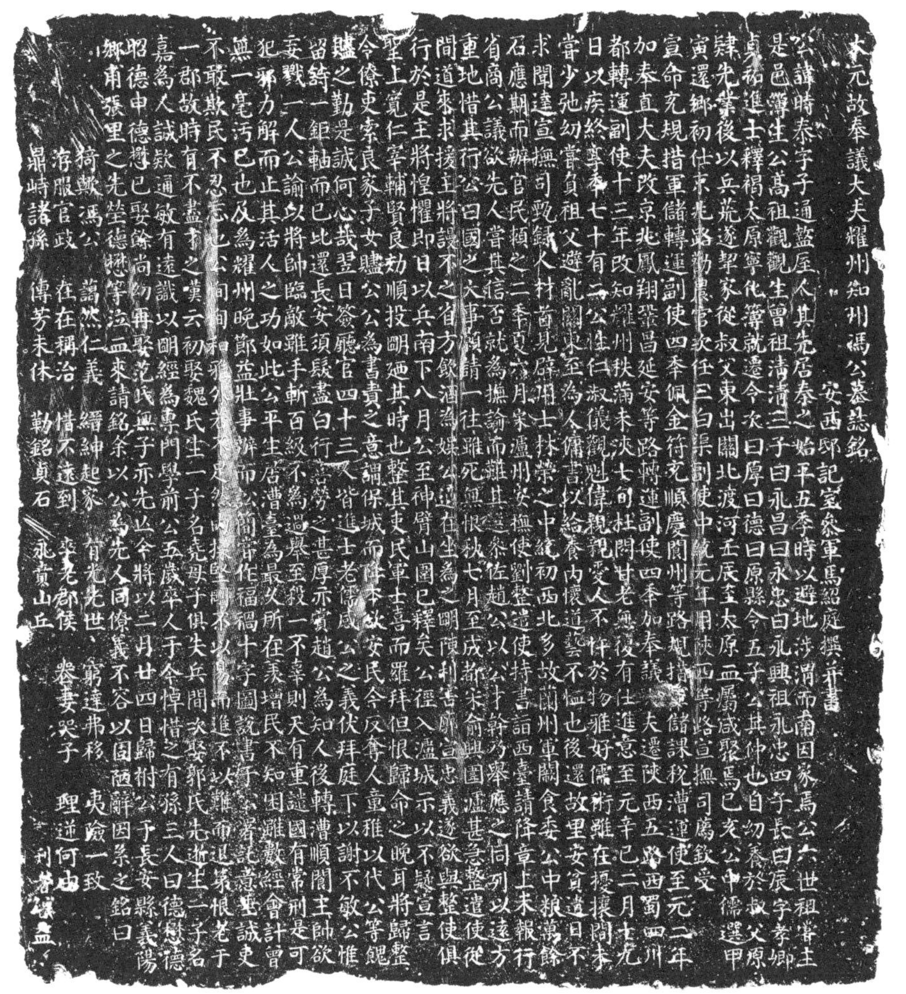

《馮時泰墓誌》拓片

日，簽廳官四十三人，皆進士老儒，感公之義，伏拜庭下，以謝不敏，公惟/留詩一鉅軸而已。比還長安，須髮盡白。行喜，勞之甚厚，亦賞趙公爲知人。後轉漕順閬，主帥欲/妄戮一人，公諭以將帥臨敵，雖手斬百級不爲過舉，至殺一不辜，則天有重譴。國有常刑，是可/犯邪？力解而止，其活人之功如此。公平生居漕臺爲最久，所在羨增，民不知困。雖數經會計，曾/無一毫污己也。及爲耀州，晚節益壯，事辦而訟簡，嘗作《福禍十字圖説》，書于公署，托意垂誡，吏/不敢欺，民不忍忘也。公恂恂和雅，外若不足，然内操堅剛，不以易而進，不以難而退。第恨老于/一郡，故時有不盡才之嘆云。初娶魏氏，生一子，名堯，母子俱失兵間。次娶郭氏，先逝，生一子，名/嘉，爲人誠款通敏，有遠識，以明經爲專門學，前公五歲卒，人于今悼惜之。有孫三人，曰德懋、德/昭、德申。德懋已娶，餘尚幼。再娶范氏，無子，亦先亡。今將以二月廿四日歸祔公于長安縣義陽/鄉甫張里之先塋，德懋等泣血來請銘。余以公爲先人同僚，義不容以固陋辭，因系之銘。曰：/

猗歟馮公，藹然仁義。縉紳起家，有光先世。窮達弗移，夷險一致。/洊服官政，在在稱治。惜不遠到，卒老郡侯。喪妻哭子，理逆何由。/鼎峙諸孫，傳芳未休。勒銘貞石，永賁山丘。

刊者曾益

李時彦墓誌

卒葬時間： 至元二十一年（1284）三月十一日。

行款書體： 誌上端题“故千户李公墓誌”1行7字，篆书。誌文19行，滿行33字，楷書。

撰書人名： 楊定撰，姜惠迪書，曾益刻。

誌文首題： 故商州軍民總管千户李公墓誌并序。

形制紋飾： 誌石青石質，圭首，竪長方形，高90厘米，寬50厘米，厚15厘米。誌石表面有部分字迹残損，右側立面有二開光，内有高浮雕有翼神獸，上爲虎首，下爲龍首，相嚮而行，開光間有綫刻西番蓮圖案。誌石係用前代舍利石棺床座改製而成。

出土時地： 2001年西安市户縣大王鎮鑿齒村北出土。

存佚狀況： 现藏西安市鄠邑區文物管理所。

主要著録： 未見著録。

【録文】

故商州軍民總管千户李公墓誌并序 /

將仕佐郎安西路府學教授楊定撰 /

公諱時彦，姓李氏，宣德州人。父諝，母郭氏。諝，庚辰年間授行省元帥府劄付，充元帥左 / 都監，佩金虎符。壬午，遷元帥右監軍，遥授莫州刺史。兄時昇，襲父爵。癸未歲授省劄，充 / 明威將軍，遥授莫州刺史，仍佩虎符。甲申五月間，充鎮國上將軍，遥授青州防禦史［使］、右 / 翼元帥。公於辛丑八月間，授總管萬户劉公劄付，充管軍民□。癸卯，改充商州千户。未 / 幾，遷軍民總管。癸丑，復充屯田總管千户。/ 今上即位之二年中統辛酉，隨權紐璘元帥、總管萬户劉公招慰沪帥賽存孝劉整。至 / 五月間，公引軍渡瀘，訖劉降拜，並不□□□□□一矢，城中軍民按堵如故，以勤勞著 / 績。總管劉公特爲騰奏 / 朝省，宣授征行千户，仍佩金符，充瀘州四門軍民都鎮撫，兼倉船都總管。君先娶同郡 / 吕氏，生三男，長男慶，世襲千户，佩銀符。繼劉氏，生一男，進。繼王氏，南京中牟縣人，生二 / 男，長曰秀，次曰椿。二女，長適千户張思順，次適元帥府宣使段平，王出也。公生於前金 / 庚午，卒於大元中統辛酉，享年五十有二。其孤秀等，卜以至元廿一年三月十一日庚 / 申，舉公之喪，葬于安西府鄠縣孝義鄉鑿齒村，王氏祔焉，礼也。葬有日，介其甥張籲來 / 謁銘於余，是宜爲銘。銘曰：/

村曰鑿齒，鄉曰孝義。伊誰之墓，實維李氏。琢石刻詞，以永千祀。/

至元廿一年歲次甲申三月十一日庚申，前安西府奥剌赤兼足用提舉姜惠迪書。/ 孝子慶、□、秀、椿、進、用等建石。曾益刊

故千戶李公墓誌

故商州軍民總管千户李公墓誌并序

將仕佐郎安西路府學教授楊[illegible]定撰

公諱時彦姓李氏宣德州人父諱[illegible]母郭氏諱[illegible]庚辰年間授行省元帥府劄付充元帥左

都監佩金虎符壬午遷元帥右監軍遥授莫州刺史兄時昇襲父爵癸未歲授省劄充

明威將軍遥授莫州刺史佩虎符甲申五月間充鎮國上將軍遥授青州防禦史右

翼元帥公於辛丑八月間授總管萬户劉公劄付充總管癸卯改充商州千户未

幾遷軍民總管癸丑復充屯田總管千户

今上即位之二年中統辛酉[illegible]權紐[illegible]元帥總管萬户劉公[illegible]慰沪帥賽存孝劉整至

五月間公引軍渡瀘訖劉降拜並不[illegible]矢城中軍民按堵如故以勤勞著

績總管劉公特為騰奏

朝省宣授征行千户仍佩金符充瀘州四門軍民都鎮撫兼倉舶都總管君先娶同郡

呂氏生三男長男慶世襲千户佩銀符繼劉氏生一男進繼王氏南京中牟縣人生二

男長曰秀次曰椿二女長適千户張思順次適元帥府宣使段平王出也公生於前金

庚午卒於大元中統辛酉享年五十有二其孤秀等卜以至元廿一年三月十一日庚

申舉公之喪葬于安西府鄠縣孝義鄉鑿臺村王氏祔焉禮也葬有日介其甥張顯來

謁銘於余是宜為銘銘曰

村曰鑿臺鄉曰孝義伊誰之墓實維李氏琢石刻詞以永千祀

至元廿一年歲次甲申三月十一日庚申[illegible]府興刺赤兼提舉姜 惠迪 書

孝子[illegible]秀椿進用等建石 曾益[illegible]

《李時彦墓誌》拓片

王鑄墓誌

卒葬時間： 至元二十四年（1287）六月十四日葬。

行款書體： 誌文29行，滿行28字，楷書。

撰書人名： 李犹撰，潘劼書，曾益刻。

誌文首題： 故將仕郎同州節判王君墓誌銘并序。

形制紋飾： 誌石青石質，方形，高58厘米，寬59.5厘米，厚12厘米。

出土時地： 不詳。

存佚狀況： 現藏西安博物院。

主要著録： 未見著録。

【録文】

故將仕郎同州節判王君墓誌銘并序 /

前承[事]郎隴右河西道提刑按察司經歷李犹撰，/ 安西路府學録潘劼書 /

三原尹王將仕鎬周卿有兄之喪，衰絰茹哀狀，其行告予曰：兄之不禄，荼 / 毒何堪，議葬有期，願以銘爲請。予素稚於君，義不可辭，摭實爲次第之。君 / 諱鑄，字器之，故京兆總府幕僚君玉之長子也。母張氏，其曾高世次之詳，/ 已載先大夫誌中，兹不復云。君生而慧，幼勤于學，長優吏業，夐出倫輩。/ 聖元中統入仕之初，辟京兆總管府掾，尋升諸房長。未幾，遷孔目，蓋不次 / 之用也。至元十一年，/ 王相開府秦邸，擢爲掾史，繼奉 / 賢王命，除潼川總管府幕官。十四年，/ 敕授將仕佐郎、成都總府知事。十八年，遷安西府録事兼領諸軍。廿一年，/ 敕授將仕郎、同州判官。廿四年夏，秩滿，得遂歸休之志。君居是官也，適王 / 事鞅掌，以獨賢爲任，漸以成疾。及行，邦人感其德，留連旋車，久不容發。至 / 家，疾益篤，比屬纊于正寢，畀弟鎬以後事，言竟而逝，寔六月三日也，時年 / 甫五十矣。初娶長安令張公之女，卒於戊午之春，有女一人。繼室以張氏 / 之妹，先君卒，生二子焉。復娶京兆教授李公國寶長女，乃京兆權府之孫，/ 省郎中、武功前進士張公君美之甥也。君之二子，長曰摶霄，陝西都轉運 / 司書吏，娶豪族董震之女；次曰昂霄，有幹蠱稱，娶鄉進士劉子晉之女，早 / 世，再娶行省郎中席公之子總府經歷治夫季女。君女一人，適興元課程 / 所副使鄭万卿子思温。孫男三人，曰永安、安哥、三友，俱幼。以是年六月十 / 四日祔葬于長安華林鄉先塋之域，序昭穆也。夫君之爲人，偉姿儀，善辭 / 令，精幹敏給，通變適用。孝於親，信於鄉，勤於官。雖簿按填委，剖繁析劇，迎 / 刃而解，似若不刻意者。而折衷是非，分別情僞，無毫髮之忒，人皆服其公 / 明。以是之才，使登柏臺，居蘭省，得攄素藴，名耀當世也，宜矣。奈何天不與 / 年，遽止於斯，徒抱其餘以没，惜哉。爲之銘曰：/

材賦自天，培植也厚。命之不辰，奚啬其壽。視平昔之素履，則坦然 / 而無疚。雖抱餘以長，終將流芳于厥後也。/

曾益刊

故將仕郎同州節判王君墓誌銘并序
前承事郎隴右河西道提刑按察司經歷李燒撰
安西路府學録潘劼書
三原尹王將仕鎬周卿有兄之喪衰絰茹哀狀其行告予曰兄之不禄荼
毒何堪議葬有期願以銘為請予素雅於君義不可辭摭實為次第之君
諱鑄字器之故京兆總府幕僚君玉之長子也母張氏其曾高世次之詳
已載先大夫誌中茲不復云君生而慧幼勤于學長優吏業夐出倫輩
聖元中統入仕之初辟京兆總管府掾尋陞諸房長未幾遷孔目蓋不次
之用也至元十一年
王相開府秦邸擢為掾史繼奉
賢王命除潼川總管府幕官十四年
勑授將仕佐郎成都總府知事十八年遷安西府録事兼領諸軍廿一年
勑授將仕郎同州判官廿四年夏秩滿得遂歸休之志君居是官也適王
事鞅掌以獨賢為任漸以成疾及行邦人感其德留連旋車久不容發至
家疾益篤比屬纊于正寢畀弟鎬以後事言竟而逝寔六月三日也時年
甫五十矣初娶長安令張公之女卒於戊午之春有女一人繼室以張氏
之妹先君卒生二子焉復娶京兆教授李公國寶長女適京兆權府之孫
省郎中武功前進士張公君美之甥也君之二子長曰搏霄陝西都轉運
司書吏娶豪族董震之女次曰昂霄有幹蠱稱娶鄉進士劉子晉之女早
世再娶行省郎中席公之子總府經歷治夫季女君女一人適興元課程
所副使鄭万卿子思溫孫男三人曰永安安哥三友俱幼以是年六月十
四日祔葬于長安華林鄉先塋之域序昭穆也夫君之為人偉姿儀善辭
令精幹敏給通變適用孝於親信於鄉勤於官雖簿按塡委剖繁析劇迎
刃而解似苦不刻意者而折衷是非分別情偽無毫髮之忒人皆服其公
明以是之故使登柏臺居蘭省得攄素蘊名耀當世也宜矣柰何天不與
年遽止於斯徒抱其餘以沒惜哉為之銘曰
材賦自天培植也厚命之不辰奚嗇其壽視平昔之素履則坦然
而無疚雖抱餘㠯長終將流芳于厥後也
曾益刊

《王鑄墓誌》拓片

常守久墓誌

刊立時間：至元二十四年（1287）立。

行款書體：誌文19行，滿行22字，楷書。

撰書人名：温復成撰。

誌文首題：女冠澄心散人墓誌。

形制紋飾：誌石青石質，竪長方形，高42厘米，寬35厘米，厚7厘米。

出土時地：不詳。

存佚狀況：1955年劉漢基捐，現藏西安碑林博物館。

主要著録：《西安碑林全集》《新中國出土墓誌·陝西（貳）》。

【録文】

女冠澄心散人墓誌

陝西道教副提點温復成撰 /

女官諱守久，常其姓也，澄心其號，涇陽東賈村人氏。家業 / 桑梓，父諱高。澄心笄年適郭氏家，中途喪耦，守孀清節，志 / 不他適。天兵譟動，隨民遷商洛間，幸遇洗燈真人，故毁 / 髪改衣，遂歸其道。既而聞行省田公撫定關中，至甲午 / 歲西歸復業。有嬸嬸李守希、幼女雲童共師本府太白延 / 祥觀宗主張希真大師。而受所以教者，誠意正心，夙夜匪 / 懈，久而神光泰定，吉祥止止。至戊戌春，掌教清和大宗 / 師鶴駕之秦，炷香參覲，賜号澄心。次後己亥歲，秦渡鎮立 / □觀曰瑞雲。至甲辰，有咸寧安業磑提控張公敦請澄心 / 於本里三元觀具造住持，勸率鄰里男孝女節，敬善崇真。/ 四方長幼，莫不以師尊恭奉。其殿宇像儀，燦然一新，雲軒 / 雅集，道範開延。一日，嘆曰：人生幻化，我欲歸休。遂無疾而 / 卒，葬于本觀東仙姑之塋。銘云：

澄心祖考，系出涇陽。/ 笄年適喪，守節清香。澄心幸遇，引慕大方。荆簪布袖，樂道 / 情忘。瑞雲觀立，三元事藏。善知□戴，惡去化良。守真志滿，/ 慧刀善藏。八十旬五，上壽踰□。□□樹建，旌表綿長。/

至元二十四年□□□□□□□□□李守定等建。/ 門人韓守静、楊（下闕）

女冠澄心散人墓誌　陝西道□□提點温復成撰
女官諱守久常其姓也澄心其號□□東貫村人氏家業
桑梓父諱高澄心笄年適郭氏家中途喪耦守孀清節志
不他適天兵擾動隨民遷商洛間□遇洗燈真□故毀
髮改衣遂歸其道既而關行省田公撫定關中至甲午
歲西歸復業有孀□李守希□女雲童共師本府太白延
祥觀宗主張希真大師而受所以教者誠意正心夙夜匪
懈久而神光泰定吉祥止止至戊戌春掌教清和大宗
師□鶴之秦炷香祭□賜号澄心次後己亥歲秦渡鎮立
觀曰□端雲至甲辰有咸寧安業墟提控張公敦請澄心
□李里三元觀興造住持勸率隣里男孝女節□善崇真
四方長幼莫不以師尊恭奉其殿宇像儀燦然一新雲車
雅集道範開延一日歎曰人生幻化我欲歸休遂無疾而
□儕于本觀東仙笠之塋銘云澄心祖考係出□□
笄年適喪守空□□清香澄心幸遇引慕大方荊簪布袖樂道
精志□雲觀立三元事藏善知□戴惡去化良守真志滿
慧刃□藏八千句五上壽終□建旌表綿長
至元二十四年□□李守定等建
門人韓守靜□

《常守久墓誌》拓片

賈進墓誌

卒葬時間：至元二十五年（1288）八月八日葬。
行款書體：誌文19行，滿行21字，楷書。
撰書人名：無。
誌文首題：大元故武威郡賈君墓誌。
形制紋飾：誌石青石質，方形，高41.3厘米，寬40.3厘米，厚8.6厘米。
出土時地：1999年西安市雁塔區陝西省射擊場工地出土。
存佚狀況：現藏陝西省考古研究院。
主要著録：未見著録。

【録文】

大元故武威郡賈君墓誌/

君諱進，本安西府咸寧縣龍首鄉王凹村人。賈之得姓，/案《姓纂》云，唐权［叔］虞之子公明，康王封之於賈，爲晉所滅，/以國爲氏。見有墳塋在鄉，世爲秦人。君幼而遭變，譜逸，/祖以上皆莫得而詳。遷徙流離，無所不到。險阻艱難，身/備嘗之於患難之中，親屬俱離散，幸得全其生。既娶李/氏，同心協力，以謀其生。名得寄於工匠之籍，以此日精/其事，生計得裕。宗族俱散盡，別無親故，以此思鄉之念，/日積于中。中統三年，挈家還鄉，經營居止，葺理生計。積/年稍安，求故墳塋，皆生荆棘，昭穆難辨。方圖別立墳塋，/未獲如願。不幸於至元二十五年六月三十日終於正/寢，享壽六十九歲。其室人李氏，三原縣人，辛酉年亡，享/壽四十三歲。今年八月初八日同葬於本鄉芙蓉園乾/山之原。三子，長曰天祐，見爲掌衣局堂長勾當；次二曰/直；次三曰宜哥。九孫：教化、驢驢、留僧、五十九、/歪頭、松山、定童、僧奴、松壽。女一人，歸于刘氏。/其平昔行止，大概如此，故爲誌之。

至元二十五年七月二十九日誌。/孝男天祐、直、宜哥命工刊石

大元故武威郡賈君墓誌
君諱進本安西府咸寧縣龍首鄉王凹村人賈之得姓
案姓纂云唐叔虞之子公明康王封之於賈爲晉所滅
以國爲氏見有墳塋在鄉世爲秦人君幼而遭變譜逸
祖以上皆莫得而詳遷徙流離無所不到險阻艱難身
備嘗之於患難之中親屬俱離散幸得全其生既娶李
氏同心協力以謀其生名得寄於工匠之籍以此日精
其事生計得裕宗族俱散盡別無親故以此思鄉之念
日積于中中統三年挈家還鄉經營居止葺理生計積
年稍安求故墳塋皆生荊棘昭穆難辨方圖別立墳塋
未獲如願不幸於至元二十五年六月三十日終於正
寢享壽六十九歲其室人李氏三原縣人辛酉年亡享
壽四十三歲今年八月初八日同葬於本鄉芙蓉園乾
山之原三子長曰天祐見爲掌衣局堂長勾當次二曰
直次三曰宜哥九孫教化　駒駒　留僧　五十九
歪頭　松山　定童　僧奴　松壽女一人歸于刘氏
其平昔行止大槩如此故爲誌之
至元二十五年七月二十九日誌
孝男天祐　直　宜哥命工刊石

《賈進墓誌》拓片

張翼墓誌

卒葬時間：至元二十六年（1289）二月十日葬。

行款書體：誌石頂部題“元故韓城尹張君墓誌銘”1行10字，隸書。誌文序爲楷書，銘爲隸書；誌文32行，滿行31字。

撰書人名：李㼘撰，韓擇書。

誌文首題：大元故從仕郎韓城縣尹張公墓誌銘并序。

形制紋飾：誌石青石質，方形，高84厘米，寬87厘米，厚20厘米。

出土時地：1986年西安市東郊咸寧中路出土。

存佚狀況：現藏西安碑林博物館。

主要著録：首次刊布於《考古與文物》1995年第2期（陳安利：《西安出土〈元故韓城尹張君墓誌銘〉考釋》）、《全元文》第十九册。

【録文】

大元故從仕郎韓城縣尹張公墓誌銘并序 /

安西王府諮議李㼘撰，鈞臺韓擇書 /

張姓之原，其来遠矣。炎帝弟五子青陽生揮，爲弓正，觀星弧，制弓矢，遂命主祭，因 / 以張爲氏，故後世相仍，千古不變，支分派衍，不可得而詳也。公之先代居古豳三 / 水弟六里，曾大父諱曾，隱德弗耀顯。祖贇，業儒，亦不仕，生子三：長浩，字大用，爲吏，/ 金季以邊功官至敦武校尉；次淵；次信。浩配同閈程氏女，淑行稱鄉黨，經變故，来 / 㞐安，與之偕老，葬於咸寧龍首鄉春明門之東原。有子三人：公居長，名翼，字伯翔；/ 㐲楫；季昭。公天資秀爽，吏優學博，故萃出倫輩。弱冠爲府吏，至元改元，以孝友擢 / □掾幕，見諸佐適議草檄，因以試公，援筆立就，由是名籍甚。後以廉舉京兆平準 / 㔟，總楮幣之權，酌市直之宜。在任有年，民皆便之。及代，無豪髮之私。薦章上達，/ 敕授將仕佐郎、延安路總府知事。是年，/ 皇子封土安西，冬駐白海，府當其衝。公獨攝政，和糴轉輸，絡繹不絶，用足而民力 / 弗匱。王府奏聞，官加將仕、高陵縣尹。時營繕方急，公籍民之丁産，强弱 / 有差，雖百役交興，無一告勞者。三原楊帥，昆季分居，争父業，气負豪貴，尹莫能屈。/ 公移問，以孝悌忠厚從容曉之，彼皆引咎自責，訟息，親如故。金昔《張令尹去思碑》，/ 蘭泉老所作也。兵餘卧榛棘，公因諭農見之，移諸廨前，曰：吾意所在，將以自警。其 / 尚友好德，類悉若是。僕散憲使按部，還謂潛齋楊太史曰：伯翔爲政，它郡莫及。太 / 史曰：吾邑民有福耳。其時賢清議，如此三載，考功居最，陞從仕，宰韓奕。是邑負固 / 險土，俗强悍，素稱難治。公濟之以寬，興庠序，使知禮讓；課耕桑，務本衣食。人皆遷 / 善遠罪，翕然從化。旱，蝗爲灾，公走群望，哀籲致禱，甘霔隨應，歲乃大熟，蝗亦不入 / 其境。澄城朱党輩，互有磨淍之訟，吏按曖昧，悠久不决。執政選公理之，一聽兩辭，/ 洞照肝腑，片言而判，衆咸服其明。其餘政迹，不可殫紀。瓜期美解，分甘隱退。日与 / 士夫游，唯以講書賦詩爲樂。無何，感寒疾，藥用罔功。至元戊子冬

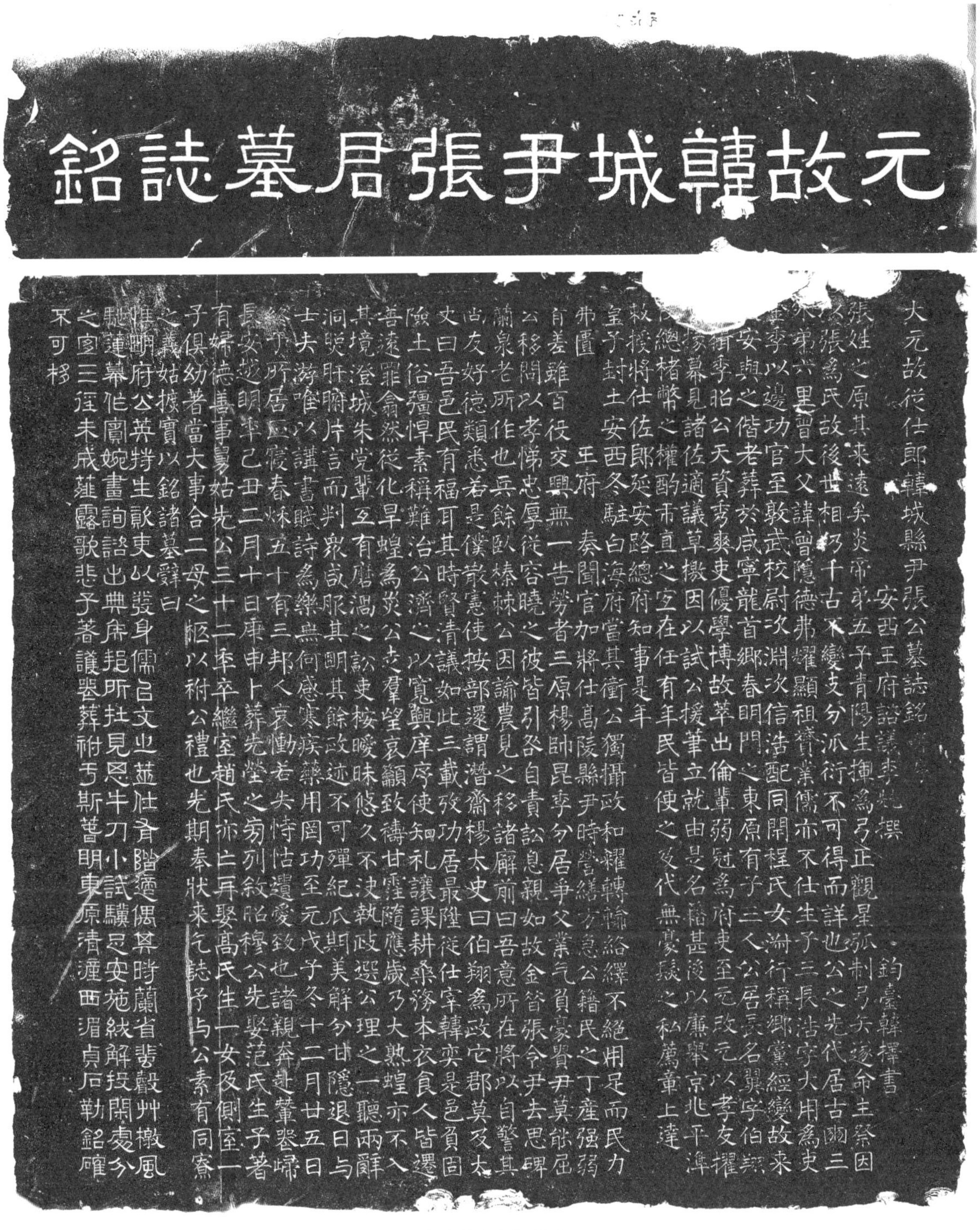

《張翼墓誌》拓片

十二月廿五日 / 終于所居正寢，春秋五十有三。邦人哀慟，若失恃怙，遺愛致也。諸親奔赴，輦喪歸 / 長安。越明年，己丑二月十日庚申卜葬先塋之旁，列叙昭穆。公先娶范氏，生子著，/ 有婦德，善事舅姑，先公三十二年卒；繼室趙氏，亦亡；再娶高氏，生一 / 女，及側室一子，俱幼。著當大事，合二母之柩以祔公，禮也。先期奉狀來乞誌，予与公素有同寮 / 之義，姑摭實以銘諸墓。辭曰：/

惟明府公，英特生資。吏以發身，儒以文之。筮仕有階，適偶其時。蘭省蜚聲，草檄風 / 馳。蓮幕作賓，婉畫詢諮。出典侯邦，所在見思。牛刀小試，驥足安施。紱解投閑，處分 / 之宜。三徑未成，薤露歌悲。子著護喪，葬祔于斯。春明東原，清滻西湄。貞石勒銘，確 / 不可移。

李居仁墓誌

卒葬時間： 至元二十七年（1290）七月葬。
行款書體： 誌文24行，滿行18字，隸書。
撰書人名： 韓擇撰，蕭斞書，王仲淵刻。
誌文首題： 無。
形制紋飾： 誌石青石質，横長方形，左上部殘缺，高57厘米，寬77厘米，厚8厘米。
出土時地： 不詳。
存佚狀況： 現藏西安博物院。
主要著録： 未見著録。

【録文】

至元二十七年六月六日，李君居仁没，遺言□/其弟，今開成路經歷益暨威曰：喪紀宜如禮，□/徒溺流俗，無益爲也。既成服，益、威以其兄□□/易縣尉李士光之狀抵鈞臺韓擇曰：七月□□/遠曰吉，吾兄於子爲辱交，盍銘諸，謹案。居仁，諱/榮，世爲華之蒲城人。考翊，始来長安城東，□□/下之，商而貿易之。至居仁，因業以居，頃年□□。/時觀百物盈虚，贏什一以佐其家。嘗曰：吾豈□/是哉。吾家長□窮□，仰事俯育，□應百須，□□/獲已者，吾豈樂是哉。故凡暇日，擇□之□，□□/之游。與□各子，皆知務學，或者遲以歲月，磨□/浸灌，不特此而止耳，而竟不淑耶。居仁□□，□/媚舊間，解紛救患，亦篤至昆季四□□森□□/所出，又時悉命□居，居仁弗忍，皆聚還之，□□/負同曰：苦時昏□，安有□賚先緒，旁後□□，□/幸疑間，從容開譬。庶幾感悟，又不從，或继□□。/其聞如是，它所不聞。委曲疚不調適者，□不□/矣。烏呼，難哉。娶陳氏，子男二人，謙，未冠；□，□□。/□女三人，長適楊氏，次爲薛氏婦，季爲墓□□/□□□□□鳳栖原之白家空，寔先塋位□□/□□□□□□云。銘曰：/

（上闕）事，矯以自勵，兹爲有之。/（上闕）媚睦，無愧貞珉。/

北海蕭斞書，王仲淵刊

《李居仁墓誌》拓片

嚴君禮墓誌

卒葬時間：至元二十七年（1290）十二月□日葬。
行款書體：誌文33行，滿行32字，楷書。
撰書人名：李𬍡撰并書、題蓋。
誌文首題：大元故京兆惠民局司令嚴公墓誌銘并序。
形制紋飾：蓋佚。誌石青石質，方形，高76厘米，寬76厘米，厚14厘米。
出土時地：不詳。
存佚狀況：現藏西安市長安博物館。
主要著録：未見著録。

【録文】

大元故京兆惠民局司令嚴公墓誌銘并序 /

王府咨議襄山李𬍡撰次書丹并題蓋 /

嚴，羋姓也，楚莊王支孫，以謚爲姓，故楚有莊周，漢有武强侯莊不識，其孫青與[翟]又 / 丞相，會稽莊忌生子助，至後漢光避明帝諱并改爲嚴，居[馮]翊[者]，稱翟之後。魏郃陽 / 侯嚴棱徙華陰，厥後支分派衍，固無可徵嚴氏此其源□。公諱君禮，字克讓。曾祖三，/ 阿父處朝邑新市鎮，在宋，同州都院以功賜録暨銀符，壽終葬州西五里華至鄉。曾 / 祖母田氏，生二子，顯祖居長，忘其[名]，家同州松明市，金季，醫爲業，年二十有二卒。既 / 葬七日，顯祖妣趙氏生顯考守信，享年四十六而没。顯妣王氏有四子：長曰君佐，配 / 党氏；次君澤，配郝氏；次公，先配師氏，早亡，娶趙氏；次君佑，配王氏。女一人，適李氏之 / 子。顯祖妣趙氏在堂，母儀整肅，治家有法。公昆季娣姒，甘旨日勤，温凊定省之礼，克 / 盡孝敬，仝居熙熙，一無閑言。家致完美，十倍于昔，鄉邦稱不容口。正大間選等了軍，/ 民多恐懼逃匿，公首詣使者曰：某及等，願充役，餘乞以事親。兄弟争讓，一加公言。使 / 者感其義，皆免之。祖妣喜曰：汝輩若是，我奚憂焉？居無何，君佐、君佑及女嚴氏相繼 / 物故，祖妣哀泣喪明，致疾不起。比[屬]纊，謂公曰：汝嫂郝氏，二侄謹鼎，孤嫠無託，善遇 / 之。公哭拜奉教。兵塵板蕩，逃竄於華山，人相魚肉，公周旋持護，卒免于難。逮歸 / 元朝，徙長安。歲戊戌，/ 上命太醫鄭使君設藥局于秦，官給其本，營息以惠民，知公廉能，舉爲司令。辭，弗獲，/ 始即命，拯濟爲任，克副 / 聖恩，優恤黎元之意。歲久利益厚，乃嘆曰：吾聞，君子不以其所以養人者害人，退弗 / 勇，患自取也。遂括其本，計其贏，悉歸諸官，無錙銖私于己。逋責告乏者，焚其券；路得 / 遺金，竟[訪]主與之，其耿介慎畏也如此。既謝事，踵門求醫者衆，詳證投劑，一盡其誠。/ 或遇貧[窶]，仍以米薪資之，仁人愛物之心，概可見矣。春秋七十，終於家，遠迩聞訃，吊 / 祭畢至，德致然也。趙氏居喪禮，曲全婦道，後公七年而亡。公四子，女一人。師氏子秀 / 郎，不育；趙氏三子，曰毅，/ 宣授成全郎、陝西等路醫局提舉；松山，

《嚴君禮墓誌》拓片

蚕世；恭，濟民提領；女適陝西四川行中書省 / 掾蔣思明。毅男有恒，提領濟民別局；女二人，長適宋氏，次幼。至元廿七年庚寅冬十 / 二月初一日，卜葬公于咸寧縣洪固鄉神禾原，師、趙袝焉。毅奉家譜來請銘，庶光泉 / 壤。予謂孝子事親，送終爲大，墓銘宜矣。公頎髯清古，諒直温恭，友兄弟而孝諸親，重 / 道義而輕於利。醫以療疾，若切于己；恒心恒德，不干譽以駭俗，可謂善人古君子也。/ 陽報昭昭，宜永福於後人。銘之，曰：

嚴之爲氏，系出于莊。派別族分，蔓延以昌。馮翊 / 及華，有居之者。傳以徵之，寔其後也。祖稱循吏，公曰良醫。陰德諒多，陽報是宜。若子 / 若孫，世繼罔墜。親顯名揚，錫類無匱。葬從遺訓，改卜新阡。永言孝思，奉祀綿綿。/

至元廿七載冬十一月既望，孝子嚴毅及恭刻石

耶律秃滿答兒墓誌

卒葬時間：至元二十八年（1291）正月十日葬。

行款書體：誌文37行，滿行37字，楷書。

撰書人名：王利用撰。

誌文首題：無。

誌蓋標題：大元故龍虎衛上將軍四川等處行尚書省右丞耶律公墓誌銘。5行，滿行5字，篆書。

形制紋飾：誌蓋、石均青石質。蓋方形盝頂，高101厘米，寬97厘米，厚14厘米。誌石方形，高96厘米，寬98.5厘米，厚14厘米。

出土時地：西安市出土，時間不詳。

存佚狀況：現藏西安博物院。

主要著録：《陝西碑石精華》《新中國出土墓誌·陝西（叁）》。

【録文】

至元二十七年歲次庚寅冬十月五日，龍虎衛上將軍四川等處行尚書省右丞耶律公薨于位，/將以明年正月十日己酉葬安西路長安縣華林鄉少陵原之先塋。其孤世昌持處士劉季偉所/撰行實之狀，泣請于余曰：吾先祖之世族、家傳暨先子之官業、爵號，与其始終之大節，君素悉之/矣。敢請銘，以志諸墓。應曰：禮，宜銘。公諱秃滿答兒，左轄許公訓而命之曰守謙，遼東丹王之裔也。/高曾俱仕於金。祖迭里得哥，鷹坊使。考買住，太傅、總領也可那延、行省兵馬都元帥兼陝西事、濮/國公；妣夫人石抹氏。生三子：孟曰明安答兒，終保定路總管兼府尹諸軍奥魯；季曰剛吃答，昭武/大將軍、刑部尚書；仲即公也。公夙喪其父，年方志學，有成人資。歲己未，欽受宣命金符征/行千户。至元元年，徵充秃魯花，備宿衛也。出入禁闥幾十餘年，凡對揚丕顯之際，/靡不稱旨。由是特降金虎符、懷遠大將軍，西川管軍萬户。十三年，亡宋降將王世昌據瀘/以叛。時不花行院于蜀，表公帥黑衣軍討之，遂乃指麾將士，授以方略，且告之曰：世昌叛賊，干憲/逆命，固當即誅。城中居民，復何罪邪？城克之日，殲厥渠魁，脅從罔治。上副/聖主弔民伐罪之意，下愜黎元傒蘇望治之心，顧不偉歟。衆曰：善。遂薄城而諭之，賊副將李從感/悟，啓東門而降。於是，執賊魁世昌而數之，磔尸於市，居民咸賴以安。軍威既振，順流而下，成破竹/之勢焉。十四年春，抵重慶，賊帥張珏等拒戰，自辰及申，我師三捷，俘馘甚衆。珏既敗，閉守不復出。/翌日，公單騎傅城而呼曰：宋主今已就俘，玆以孤軍自守，復何爲邪？儻曠日持久，大師振怒，雖欲/求降，其可得乎？若悔悟自新，應天順人，以求生路，亦良圖也。彼欲以矢石犯公，公神色自若曰：汝/等愚迷不悛，無損於我，秪益禍耳。越二日，珏副將趙安款附於我，珏力窮勢迫，遂宵遁。士民或有/父兄妻子離散者，公皆聚而安集之，人之慕愛，迄今未忘也。十五年，以勛升定遠大將軍、夔路招/討使。十七年，授鎮國上將軍、四川東道宣慰使。二十二年，遷同簽四川行樞密院事，改授同簽荆/湖行院。既而朝命征緬，以都元帥任之。公辭曰：臣侄蒙古解已充管軍都元帥之職，一門／豈容二帥。且臣久違闕廷，今願陪從侍衛，以效犬馬之力，臣之願也。／上韙之。未幾，升驃騎衛上將軍、四川等處行中書省左丞，尋改行尚書省左丞。比年以来，江堰大／决，公躬親臨視，順水之性，使復故道。蜀民之利，至今賴之。時鹺法厲民，連歲爲梗。公乃遴選官吏，／更張前敝，不數月，國用羡而民用足矣。二十五年，就遷龍虎衛上將軍、行尚書省右丞。先是，／朝廷遷省於重慶，江河轉輸，人厭其勞。公遂力請于／上，復徙成都，軍民便之。既還成都，公方鋭意於治而遘疾，享年四十有四。公性倜儻，有勇略，姿貌／魁傑，器識宏深，接士以謙，待物以恕。事上盡忠赤之心，居家全孝友之實。其備宿衛也，小心翼翼，夙／夜匪懈焉。其鎮邊陲也，號令嚴明，士卒樂用焉。或雨暘愆期，黎庶艱食，發廪以賑之；或荒服未寧，／夷獠弗賓，威信以懷。之所以出秉將相之權，入居勛舊之右，紹父祖箕裘之業，傳金石不朽之名，／亦宜矣。夫人，千户王公之女，生一子，即世昌也。女六人，長適孟氏，次適儀成局提舉王澤，餘尚幼。／異母兄衆家奴，衛輝路總管；弟阿察赤，管軍萬户，俱以門資入仕，見知於／上矣。銘曰：／

維邪［耶］律氏，遼室貴胄。迨我／聖朝，三顯其後。毅毅我公，克孝克忠。寬猛相濟，撫民治戎。遹追厥祖，克肖乃父。／天子嘉之，鴛行簉羽。公位將相，邦家之光。奄忽不存，士夫曷望。幽宅在秦，遺愛在蜀。子孫孝享，介／爾百福。／

前翰林直學士、太中大夫、西蜀四川道提刑按察使王利用撰

《耶律禿滿答兒墓誌》誌蓋拓片

至元二十七年歲次庚寅冬十月五日龍虎衛上將軍四川等處行尚書省右丞耶律公薨于位
將以明年正月十日己酉葬安西路長安縣華林鄉少陵原之先塋其孤世昌持處士劉垂偉所
撰行實之狀泣請于余曰吾先祖之世族家傳暨先子之官業爵號与其始終之大節君素悉之
矣敢請銘以誌諸墓應曰禮宜銘公諱禿滿答兒左轄許公訓而命之曰守謙遼東丹王之裔也
高曾俱仕於金祖迭里得哥鷹坊使考買住太傅總領也可那延行省兵馬都元帥兼陝西事濮
國公妣夫人石抹氏生三子孟曰晌安答兒終保定路總管兼府尹諸軍奧魯季曰剛吃答昭武
大將軍刑部尚書仲即公也公夙器其父季方志學有成人質歲己未欽受 宣命金符征
行千戶至元元年徵充禿魯花備宿衛也出入 禁闥幾十餘年凡對揚 丕顯之際
靡不稱 旨由是特降金虎符懷遠大將軍西川管軍萬戶十三年亡宋降將王世昌據瀘
以叛時不花行院于蜀表公帥黑衣軍討之遂乃指麾將士援以方略且告之曰世昌叛賊干憲
逆命固當即誅城中居民復何罪耶城克之日殲厥渠魁脅從罔治上副
聖主弔民伐罪之意下愜黎元傒蘇望治之心顧不偉歟眾曰善遂薄城而諭之賊副將李從感
悟啓東門而降於是執賊魁世昌而數之磔尸於市居民咸賴以安軍威既振順流而下破竹
之勢焉十四年春抵重慶賊帥張珏等拒戰自辰及申我師三捷俘馘甚眾珏既敗閉守不復出
翌日公單騎傳城而呼曰宋主今已就俘茲以孤軍自守復何為邪儻曠日持久大師振怒雖欲
求降其可得乎若悔悟自新應天順人以求生路亦良圖也彼欲以矢石犯公公神色自若曰汝
等愚迷不悛無損於我秖益禍耳越二日珏副將趙安款附於我珏力窮勢迫遂宵遁士民或有
父兄妻子離散者公皆聚而安集之人之慕愛訖今未忘也十五年以勳升定遠大將軍夔路招
討使十七年授鎮國上將軍四川東道宣慰使二十二年還同簽四川行樞密院事改授同簽荊
湖行院既而 朝命征緬以都元帥任之公辭曰臣姪蒙古䚟已充管軍都元帥之職一門
豈容二帥且臣久違 闕廷今願陪從侍衛以效犬馬之力臣之願也
上韙之未幾升驃騎衛上將軍四川等處行中書省左丞尋改行尚書省左丞以年以來江堰大
決公躬親臨眎順水之性使復故道蜀民之利至今賴之時鐵法厲民連歲為梗公乃遴選官吏
更張前弊不數月國用羨而民用足矣二十五年就遷龍虎衛上將軍行尚書省右丞先是
朝廷遷省於重慶江河轉輸人厭其勞公遂力請于
上復徙成都軍民便之既還成都公方銳意於治而遘疾享年四十有四公性倜儻有勇略姿貌
魁傑器識宏深接士以謙待物以恕事上盡忠赤之心居家全孝友之實其備宿衛也小心翼夙
夜匪懈焉其鎮邊陲也號令嚴明士卒樂用焉或雨暘愆期黎庶艱食發廩以賑之或荒服未寧
或徼弗賓威信以懷之所以出秉將相之權入居勳舊之右紹父祖箕裘之業傳金石不朽之名
亦宜矣夫人千戶王公之女生一子即世昌也女六人長適孟氏次適儀成局提舉王澤餘尚幼
異母兄眾家奴衛輝路總管弟阿察赤管軍萬戶俱以門蔭入仕見知於
上矣銘曰
維耶律氏遼室貴冑迨我
聖朝三顯其後毅毅公克孝克忠寬猛相濟撫民治戎適追厥祖克肖乃父
天子嘉之駕行遣羽公位將相邦家之光奄忽不存士夫曷望幽宅在秦遺愛在蜀子孫孝享介
爾百福
前翰林直學士太中大夫西蜀四川道提刑按察使王利用撰

《耶律禿滿答兒墓誌》誌石拓片

姜從善買地券

卒葬時間： 至元二十八年（1291）二月二十八日葬。
行款書體： 正面券文15行，滿行13—16字不等，楷書。背面正中刻“合同”二字。
撰書人名： 無。
券文首題： 墓致券磚。
形制紋飾： 磚質，方形，高29厘米，寬30.5厘米，厚5厘米。
出土時地： 西安市近郊出土，時間不詳。
存佚狀況： 現藏西安碑林博物館。
主要著録： 《西安碑林全集》。

【録文】

墓致券磚 /

維大元國至元二十八年歲次辛卯 / 二月己巳朔廿八日丙申，祭主唐進 / 伏緣室人姜從善亡歿之後，今擇以 / 長安縣義陽鄉栖真觀之原。東西 / 闊一十七步，南北長一十七步。東至青龍，/ 西至白虎，南至朱雀，北至玄武。內方勾陳，/ 分掌四域。丘承［鞦丞］墓伯。維願安葬已後，故 / 氣邪精不得干犯。如有違者，并令將軍 / 執縛。若違此約，如 / 女青急急如律令，攝 / 除外。東憐［鄰］至李□□，長二十四步；/ 南憐［鄰］至古都□，闊二十步；/ 西憐［鄰］至林大哥，長二十四步；/ 北憐［鄰］至馬老庵，闊二十步。

《姜從善買地券》拓片背面

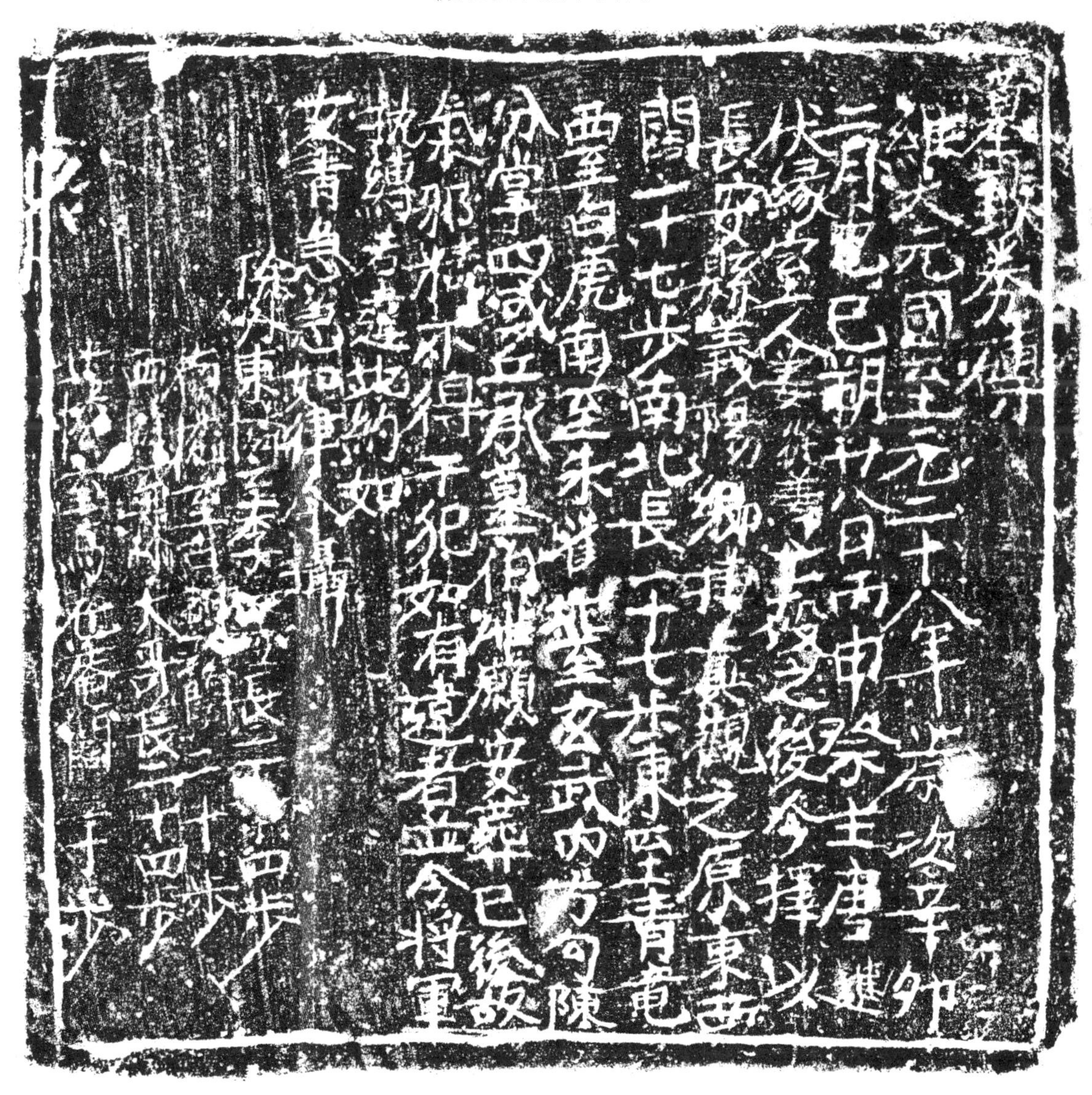

《姜從善買地券》拓片正面

胡全墓誌

卒葬時間：至元二十九年（1292）二月九日葬。
行款書體：誌文20行，滿行18字，楷書。
撰書人名：李昶撰并書，曾福刻。
誌文首題：大元故胡君墓誌銘。
形制紋飾：拓片高41厘米，寬43厘米。
出土時地：西安市長安区出土。時間不詳。
存佚狀況：石佚拓存。西安碑林博物館、中国國家圖書館有藏拓。
主要著録：《北京圖書館藏中國歷代石刻拓本匯編》第48册、《全元文》第二册。

【録文】

大元故胡君墓誌銘 /

鶉野李昶撰并書 /

至元二十有九年春一月戊午，余處精舍，胡海 / 纕服奉狀進謁，曰：僕獲戾于天，荐降酷罰，致怙 / 恃繼就殄瘁。今葬期在邇，慮久湮滅，願子幸爲 / 我銘。余哀而爲之辭。考，扶風人，逸其諱，葬鄉之 / 故兆。君諱全，天資質直，罹金季崩裂，北徙幽薊。/ 歲甲辰，乃還，占籍安西。年八十有三，今月丙申朏終。娶傅氏，先二載卒，年八十有二。子三人：孟 / 曰文秀，娶羅氏；仲即海，安西等處管領怯連口 / 民匠提領兼軍器庫辨驗官，娶殷氏，早世，繼室 / 劉氏；季曰進，壯歿。女一人，適吳顯。孫男五：文進、/ 天祐、天禄、天祥、文炳。孫女四，俱適人。曾孫萬僧。/ 以二月壬申葬長安縣華林鄉東葛村之新茔，/ 進列于昭。噫，人之性善而已，行之則永膺戩穀，/ 違之則禍稔厥家，君之存也。雖未識，然觀其夫婦耆耋偕老，而子孫蕃昌，豈非積德之應也歟。/ 詩曰：樂只君子，遐不黄耇，其君之謂乎。銘曰：/

封佳城之鬱鬱兮，與歲月以無窮。儻異時之一 / 開兮，尚有望於滕公。

長安曾福刊

《胡全墓誌》拓片

張德琳墓誌

刊立時間： 至元二十九年（1292）三月立。
行款書體： 誌文17行，滿行17字，楷書。
撰書人名： 無。
誌文首題： 道録張公法師墓誌。
形制紋飾： 誌石高62厘米，寬58厘米，厚度不詳。
出土時地： 不詳。
存佚狀況： 不詳。
主要著録： 《咸陽碑刻》《新中國出土墓誌·陝西（壹）》。

【録文】

道録張公法師墓誌/

夫以修真入道，始識心見性，立觀度人。張公/道録，諱德琳，元係涇陽縣橋底鎮底曲頭人/氏也。得悟於幼，七歲慕道，出家礼太原府孝/義縣武舉師爲引度，拜真大道五祖廣惠真/人爲宗師，經及四十餘年。而後迁於雲陵嵯/峨之陽吴村，創建迎祥宫，住持闡揚道法，設/教化人，以離塵俗，綱維道録之司。不幸於至/元十年八月二十七日，在于安西府録事司/獅子院街天寶宫無疾而坐化，享壽七十歲。/而後迁葬於雲陵迎祥宫坎地矣。尚缺記文，/切念張公住世以来，感悟玄門，造像興緣，豈/有纖毫之過；扶危濟苦，修真煉行之功。憫此/美文，勒於堅珉。頌曰：/

□元旡貯，還元無取。/来時無言，去後無語。/

大元至元二十九年壬辰歲三月日，门人知宫楊成和立石

《張德琳墓誌》拓片

党文通墓誌

卒葬時間：至元二十九年（1292）四月十日葬。
行款書體：誌文22行，滿行23字，楷書。
撰書人名：賈槭撰。
誌文首題：大元故護善居士党公墓誌銘。
形制紋飾：無蓋。誌石青石質，方形，高50厘米，寬52厘米，厚18厘米。
出土時地：不詳。
存佚狀況：現藏大唐西市博物館。
主要著録：首次刊布於《碑林論叢》總第二十四輯（王彬、陰玲玲、楊潔：《大唐西市博物館藏元代墓誌考述》）

【録文】

大元故護善居士党公墓誌銘 /

安西府學助教賈槭撰 /

公諱文通，字彦達，世居耀之美原。高曾及大父之諱，譜逸不 / 可詳，惟諱冲者，實考君，務本業農，以篤實之行聞於鄉曲。既 / 没，公早失怙恃，卓然自立，夙有成人姿。同里二郎劉丈見而 / 奇之，待爲乘龍客。歲甲午，從其翁媪居安西府治之東關，問 / 安侍膳，敬逾己親，雖恭爲子職，亦不過是行。有餘力，爲之置 / 廬舍邸店，營利以奉甘旨，家道亦殷富焉。翁媪没，葬祭不違 / 於禮，人尤稱之。劉氏諸姨適人，妝奩之資又爲豐腆。平日不 / 飲酒茹葷，得顔子心齋之遺意，每以善勸人，鄉閭之間，聞其 / 風者，莫不悉嚮義焉。是以 / 因灌頂國師八思麻公賜以居士之號，曰護善，時皆榮之。至 / 元廿八年四月有三日，不幸以疾卒於正寢。廿九年三月廿 / 有三日，室劉氏亦以疾卒，偕壽七十有四。一子名慶祖，讀古 / 人書，述前人事，多聞博雅，爲衆所推，受 / 安西王命，掌王府經籍。女四人，皆適名族。男孫一人，女孫三 / 人，俱幼。慶祖擬是年四月初十日，舉二親之柩葬於咸寧縣 / 洪固鄉仵村之新茔，禮也。持安西路府學録駱瑭所爲狀，請 / 文諸墓，以示永久。愚徵其實而嘆曰：人生斯世，不能行道濟 / 物，得稱鄉里善人，足矣。又公以幹蠱之才，事人之親，猶能勤 / 孝如此，況事己之親哉？惜乎，不待養而先没也。嘉其能，尚其 / 德，紀其始末而係之以銘。其辭曰：/

於戲護善，名因實立。榮不及身，必昌後裔。

《党文通墓誌》拓片

師弼墓誌

卒葬時間： 至元三十年（1293）十一月九日葬。

行款書體： 誌上端題“大元故師氏墓誌銘”1行8字，篆書。誌文24行，滿行19字，楷書。

撰書人名： 趙瓛撰并書。

誌文首題： 大元故師君墓誌銘。

形制紋飾： 誌石青石質，方形，高60厘米，寬63厘米，厚14厘米。

出土時地： 2000年西安市欒居厂出土。

存佚狀況： 現藏西安碑林博物館。

主要著録： 《西安碑林博物館新藏墓誌彙編》《新中國出土墓誌·陝西（貳）》。

【録文】

大元故師君墓誌銘/

安西王府掌書趙瓛撰并書/

公諱弼，字輔之，師其姓也。祖長安人，公之父從祖/考兵變徙居蒲坂，因而家焉。父信誠之，娶王氏，生/二子，長即公也，次鐸振之。公幼習儒業，長於詩書，/賦性温純，爲人廉謹。丁巳歲，挈家來長安。公善貨/殖，能以少貲獲大利，經營戮力，家業有成。至元丁/丑夏五月十有五日以疾而卒，春秋五十有二。娶/薛氏，生五子二女，二女俱適豪族。子長曰中吉、中/庸、中允、中孚、中恕，中孚蚤世。孫男三人，長曰貞，早/世;中吉，字无咎，天資穎悟，熟通商賈，涉臘［獵］經史，略/明大義。事父母孝，与朋友信，有幹蠱之稱。/王府選充足用庫使，財用清白，處身廉潔，擢爲安/西路平準庫副使。公之遠祖葬於蒲坂，子痛先塋/松楸故在，不克遠葬。將以至元癸巳冬十有一月/九日從公之考，葬于咸寧縣龍首鄉靖恭務之原，/叔父振之、嬸母孫氏祔焉，礼也。安西府學正成公/君玉，持行狀命僕而言曰:无咎葬有日矣，請爲之/誌。僕与君玉世契，義不敢辭，謹摭其實而銘，曰：/

韙歟師氏，賦性英然。詩礼之學，/得其正傳。經營戮力，而貨殖焉。/偶罹厥疾，藥之弗痊。卜其宅地，/殯于新阡。有子克孝，葬礼具全。/勒銘貞石，億万斯年。

大元故師氏墓誌銘

大元故師君墓誌銘　安西王府掌書趙𤋮撰并書
公諱弼字輔之師其姓也祖長安人公之父從祖
考兵變徙居蒲坂因而家焉父信誠之娶王氏生
二子長即公也次鐸振之公幼習儒業長於書
賦性溫純為人廉謹丁巳歲挈家來長安營貨
殖能以少貲獲大利經營戮力家業有成至元丁
丑夏五月十有五日以疾而卒春秋五十有二娶
薛氏生五子二女二女俱適豪族子長曰中吉中
庸中允中孚中恕中孚蚤世孫男一人長曰貞早
喪中吉字元吝元資穎悟熟通商賈博覽經史踏
明大義事父母孝与朋友信有幹蠱之稱丁
王府選充差用庫使財用清白處身廉潔擢為安
西路平準庫副使公之遠祖葬於蒲坂子痛先塋
未拯故在不克遠葬將以至元癸巳冬十有一月
九日從公之考葬于咸寧縣龍首鄉靖恭務之原
叔父振之孀母孫氏祔焉禮也安西府學正成公
君玉持行狀命僕而言曰元吝葬有日矣請為之
誌僕与君玉世契義不敢辭謹摭其實而銘曰
猗歟師氏　賦性蕆然　詘禮之學
得其正傳　經營戮力　而復殖焉
偶罹疴疾　藥之弗痊　卜其宅地
靖恭之阡　有子克孝　葬禮具全
勒銘貞石　億万斯年

《師弼墓誌》拓片

義公和尚塔銘

刊立時間：至元三十一年（1294）三月立。
行款書體：塔銘上端题“圓寂義公和尚之塔”1行8字，楷書。正文10行，滿行10字，楷書。
刊石人名：無。
銘文首題：無。
形制紋飾：塔銘青石質，高44厘米，寬36厘米，厚9厘米。
出土時地：不詳。
存佚狀況：原存户縣石井鄉彌陀寺，现藏西安市鄠邑區文物管理所。
主要著録：《户縣碑刻》《新中國出土墓誌·陝西（叁）》。

【録文】

師俗姓胡氏，諱普義，本貫/西蜀成都府隆州仁壽縣/懷仁鄉仁壽里照山厚德/庵紹業人氏，俗壽六十四/歲。於癸巳年二月十八日/在本院端坐而化。/

至元三十一年三月清明日，/小師德山、德堅、/德隆、德圓、/德滿，男胡張奴立石

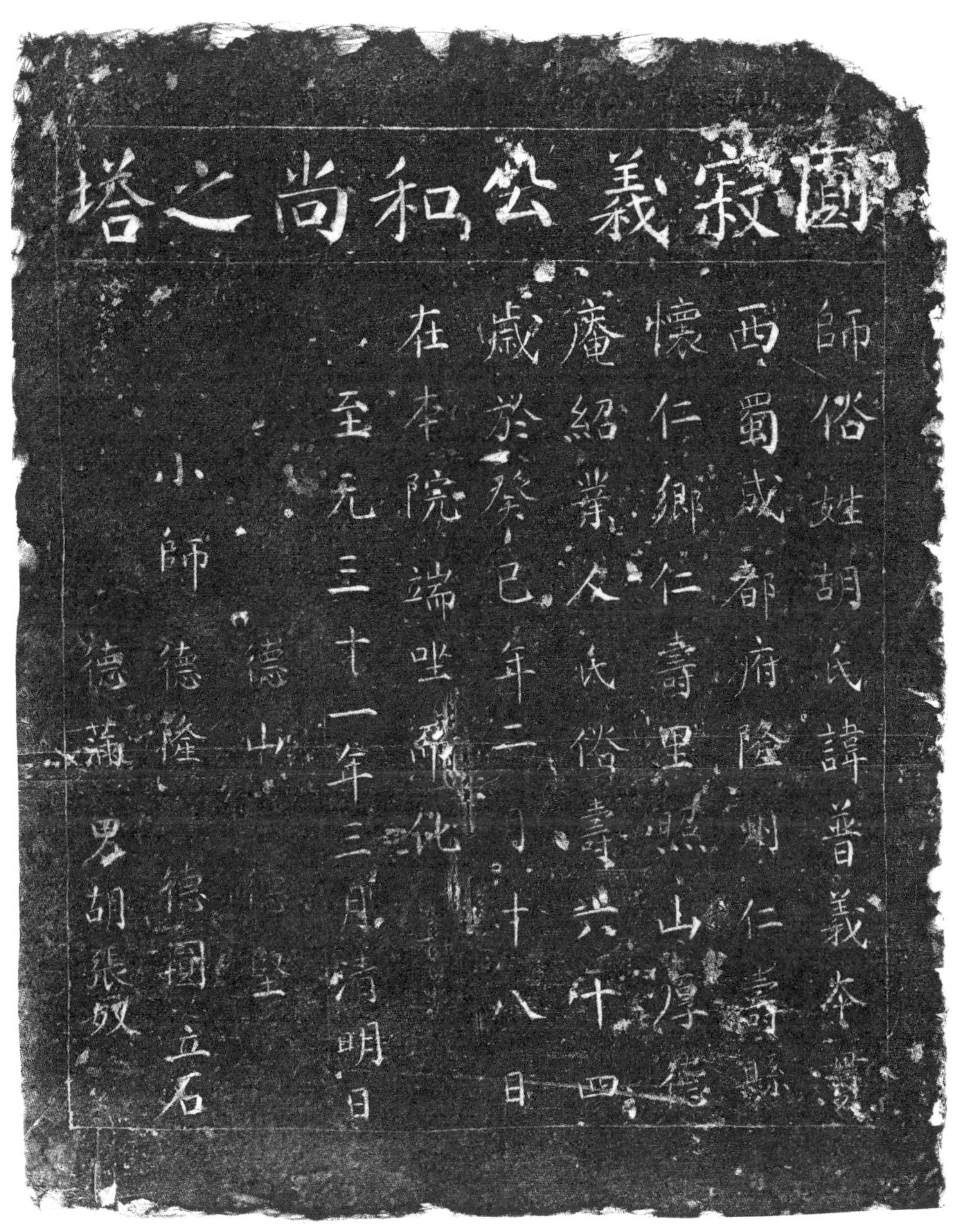
圓寂義公和尚之塔
師俗姓胡氏諱普義本貫
西蜀成都府隆州仁壽縣
懷仁鄉仁壽里照山淳德
庵紹業父氏俗壽六十四
歲於癸巳年二月十八日
在本院端坐而化
至元三十一年三月清明日
德山 德堅
小師德隆 德國 立石
德蒲 男胡張

《義公和尚塔銘》拓片

袁貴安買地券

卒葬時間： 元貞元年（1295）閏四月五日葬。
行款書體： 券文12行，滿行22—26字不等，朱書，楷書。
撰書人名： 無。
券文首題： 無。
形制紋飾： 磚質，方形，高、寬均30厘米，厚5厘米。
出土時地： 2012年西安市曲江鄉繆家寨村曲江新區金光園社區工地出土。
存佚狀況： 現藏西安市文物保護考古研究院。
主要著録： 首次刊布於《文物》2016年第7期（《西安曲江繆家寨元代袁貴安墓發掘簡報》）。
特殊説明： 録文據《西安曲江繆家寨元代袁貴安墓發掘簡報》，因金元時期買地券有固定格式和用詞，原録文中明顯錯誤處徑改。

【録文】

維大元元貞元年歲次乙未閏四月乙巳朔初五日己酉，祀神□/土，祭主安西府咸寧縣東關北坊永興街居住，孝男袁顯、袁翰/□先亡祖穴，父親袁貴安於元貞元年四月初十日故，龜筮協從，相/地襲吉，宜於本縣洪固鄉三趙村正北原上安厝宅兆，謹用錢/彩信幣，買到墳地一段，計地一畝二分。其地東至青龍，西至/白虎，南至朱雀，北至玄武。内方勾陳，分掌四域，丘丞墓伯，封步/界畔，道路將軍，齊整阡陌，千秋萬歲，永无殃咎。若輒干犯/訶禁者，將軍亭長，收付河伯。今以牲牢酒飯，百味香新，共/爲信契。財地交相分付，工匠修營安厝已後，永保大吉。知見人：歲/月主，保人：今日直符。故氣邪精，不得奸吝，先有居者，永避萬里。/若違此約，地府主吏自當其禍，主人内外存亡悉皆安吉。急急/五帝使者女青律令。

《袁貴安買地券》實物圖

張輔臣壙記

卒葬時間：大德二年（1298）二月葬。
行款書體：誌文分刻兩石，每石5行，共10行，滿行均16字，隸書。
撰書人名：吕安善書。
誌文首題：無。
誌蓋標題：大元故覃懷張夢臣壙記。2行，滿行5字，隸書。
形制紋飾：誌石、蓋共三方，均磚質，竪長方形，一石右上角有缺損。誌石均高53厘米，寬30厘米，厚7厘米。
出土時地：西安市近郊出土，時間不詳。
存佚狀況：現藏西安碑林博物館。
主要著録：《西安碑林全集》《新中國出土墓誌·陝西（貳）》《長安碑刻》。

【録文】

囯諱輔臣，字夢臣，世爲覃懷武陟人。祖諱/元亨，考諱成，母樊氏。生于辛亥正月廿七/日。甫弱冠，辟陝西察司書吏，以廉能擢南/臺令史，調蜀省掾。未幾，以疾卒于成都，實/至元丙戌七月廿六日，享年卅有六。初娶/金丞相阿不干之孫，先卒。再娶劉氏，生女/英，適姊婿梁楝子允迪。其弟安仁，因考君/喪，以大德二年二月甲申，舉其遺櫬葬于/咸寧縣洪固鄉唐延禧門之外，以阿不干/氏祔焉。内兄吕安善謹書，用紀歲月云。

大元故覃懷張夢臣壙記

誌蓋

諱輔臣字夢臣世爲覃懷武陟人祖諱
元亨考諱成妣樊氏生于辛亥正月廿七
日甫弱冠辟陝西察司書吏以廉能擢南
臺令史調蜀省掾未幾召拜平章府都[illegible]
至元丙戌七月廿六日卒年卅有六初娶

誌石一

金紫相阿不罕之孫先卒再娶劉氏生女
英適婿靖梁棟子兄迪其弟安仁因孝居
喪以大德二年二月甲申舉其遺櫬葬于
咸寧縣洪固鄉唐延禧門之外以阿不罕
氏祔焉内兄吕安善謹書用紀歲月云

誌石二

《張輔臣壙記》拓片

王進墓誌

卒葬時間： 大德三年（1299）二月二十日葬。

行款書體： 誌上端題“故河東奏差王公墓誌銘”1行10字，隸書。誌文30行，滿行27字，楷書。

撰書人名： 楊順理撰，書者名缺損，王濟安題額。

誌文首題： 大元故河東廉訪轉運司奏差王公墓誌銘并序。

形制紋飾： 無蓋。誌石青石質，方形，高60.7厘米，寬60.5厘米，厚13厘米。

出土時地： 西安市長安區韋曲街辦富力城項目工地出土。

存佚狀況： 現藏陝西省考古研究院。

主要著録： 未見著録。

【録文】

大元故河東廉訪轉運司奏差王公墓誌銘并序 /

公姓完顔氏，俗稱曰王，諱忽察虎，更名進，其先女真人，又曰术真。遼世 / 避興宗諱，故曰女直。蓋古肅慎氏也。金得中原，分布其國兵於晉趙之 / 南、雲燕之北要害之地，謂之鎮防，設招討司三、統軍司三主之。北隸招 / 討司，則不營田，專備守禦；南隸統軍司，則築堡寨於山東、河南、陝西郡 / 縣村落間，與民雜處。計其户口，授以官田，使播種自給，餘積之官，以備 / 水旱。千户置一猛安，秩四品；三百户置一謀克，秩五品，以皇族及功臣 / 之□爲之。其職則父子相繼，猛安子即官廣威將軍，謀克子即官武節 / 將軍，號曰世襲家。農隙教射講武，一猛安總三謀克。四方有警，則統所 / 部精鋭出征，計功遷官，故名將多此出。公先世並襲華州鄭縣羅文寨 / 鎮防猛安，曾大父、大父、考，經亂皆逸其諱。母耶律氏，契丹人，俗稱劉氏。/ 公以貞祐乙亥二月十三日生于羅文寨。年十二，被兵遷晉。既長，沈斷 / 有膽略，善騎射。始隸兵籍，大帥土薛之征蜀也，公備行伍軍中，常以果 / 敢自居，屢立戰功，署百夫長，遇敵輒先登。幕府方議遷職，公以丁力單 / 弱，不克久役，請改民編而歸。是時以國用爲急，河東廉訪轉運使馬 / 飬謙察公有幹局，辟本司奏差，能聲益著，後以目疾辭去。至元戊寅，以 / 秦中故鄉，盡室徙安西，謝絶人事，頤神養氣，以閑自適。十八年辛巳春 / 二月十九日疾終于正寢，享年六十有七。娶平水劉氏，後公三年卒。賢 / 明靖端，生子在，承直郎、甘肅等處行中書省員外郎，孫濟美、濟安。在將 / 以大德三年春二月壬申，舉公之柩葬于咸寧縣洪固鄉高望里，劉氏 / 祔焉。踵會寧楊順理之門，乞銘墓道。在與愚交且久，又濟美、濟安嘗從 / 受學，度不可讓，因論次之。公以世家子，生有廣威之階，幼遭變故，能自 / 樹立。壯歲慷慨從軍，暮年樂閑養志。胸次磊落，有過人者。惜乎，爲時不 / 偶，位止於斯。天其或者將裕後之人乎？子在，風神英爽，始以吏業進，既 / □□書求道，爲四方士夫所與，揚名顯親，人期遠大。二孫好學克家，温 / □□□，其祚胤綿遠，蓋未易量，是可銘已。銘曰：/

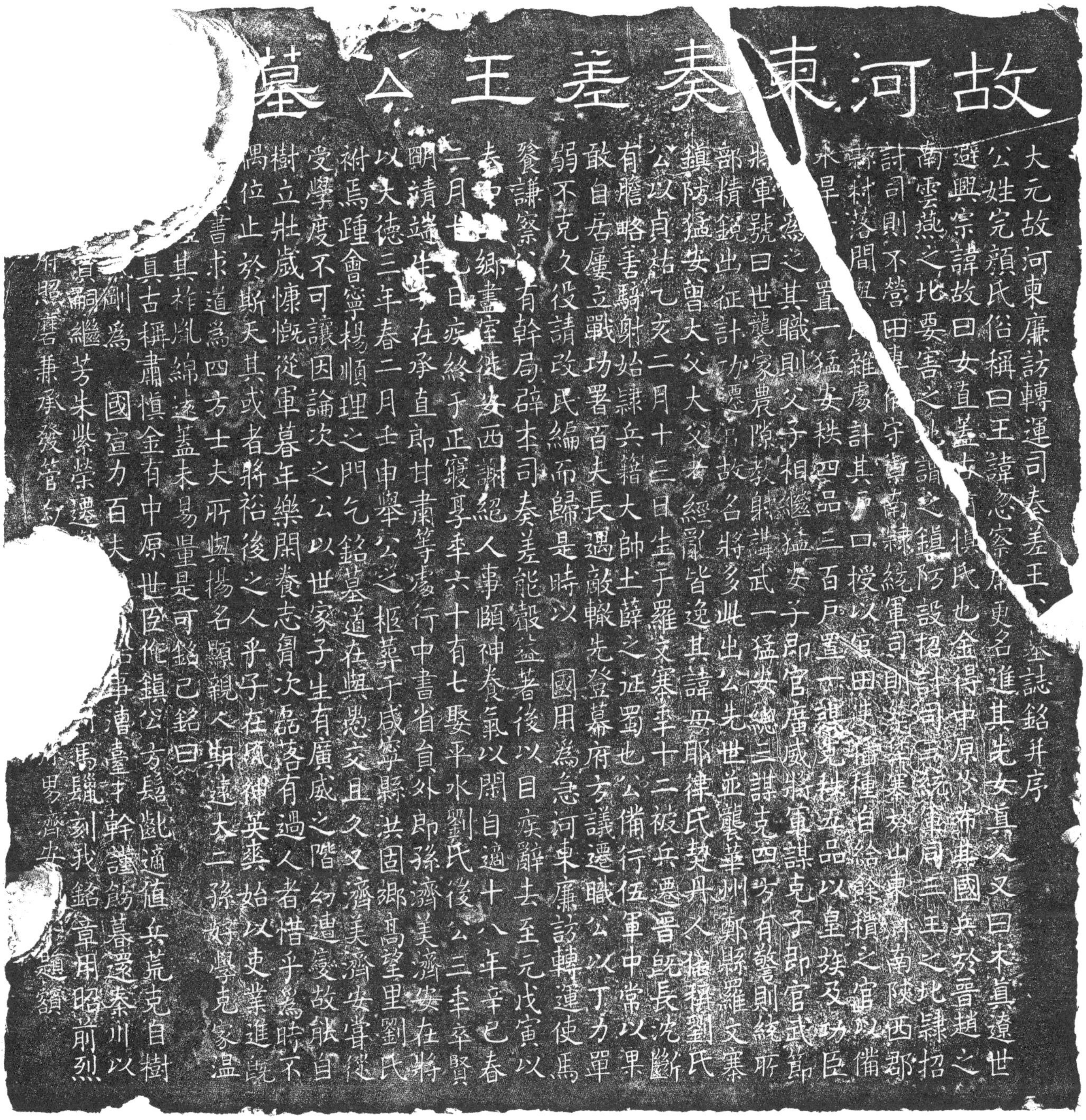

《王進墓誌》拓片

□□□真，古稱肅慎。金有中原，世臣作鎮。公方髫齔，適值兵荒。克自樹/□，□□□剛。爲國宣力，百夫□□。給事漕臺，才幹謹飭。暮還秦川，以/□□□。賢嗣繼芳，朱紫榮遷。□□□□，□□馬鬣。刻我銘章，用昭前烈。/

□□□府照磨兼承發管勾（下闕）孫男濟安題額

郭汝弼墓誌

卒葬時間： 大德三年（1299）七月八日葬。

行款書體： 誌文40行，滿行32字，楷書。

撰書人名： 吕端善撰，郭安善書，程珪刻。

誌文首題： 大元故從仕郎耀州同官縣尹郭君墓誌銘。

形制紋飾： 無蓋。誌石青石質，長方形，高65厘米，寬72厘米，厚11.5厘米。

出土時地： 不詳。

存佚狀況： 現藏陝西省考古研究院。

主要著録： 《陝西省考古研究院新入藏墓誌》。

《郭汝弼墓誌》拓片

【録文】

大元故從仕郎耀州同官縣尹郭君墓誌銘 /

奉議大夫、華州知州兼諸軍奥魯勸農事吕端善撰，/ 將仕佐郎、前河東陝西等路萬户府知事弟安善書 /

君諱汝弼，字良佐，姓郭氏。族祖諱時中，字器之，爲關輔碩儒，仕爲三白渠副使，號太 / 華先生，有家傳。其子崇期，字達卿，有族譜圖載其先世，系出周王季之穆虢叔，後爲 / 郭氏。世居太原，唐末避仇，徙家陝西之蒲城縣，爲宗甚鉅。自君之五世祖諱▢，而上 / 莫考名字。高祖諱道，高祖媲［妣］楊；曾祖珪，曾祖媲［妣］韓；祖鑑，祖媲［妣］王，皆葬蒲城。考珏，字德 / 招，妣屈。考生兵亂間，遷徙四方，後居京兆咸寧，優游里社，落落爲偉丈夫，隸名儒籍。生 / 七子，曰汝舟、汝楫、汝霖、汝翼、汝弼、汝賢、汝明。君之行第五，幼受業行省員外郎、宗親 / 遺安先生郭公鎬周卿，少長，从寓齋先生李庭顯卿學，踰冠聲聞籍甚。至元癸酉，/ 皇嗣安西王開府陝右，招延髦彦，置館府署，有文學參軍典書之目，時与選者皆一 / 時之英。乙亥，起君王府典書，實与前文學今翰林學士姚燧端甫、前記室參軍今 / 廉訪馬紹庭季卿輩游，从者數年，遠邇拭目，以爲宛然有瀛洲之風，用是學業日懋。/ 丙子，奉教乘傳祠泰山，得与東諸侯及耆儒宿德款晤，酬答游道，自兹逾廣。無何，/ 王車上征中書左丞巖齋汪公惟（正）分省四川，禮君爲掾属，不以吏責。巖齋語余於 / 京師曰：西省得掾郭良佐矣。其容忻然如有獲。未幾，奏降敕告，俾君經歷馬湖路 / 總管府事。未上，御史臺辟君經歷隴右河西道提刑按察司事。三年，轉同州韓城縣 / 尹。又三年，轉耀州同官縣尹。甫年，以疾歸于家而終。君爲人美丰姿，尚鮮潔，嗜書爲 / 學，不以家事累其心，爲辭章特敏給，其得意處不愧古人，蓋其天質所長。平生以吟 / 咏爲至樂，作詩文幾千首，時以文章士目之，謂其不屑世務。然其居家也，父母怡愉，/ 安寧壽考，無侵擾之虞；兄弟輯睦，同居共爨，無紛争貨財之累；其居官也，無纇德，無 / 墜事，同列無違言，民下無謗誹，公府無責讓，無萋菲媒蘖之患。有非世儒所易及者，/ 進方鋭而遽止此。君昆季七人，四先逝，其侄楨有美才，亦早世。君之死，仲兄季弟哭 / 之，曰無有就者而存，有成望者而歿，天殆禍郭氏耶。凡与識者莫不悼惜，悼悼其年 / 不永，惜惜其才用不竟也。然此特人情之常揆，以至理有不必然，物各有分定，人能 / 無愧怍，斯可矣。生而學問有所成，能文章以自宣，爲時録用，安父母之心，爲鄉黨之 / 榮，死而遺哀於兄弟，作時人之悼惜，是足以遺後人，可謂無愧怍矣。審以謂富貴壽 / 考，足以盡人之情，則世之賢於君者多矣，求其哀悼如君者，恐或不然。或父母之不 / 寧，或昆季之不相，能饕世利而不止，遺子孫之危禍，則於彼何耴焉。君生於 / 有元代金之十五年戊申，終于大德三年之己亥七月五日，享年五十有二。娶故經 / 歷都元帥府事張公諱頤字濟民女，男植，既冠方學。侄在者，曰樞，曰桓，皆植兄也，同 / 居踵家教，有輯睦風；侄女三人，屈珏、李德、巡檢王德輔皆其婿也；侄孫一人，曰赫，赫，樞 / 子也。越三日，葬君于東陵鄉孝義村先人之兆，不能歸祔於蒲城之先塋也。兄汝楫 / 以開成路儒學教授劉元狀其實來請銘。君於余爲外妹婿，且少長从游，宜爲銘，且 / 以慰其昆季哀慟之情。銘曰：/

人生兩間，貴適世用。苟不其然，生醉死夢。猗与良佐，力學求師。師有正傳，用昌于詩。/ 孰不能詩，子能得要。不龜手一，用有微妙。詩昌其身，又昌厥家。父母不戚戚，兄弟不咨嗟。/ 藩府清風，省臺要路。用不子遺，騰口交譽。韓山蒼蒼，同官舊邦。撫字遺愛，邦民不忘。/ 人猶惜之，展材不既。我獨謂子，可亦無愧。彼昏罔知雖貴壽，奚爲作銘以告之，維子其知。

省差安西路石匠提領程珪刊 /

高林墓誌

卒葬時間： 大德三年（1299）十一月二十五日葬。
行款書體： 誌文27行，滿行26字，楷書。
撰書人名： 潘汝劼撰并書，曾禄刻。
誌文首題： 大元故漢上九州軍民萬户高公墓誌銘并序。
形制紋飾： 誌石青石質，方形，高72厘米，寬74厘米，厚11厘米。
出土時地： 不詳。
存佚狀況： 2001年陝西歷史博物館徵集。
主要著録： 《風引薤歌：陝西歷史博物館藏墓誌萃編》。

【録文】

大元故漢上九州軍民萬户高公墓誌銘并序 /

公諱林，京兆之高陸人也。上世譜逸，無從可稽。祖諱敬，考諱讓，皆隱 / 德弗耀。公自髫齔不凡，及長，美髯白皙，身長七尺有奇，膂力絶人，善 / 騎射。癸巳，避兵河南。乙未，率衆歸我 / 聖元，爲闊出太子所知，令撫集漢上九州之衆。尋募壯士，得 / 數千人，與戎帥塔海公提軍西討。取興元，拔利路，徑擣成都，所向披 / 靡，屢奏膚功。/ 太宗寵錫金符，署公爲千夫長。時有號氈太尉者，爲宋豪酋，公生擒 / 以獻。/ 世祖嘉其勛績，擢授漢上九州軍民萬户，佩以金虎符。戊午，率麾下 / 驍勇渡江，下羊山、馬瑙等四十八寨，招誘殘民，户以千計。中統建元，/ 西獲硐門酋帥高寶，四敗宋制置余玠于瀘州，威名大振。以久在軍 / 中，憂勞成疾，遂謝事于朝，俾其次子哇哥襲職，扶病還長安。至 / 元丙寅十一月八日終于私第之正寢，享年六十有四。夫人黄氏、李 / 氏、王氏、劉氏、賈氏、柳氏。子男五人，曰定、哇哥、平鐵哥、德哥。昆季四人，/ 後公二紀之間相次傾逝，今惟平在官忠翊校尉、四川行中書省都 / 鎮撫。女五人，俱適名族。孫男十人，曰顯，被省檄陝西蒙古軍奥魯官；/ 曰六十，武略將軍、中正千户；曰從禮、從義、從政、從儉、從仁、從哲、從善、/ 從益。孫女十人俱幼。卜以大德己亥十一月廿五日葬于安西府咸 / 寧縣洪固鄉韋曲里之新塋，礼也。襄事有期，平遣侄顯持狀謁文，以 / 誌諸墓。牢讓不可，謹摭其實而爲次第之。銘曰：/

於戲漢上，實維英特。結髮從軍，孔武有力。/ 南浮西討，威讋群雄。/ 命長萬夫，以酬俊功。若若紫綬，煌煌金虎。/ 生榮死哀，光賁前古。世濟其美，有子有孫。/ 公乎何憾，瞑目九原。洪固之鄉，韋曲之里。/ 刻銘幽宮，以詔千祀。

彭衙潘汝劼撰并書。/ 曾禄刊

大元故漢上九州軍民萬戶高公墓誌銘并序
公諱林京兆之高陵人也上世譜逸無從可稽祖諱敬考諱讓皆隱
德弗耀公自齠齔不凡及長美髯白皙身長七尺有奇膂力絕人善
騎射癸巳避兵河南乙未率衆歸我
聖元爲 闊出太子所知令撫集漢中九州之衆尋募壯士得
數千人與戎帥塔海公提軍西討取興元拔利路徑擣成都所向披
靡屢奏膚功
太宗寵錫金符署公爲千夫長時有歸氈太尉者爲宋豪酋公生擒
以獻
世祖嘉其勳績擢授漢上九州軍民萬戶佩以金虎符戊午率麾下
驍勇渡江下羊山馬瑙等四十八寨招誘殘民戶以千計中統建元
西獲礀門酋帥高寶四敗宋制置余玠于瀘州威名大振以久在軍
中憂勞成疾遂謝事于 朝俾其次子哇哥襲職扶病還長安至
元丙寅十一月八日終于私第之正寢享年六十有四夫人董氏李
氏王氏劉氏賈氏柳氏子男五人曰定哇哥平鐵哥德哥昆季四人
後公五紀之間相次傾逝今惟平在官忠翊校尉四川行中書省都
鎮撫女五人俱適名族孫男十人曰顯被省檄陝西蒙古軍奧魯官
曰六十武略將軍中正千戶曰從禮從義從政從儉從仁從哲從善
從益孫女十人俱幼卜以大德己亥十一月廿五日葬于安西府咸
寧縣洪固鄉韋曲里之新塋禮也襄事有期平遣姪顯持狀謁文以
誌諸墓牢讓不可謹摭其實而爲次第之銘曰
於戲漢上　實維英特　結髮從軍　孔武有力
南浮西討　威讋群雄　若〻紫綬　煌〻金虎
命長萬夫　以酬儁功　世濟其美　有子有孫
生榮死哀　光賁前古　洪固之鄉　韋曲之里
公乎何憾　瞑目九原
刻銘幽宮　以詔千祀　彭衙潘汝劼撰并書

《高林墓誌》拓片

范祖文墓誌

卒葬時間： 大德四年（1300）正月二十日葬。

行款書體： 誌文23行，滿行23字，楷書。

撰書人名： 侯均撰并書蓋，曾福刻。

誌文首題： 大元故范君文卿墓誌銘。

誌蓋標題： 大元故范文卿墓誌銘。3行，滿行3字，隸書。

形制紋飾： 誌蓋、石均青石質。蓋方形盝頂，高、寬均46厘米，厚14厘米，四殺無紋飾。誌石方形，高46厘米，寬48厘米，厚12厘米。

出土時地： 時地不詳。

存佚狀況： 現藏大唐西市博物館。

主要著録： 《洛陽新獲墓誌：二〇一五》《碑林論叢》總第二十四輯（王彬、陰玲玲、楊潔：《大唐西市博物館藏元代墓誌考述》）。

【録文】

大元故范君文卿墓誌銘 /

君諱祖文，字文卿，世爲晉之臨汾河曲里人。曾祖諱某，大定 / 中徙於秦；祖諱實；三子曰重、曰志、曰泰。泰字彦通，君之考也，/ 倜儻豪舉，才武慷慨。恒山公仙爲金帥，聞其名，授以銀符，俾 / 總領其事。時兵革擾攘，人人剽敚自給，惟公恤故舊，哀煢獨。/ 粟飢衣寒，全活者甚衆，自士夫及商旅皂隸，莫不知名，人方 / 之陳孟公、杜季良。亡妣李氏，君昆季二，處仁乃弟也。君幼業 / 儒，從翰林待制孟駕之游，性沉静縝密，事不詭随，長於生理。/ 初，總領公既亡，家無儲蓄，而君攻苦食淡，裁省制節，未嘗妄 / 費，遂致殷厚。喜讀書，不求甚解，强記不忘。子從道，甫數歲，日 / 課以書，稍不如意，不少假借。或勸之，乃曰：予雖晚有是兒，亦 / 不可以是姑息也。以元貞元年十月八日終於家，壽止五十 / 八。君初娶李氏，生子二，女適李誠，男居正，蚤世。繼王氏，世亦 / 京兆涇陽名家，慈惠寡言，人莫測其喜愠。撫字諸孤，恩義均 /　，人至不知長女爲李出也。子從道　日廢學，憂形于色，足 / 可尚已。以大德三年十二月三十日終于正寢，壽五十六。從 / 道亦業儒，庶幾不墜舊物者。季女榮哥暨外孫女綿綿，並及 / 笄也。卜以大德四年正月二十日葬于咸寧龍首鄉黄渠之 / 先塋。銘曰：

君之長材，非數可足。人之議之，尺布斗粟。譬之蠅 / 矢，點彼白玉。昔臧文仲，不仁智六。夷考勛德，炳耀簡牘。正身 / 肅信道篤，在外之謗讟又何足爲君之玷辱邪。/

滻澤侯均撰并書蓋。/ 曾福刊

大元故
范文卿
墓誌銘

誌蓋

大元故范君文卿墓誌銘
君諱祖文字文卿世系[illegible][illegible]臨[illegible][illegible]里人曾祖諱某大定
中從於秦祖諱實三子曰重曰志曰泰字彥通君之孝也
倜儻豪舉才武慷慨恒山公仙為金帥聞其名授以銀符俾
總領其事時兵革擾攘人人剽敓自給惟公恤故舊哀惸獨
粟飢衣寒全活者甚眾自士夫及商旅皁隸莫不知名人方
之陳孟公杜季良云妣李氏君昆季二處仁乃第也君幼業
儒從翰林待制孟駕之遊性沉靜縝密事不詭隨長於生理
初總領公既亡家無儲蓄而君攻苦食淡裁省制節未嘗妄
費遂致殷厚喜讀書不求甚解強記不忘子從道甫數歲曰
課以書稍不如意不少假借或勸之乃曰予雖晚育是兒亦
不可以是姑息也以元貞元年十月八日終於家壽止五十
八君初娶李氏生子二女適李誠男居正蚤世繼王氏[illegible][illegible]
京兆涇陽名家慈惠寡言人莫測其喜慍撫字諸孤恩[illegible]均
一人至不知長女為李出也子從道一日廢學憂形于[illegible]是
可尚已以大德三年十二月三十日終于正寢壽五十[illegible]從
道亦業儒庶幾不墜舊物者季女榮哥暨外孫女綿綿[illegible]及
算也卜以大德四年正月二十日葬于咸寧龍首鄉黃[illegible]之
志墓銘曰君之長材非數可足人之議之尺布斗粟譬之蠅
大點彼白玉昔臧文仲不仁智六夷攷勳德炳燿簡牘[illegible]身
甫信道篤在外之謗讟又何足為君之玷辱邪
[illegible]澤[illegible]均撰并書蓋
曹福刊

誌石

《范祖文墓誌》拓片

李圭墓誌

卒葬時間：大德五年（1301）十一月七日葬。

行款書體：誌上端題“元故李先生墓銘”1行7字，篆書。誌文20行，滿行18字，隸書。

撰書人名：薛延年撰，鄧存書。

誌文首題：無。

形制紋飾：誌石青石質，方形，高、寬均52厘米，厚13厘米。正上方爲弧形，右下側斷裂。

出土時地：1976年西安市南郊陝西師範大學原蘋果園出土。

存佚狀況：現藏陝西師範大學圖書館。

主要著録：首次刊布於《文物》1998年第6期（周曉薇：《元代李圭墓誌考》）。

【録文】

大德五年十一月一日丙申先生卒，年七十有 / 七，男昶以狀請銘。先生姓李，諱圭，字君玉。本汴 / 梁人，上世避兵徙普［晉］。祖諱高，祖妣蹇氏。考諱惠，/ 妣甄氏。寶慶乙酉十月十一日生先生，後遷長 / 安，以易義中選，隸儒籍。先生資禀寬恕，質直好 / 義，温然純德之君子也。通星曆風水之術，嘗注 /《地理捕龍賦》，述《五姓内外宅纂》。用祛世弊，作詩 / 誡子弟曰：孝則神明祐，順則同一居。富則因節 / 儉，貴則苦讀書。義則家不破，勤則足有餘。若能 / 依此語，何得有疏虞。言質而理當。嫡室王氏，豳［幽］/ 州恒安鎮人，先卒，寔至元十八年十二月初五 / 日。生男一，即昶也，以才行辟憲史，今爲陝西行 / 省掾，先生教飭所致也。女一，適劉潤。妾胡氏，生 / 女二。孫男二，叟、炅，女一，俱幼。越七日壬寅合葬 / 于咸寧縣洪固鄉廟坡北原。於乎，洪範五福，先 / 生居四，以清謹遺厥子孫，故不至者富焉。爾非明德介祉，何以享此。遂銘曰：/

於休先生，含光潛德。服膺孔門，爲世儀則。/ 善積慶鍾，而康而壽。載銘斯原，昭示厥後。/

洛陽薛延年撰，直平鄧存書

《李圭墓誌》拓片

武德墓誌

卒葬時間： 大德六年（1302）正月二十六日葬。
行款書體： 誌文16行，滿行26字，楷書。
撰書人名： 惠莘起撰，席貽書，張天祐刻。
誌文首題： 故武重一郎墓記。
形制紋飾： 無蓋。誌石青石質，竪長方形，高60厘米，寬31厘米，厚14厘米。
出土時地： 不詳。
存佚狀況： 現藏大唐西市博物館。
主要著録： 首次刊布於《碑林論叢》總第二十四輯（王彬、陰玲玲、楊潔：《大唐西市博物館藏元代墓誌考述》）。

【録文】

故武重一郎墓記

進義副尉長安縣主簿兼尉席貽書 /

武重一郎，名德，大都昌平縣人。王父以上，不記其諱。父連，取晁氏，以 / 己丑之夏四月二日生君而卒，繼室以馬氏、張氏。君甫成童，天下大 / 亂，南北奔走，靡所底止。歲戊申，聞關中殷阜，乃侍父母，挈妻孥，由燕 / 趙代晉逾河來秦，以通財鬻貨資其生。然作幹有方，遄致隆盛，遂買 / 屋西子城以居，逍遥里閈，或棋或酒，以自娱樂。大德四年冬十月五 / 日，不幸以疾終，壽七十二。君姿性朴素，容貌魁岸，不尚華靡，而自奉 / 儉約。至於承祭祀，待賓客，必極豐腆。子孫有小過失，責讓不少假借，/ 用是人皆憚之。次年臘月庚寅，妻劉氏亦卒，壽七十二。子男二人：嫡 / 宣，取［娶］杜氏，以術學精奇，聞於當時；瑞，取［娶］賈氏。孫男三人：澤，取［娶］柳氏；成，/ 取［娶］劉氏；季揚驢。孫女二人：英英、秀英；曾孫男陳壽，皆幼。既踰月，孝子 / 宣、瑞等，將以明年正月二十六日，舉其祖父母、父母之喪，卜地于咸 / 寧縣洪固鄉皇［黄］渠頭南原之新阡而安葬焉。宣冒寒涉渭，跪而請曰：/ 孤不天，一年之間，父母俱喪，變故有人於此者乎？然吾父自喪亂以 / 來，至於今日，成就若此，勞苦亦甚，幸吾子念之。辭不獲已，姑序其實 / 以誌之。

時六年壬寅春正月辛酉，秦亭惠莘起記。張天祐刻

故武重一郎墓記　進義副尉長安縣主簿兼尉席貽書

武重一郎名德大都昌平縣人王父以上不記其諱父連取晁氏以己丑之夏四月二日生君而卒繼室以馬氏張氏君甫成童天下大亂南北奔走靡所底止歲戊申聞關中殷阜乃侍父母挈妻由燕趙代晉逾河來秦以通財鬻貨資其生然作幹有方遄致隆盛遂買屋西子城以居逍遥里閈或碁或酒以自娛樂大德四年冬十月五日不幸以疾終壽七十二君姿性朴素容貌魁岸不尚華靡而自奉儉約至於承祭祀待賓客必極豐腆子孫有小過失責讓不少假借用是人皆憚之次年臘月庚寅妻劉氏亦卒壽七十二子男二人嫡宣取杜氏以術學精奇聞於當時瑞取賈氏孫男三人澤取柳氏成取劉氏季揚駙孫女二人英英秀英曾孫男陳壽皆務既踰月孝子宣瑞等將以明年正月二十六日舉其祖父母父母之喪卜地于咸寧縣洪固鄉皇渠頭南原之新阡而安葬焉宣冒寒涉渭跪而請曰孤不天一年之間父母俱喪變故有大於此者乎然吾父自喪亂以來至於今日成就若此勞苦亦甚幸吾子念之辭不獲已姑序其實以誌之旹六年壬寅春正月辛酉秦亭惠莘趣記

張天祐刻

《武德墓誌》拓片

劉元振妻郝柔墓誌

卒葬時間：大德六年（1302）五月葬。
行款書體：誌文32行，滿行32字，楷書。
撰書人名：蕭㪺撰并題蓋，賈賁書。
誌文首題：大元故懷遠大將軍成都路經略使行軍副萬户劉公夫人郝氏墓誌銘并序。
誌蓋標題：大元成都經略使劉公夫人郝氏墓誌銘。4行，滿行4字，隸書。
形制紋飾：誌蓋、石均青石質。蓋方形盝頂，高72厘米，寬73.5厘米，厚16.3厘米。誌石方形，高74厘米，寬74.8厘米，厚15.5厘米。
出土時地：2009年西安市長安區韋曲街辦曲江觀山悦住宅小區基建工地出土。
存佚狀况：現藏陝西省考古研究院。
主要著録：《元代劉黑馬家族墓發掘報告》。

【録文】

大元故懷遠大將軍成都路經略使行軍副萬户劉公夫人郝氏墓誌銘并序 /

承務郎陝西等處儒學提舉蕭㪺撰題蓋，/ 安西王府文學賈賁書丹 /

夫人諱柔，安肅人，金令安肅彦、配傅女，皇總管萬户忠惠公冢婦，懷遠公元 / 振妻，正奉大夫、陝西等處行中書省參知政事緯母也。稟訓德門，嬪于大家。懷遠以 / 寬厚長者稱，而忠惠公每稱夫人剛正明决，有乃兄五路萬户侯之風，必起吾家者。/ 初，忠惠公開幕府，闢國巴蜀，而内地數警。歲癸丑，移鎮于商，懷遠攝主軍務，夫人偕 / 行，險阻不懈。間陰畫攻守、綏緝之説，必中幾會，老將故吏，自謂不及。軍次瀘南，元帥 / 紐鄰禁俘掠發掘，所將楊英二十人犯令，分必死。明日，適帥生朝，夫人因與其夫人 / 好，即夜成衣一襲爲壽，乘間言：聞人不食七日死。敵今清野，士卒病，遇敵犯，令等死，/ 寧發掘偷生以待敵。不然大帥嚴威，孰敢犯哉？又聞使功不如使過，儻假其死，令死 / 矢石，不愈於徒殺乎？帥從之。至元戊子，忠惠故。文武士合辭曰：我公薨，史策謚章，銘 / 幽碑顯，若粗備。維公父子惠愛在蜀，無祠宇慰邦人之思，非闕邪？夫人曰：非敢緩，蓋 / 有待也。即命經始廟事，細大畢舉，無愆於素。不數年，新廟成。蜀人大喜，每春秋享祀，/ 奔走雲集。雲南行省參政張公立道記之，而石材唯導江山黟石佳。夫人禱於神求 / 之。當烈風雷雨後，山行卅里，有崩石可用，俄爲官所據。則申禱以求，又因雷雨得石 / 横路，尤大，官亦歸我石。大德辛丑七月，以廟婁改，未畢，廬其側督之，疾作猶不歸，親 / 賓給以禳祀，乃歸十一月己酉，終壽七十一。夫人以一子故，逮下有恩，視四庶女如 / 己生。冢婦廉夫人化之，今十六孫矣，平章公女也。詩人謂：太姒嗣徽音，則百斯男。信 / 哉。男九：文起，明威將軍、河東陝西等路上萬户，三珠虎符；文亮，侍梁邸；文鐸，奉 / 御；文蒨、文暐、文素、文策、文若、文綽，幼。女七，婿總管梁思誠、萬户汪世昌、奉 / 御張岑，餘幼。曾孫男濬、淪、溥、浩。夫人孝於尊章，太夫人在秦，月使起居，附致甘毳，間 / 歲躬省，侍爲常贊。君子内助，有聞教子，起家清白，衣幣果脯，寄官所相。属愛諸孫，嫡/庶均一。周恤親舊家，政務大略細，宴享豐絜，自奉僅取。適成都，由行省平章而下，咸/母事之。哭其喪，皆哀。柩行，傾郭。祖奠，閭巷亦出涕。初，訃至安西，参政力疾星奔，明年/三月，奉柩歸殯。五月丙申，祔懷遠公咸寧洪固鄉胄貴里。前期参政，手疏德善，求銘/北海蕭㪺，堅辭不許，乃銘曰：/

坤道至柔，其動也剛。夫人禀之，則異其常。高明才警，嚴重閎博。言則有中，事無苟作。/兩朝隆福，一拜/天庭。貽謀燕翼，祖武是繩，偉哉夫人，寔維女士。閨房之秀，云何可擬？爲母則順，爲婦/則貞。喪則致哀，祭則致誠。作廟華陽，豐麗博敞。奚獨桐鄉，千載攸享。鳳栖之原，鎸辭/墓門。風烈永存，式示來冑。

《劉元振妻郝柔墓誌》誌蓋拓片

大元故懷遠大將軍成都路經略使行軍副萬戶劉公夫人郝氏墓誌銘并序
承務郎陜西等處儒學提舉蕭𣂏譔題蓋
安西王府文學貫貢書丹
夫人諱柔安肅人金令安肅彥配傅女 皇總管萬戶忠惠公冢婦懷遠公元
振妻正奉大夫陜西等處行中書省參知政事緯母也稟訓德門嬪于大家懷遠以
寬厚長者稱而忠惠公每稱夫人剛正明決有乃兄五路萬戶侯之風必起吾家者
初忠惠公開幕府闢國巴蜀而內地數警歲癸丑移鎮于商懷遠攝主軍務夫人偕
行險阻不懈閒陰晝攻守綏緝之說必中幾會老將故吏自謂不及軍次瀘南元帥
細隣禁俘掠發掘所將楊英二十人犯令分必死明日適帥生朝夫人因與其夫人
好即夜成衣一襲為壽來聞言聞人不食七日死敵令清野士卒病遇敵犯令等死
寧發掘偷生以待敵不然大帥嚴威孰敢犯哉又聞使功不如使過儻假其死令死
矣石不愈於徒殺乎帥從之至元戊子忠惠故文武士合辭曰我公薨史策謚章銘
幽碑顯若粗備維公以子惠愛在蜀無祠宇慰邦人之思非闕邪夫人曰非敢緩蓋
有待也即命經始廟事細大畢舉無愆於素不數年新廟成蜀人大喜每春秋享祀
奔走雲集雲南行省參政張公立衜記之而石材唯導江山影石佳夫人禱於神求
之當烈風雷雨後山行卅里有崩石可用俄為官所據則申禱以求又因雷雨得石
橫路尤大官亦歸我石大德辛丑七月以廟葺改未畢廬其側督之疾作猶不歸親
賓給以禳祀乃歸十一月己酉終壽七十一夫人以一子故逮下有息視四庶女如
己生冢婦廉夫人化之今十六孫矣平章公女也詩人謂太姒嗣徽音則百斯男信
哉男九文起明威將軍河東陝西等路上萬戶三珠虎符文亮侍 梁郎文鐸奉
御文備文曄文素文策文若文緯幼女七壻總管梁思誠萬戶汪世昌奉
御張岑餘幼曾孫男濬淪溥浩夫人孝於尊章太夫人在秦月使起居附致甘毳聞
歲躬省侍為常贊君子內助有閒教子起家清白衣幣果脯寄官所相屬愛諸孫嫡
庶均一周恤親舊家政務大略細宴享豐絜自奉僅取適成都由行省平章而下咸
母事之哭其喪皆哀柩行傾郭祖奠閭巷亦出涕初訃至安西參政力疾星奔明年
三月奉柩歸殯五月丙申祔懷遠公咸寧洪固鄉胄貴里前期參政手疏德善求銘
北海蕭𣂏堅辭不許乃銘曰
坤道至柔其動也剛夫人稟之則異其常高明才警嚴重閎博言則有中事無苟作
兩朝 隆福一拜
天庭貽謀燕翼祖武是繩偉哉夫人寔維女士閨房之秀云何可擬為母則順為婦
則貞喪則致哀祭則致誠作廟華陽豐麗博敞奚獨桐鄉千載依享鳳栖之原鐫辭
墓門風烈永存式示來昆

《劉元振妻郝柔墓誌》誌石拓片

馮士安墓誌

卒葬時間：大德七年（1303）二月葬。
行款書體：誌文24行，滿行24字，楷書。
撰書人名：高凝撰，蕭𣁽書。
誌文首題：有元馮君壙記。
形制紋飾：誌石青石質，方形，高、寬均57厘米，厚度不詳。
出土時地：不詳。
存佚狀況：現藏故宫博物院。
主要著録：《陶齋藏石記》、《北京圖書館藏中國歷代石刻拓本匯編》第48册、《故宫博物院藏歷代墓誌彙編》。

【録文】

有元馮君壙記

承務郎、陝西等處儒學提舉蕭𣁽書/

始余以至元丙戌爲江右行省幕僚，今嵩州尹馮公祐適爲其/省掾。後復以能入掾中書，出爲川陝行省都司，余亦以川陝諸/道行臺及關隴部使者，凡再至陝右。孰公之爲，一以守正奉法，/忠盡不阿，無少回橈，議者翕然稱之。用其能，臺憲交章薦進。滿/秩，進階奉訓大夫。爲嵩州時，余以疾得告南臺，公遣其子集義/□其州文學掾李大雅持其世次狀以来，且言今將以大德癸/卯二月辛酉自祐大父而下凡兩世，遷祔于安西咸寧縣之鳳/栖原。蓋祐先世而上，雖代居關中，皆葬其縣之龍首鄉東苑門，/以譜牒散逸，莫克序系，謹按。公大父諱士安，信厚敦慤，質直尚/氣，睊睦族姻，輕財喜施與，不妄爲然諾，善殖産不爲潤屋計。於/族黨孤嫠，或昏姻喪葬有匱乏者，必極力營治，必誠必盡，恒自/以爲未足，鄉人甚賢重之。卒中統建元之年，享年六十有八。前/娶王氏，子男二人，長德，即嵩州公考也；次友；女嫁士人李仲璋。/王氏前君六年終。後娶李氏，無子，君殁十六年終，今皆祔大父/君之壙。德以家世信善，出於濡染，孝友款誠，尤能傾貲下士，無/一豪顧吝。鄉里族親，凡有所訴，多恃君質正一言，更不詣吏，可/謂能世其家者矣。孫男九人，祐、祺、禠、禎、禕、禧、祚、裕、祥，女一人。曾/孫男六，敬義、集義、復禮、守約、克孝、克家；女五，兩適士族，餘在室。/予嘗謂馮氏再世不耀，晦德閭井，不爲夸競浮靡，趨尚時好。所/蓄者既厚，其能大且顯者，如木之有根，如水之有源，勢將勃然，/莫可遏也。今其子若孫，蔚爲大族，而嵩州方位通貴，又進德未/已，其又可涯也哉。

前翰林侍讀學士知制誥同修/國史中憲大夫江南諸道行御史臺侍御史高凝記

《馮士安墓誌》拓片　國家圖書館供圖

王文墓誌

卒葬時間： 大德八年（1304）八月四日葬。

行款書體： 誌文32行，滿行30字，楷書。

撰書人名： 郭松年撰，完顏守瀹書并題蓋。

誌文首題： 大元故朝列大夫安陸府知府兼管内勸農事王公墓誌銘。

誌蓋標題： 蓋殘存9字，4行，行殘存3字，推測原應爲4字，“□□朝列大夫安陸府知府王公墓誌蓋”，篆書。

形制紋飾： 誌蓋、石均青石質。蓋方形盝頂，殘缺僅存下半部，殘高45厘米，寬81厘米，厚9厘米。誌石方形，左上角殘，高77.5厘米，寬83厘米，厚13厘米。

出土時地： 不詳。

存佚狀況： 現藏西安博物院。

主要著録： 未見著録。

【録文】

大元故朝列大夫安陸府知府兼管内勸農事王公墓誌銘 /

前僉淮西江北道肅政廉訪司事郭松年撰，/ 前永昌王府文學完顏守瀹書丹并篆蓋 /

公諱文，字君美，姓王氏，世爲同州人。祖諱英，仕至宣武將軍、商州刺史，卒葬同 / 州堰城村之先塋，以其媲［妣］羅氏祔。宣武子男三人，長諱銓，忠顯校尉；次諱鈞，忠 / 翊校尉；次諱錫，敦武校尉。或以蔭，或以勞，皆補監當官。敦武，即公考也，爲人謹 / 飭樂易，其家居事父母孝以仁，其莅事公而廉，雖職掌金穀，無掊克名，遠近稱 / 之君子，謂王氏宜有後矣。先娶同閈徐氏女，生子彬，以終南簿終，有子若孫；再 / 娶嵩州韓氏女，公韓出也。韓及見其子文登顯仕，享有天禄，壽八十一而終。公 / 資稟慧秀，始入學，誦習舉止異凡兒。逮長，頭角嶷然，有志當世。甫冠，置所學，去 / 習文法，事業始成，輒任事，性尚寬假，無濈濈搏擊態。以故自幼至老，居官處事，/ 未嘗有噪怒鞠訩之者。始自郡府吏，升掾宣撫司，旋以久故，擢京兆路知□。路 / 當衝要，符牒政務，煩拏叢沓，處之綽然，有能聲。至元初，/ 朝廷經理四川，首署行樞密院令史，又辟行省掾，歷案牘，升都事。九年，/ 詔皇子啓封安西，復署王相府掾史，既而自提舉解鹽使，改授進義校尉、/ □西都轉運判官。二十年，遷河中府判官。考滿，升奉議大夫、秦蜀交鈔都提舉，/ 改陝西同知轉運使，復升奉政大夫、同知興元路總管府事。大德四年，再升朝 / 列大夫、安陸府知府兼管内勸農事。下車之日，問民疾苦，利之可興者興之，害 / 之可去者去之。旬時之間，報政稱治，方將采輿人之頌，增秩賜金，惜使君而留，/ 攀轅卧轍。乃以大德七年九月二十八日壬午以疾卒於官，春秋七十。夫人李 / 氏奉公之柩以歸，大德八年八月四日甲申卜葬於安西府咸寧縣洪固鄉石 / 馬村之西原，便祭祀也，先夫人党氏祔。初，公既筮仕來安西，因家焉。至是其嗣 / □淵，舉公之伯考忠翊、伯妣劉氏、顯考敦武、顯妣徐氏、韓氏，偕會葬于石馬之 / □，承先志焉。公□□□□□□，四十四年終。生男一人、女一人。男曰升，生二十 / □年而歿。□□□□□□□□□□鄉族嚴氏，再娶今夫人李氏，即韓

誌蓋

誌石

《王文墓誌》拓片

城大姓李/公仲淵女，□□□□□□□□□生一男，即淵也，今爲行省掾，娶馬氏，生三男，/曰瑗，曰璺，曰珪，□□□□□□氏女，生男二：石城、楚驢。珪尚幼。將葬，淵來告曰：/□人□□□□□□□□□人少許，可言爲信，且知我爲悉，我死宜以銘託松/□□□□□□□□□□□而銘之。銘曰：/

□□□□□□□□□□□勿污，翹翹必折。成非戩穀，敗乃妖蠥。猗歟王公，其德/□□□□□□□□□□□。周旋名場，弗蹶弗趨。翱翔膴仕，以恬以舒。人慄以危，□□□□□□□□□□□于時。詒謀孔嘉，以燕孫子。保此佳城，越百千祀。

張楫墓誌

卒葬時間： 大德八年（1304）九月葬。
行款書體： 誌文27行，滿行29字，楷書。
撰書人名： 同恕撰并題蓋，成章書，曾禄刻。
誌文首題： 大元故興元路行用庫使張君墓誌銘并序。
形制紋飾： 誌石青石質，方形，高61厘米，寬57厘米，厚14厘米。
出土時地： 時地不詳。
存佚狀况： 現藏西安博物院。
主要著録： 《榘庵集》《新中國出土墓誌·陝西（叁）》《全元文》第一九册。

【録文】

大元故興元路行用庫使張君墓誌銘并序/

同恕撰并題蓋，成章書/

世或以矯情飾貌，取譽於鄉鄙宗族，暫可能也，久不可能也。今有人焉，慈祥/忠信，温然慤然，無戚疏小大，均稱之爲善人，自始至終無異辭，此豈聲音笑/貌所能得哉？有諸己而信諸人，理不誣也。其人謂誰，張君仲濟是已。君諱楫，/仲濟字也，先世邠之三水縣弟六里人。曾祖曾、祖賫，皆不仕。父浩，仕金爲敦/武校尉。母程，生三子，君序居二。自少任家事，孝友恭慎，和易寬平，蓋自性成。/敦武嘗病，憂勞忘寢食，百方求愈，至刲股以進。母病，又如之，喪祭哀誠兩盡。/事兄韓城令翼如事敦武，接弟昭，恩則兄而文則友也。鄰里姻舊，吉凶慶吊，/厚薄中禮，而情意周洽。居常怡怡，或雖甚忤，詞色不少異，與人言，惟恐傷之。/樂聞人善，必再三咨美；或毁此譏彼，則漠若不吾與者。家庭肅然，教子學業，/慈而不敗，故皆以卓越蚤致名位，禄養維愉。人以是榮君，又以是知善積之/果獲報也。君會計精審，嘗歷安西路千斯倉副使、轉運司豐濟庫副使、興元/路行用庫使。中歲即優游自適，日與耆年宿德相過從，如韓令彦賓，年幾八/十，尤不易與人交，得君驩甚，朝談暮語，無往不偕，其爲達尊，慕悦如此。大德/八年六月己丑，以疾不起，親賓来者，皆哭盡哀，享年六十有七。娶高氏，婦順/妻柔，克配君子，生五男：長煒，登仕佐郎、延安路鄜州判官；次煜，承直郎、甘肅/等處行中書省左右司員外郎；次炫，次炳，次焞。炫、焞皆蚤世，炳亦孝謹能家。/二女，長適陝西行省宣使周璟，次適成章。孫五人，四男，惠孫早夭，梁孫、禄孫、/當孫。一女，適/安西邸承應臺判石仲瑜。初，敦武徙居長安，遂葬咸寧縣龍首鄉春明門東/原，煒等卜以九月癸酉窆君。泣奉行實之狀，謁銘於恕。恕與君，里居分南北，/君每忘年禮接，佩義深矣。登仕昆仲哀懇復如此，顧雖淺拙，不得辭也。乃按/其狀，参以鄉論，叙而銘之。銘曰：/

德輶如毛，民鮮克舉。如其舉之，不曰賢矣。維張仲君，嗚呼洵美。克弟克兄，/

《張楫墓誌》拓片

克父克子。兢兢其容，坦坦其裏。六十七年，有譽無毁。好還者天，其聽甚邇。/有子而才，鸞鵠並起。親名載榮，之慶之始。辭以告幽，魂兮安只。

曾禄刊

郝天澤墓誌

卒葬時間：大德九年（1305）八月十日葬。

行款書體：誌文41行，滿行33字，楷書。

撰書人名：郭松年撰。

誌文首題：少中大夫四川道宣慰副使僉都元帥府事郝公墓誌銘。

誌蓋標題：大元故少中大夫四川道宣慰副使僉都元帥府事郝公墓誌銘。6行，滿行4字，篆書。

形制紋飾：誌蓋、石均青石質。蓋橫長方形盝頂，高73厘米，寬90厘米，厚15厘米。誌石橫長方形，高71厘米，寬92厘米，厚15厘米。

出土時地：咸陽市三原縣出土。

存佚狀況：現藏咸陽市三原縣博物館。

主要著録：《咸陽碑刻》《新中國出土墓誌·陝西（壹）》。

【録文】

少中大夫四川道宣慰副使僉都元帥府事郝公墓誌銘 /

公諱天澤，姓郝氏，保定安肅人。其先出赫咠氏，當太昊之王天下，郝咠爲佐，入殷封其 / 裔於太原之郝鄉，始得姓焉。公高祖廣，基善累德，明攝養術，壽極期頤。廣生佺，喜游俠，/ 尚氣節，周急赴難，若食飲然。佺生增，早世。增生公父和尚，從北俗，以小字行，生有異質。/ 少長，頭角嶄聳，大非俗子比屬。金季衰亂，王師南下，附焉。涵濡天休，氣煦體育。未 / 幾，通譯語，善騎射，驍果絶人。十五，從國使連入金、宋，皆著奇效。自後天兵經理四方，常 / 爲前鋒，攻城戰野，所向克捷。以功結主知，號和尚拔都，屢被恩錫，佩金虎符，/ 爲五路萬户，加河東北路行省以終。公資禀勁邁，雖生長膏粱間，無豪習氣。每自□，將 / 家子當以汗馬立功名，取貴富。故讀書務知大義，風節卓犖，不欲作章句儒。年逾三十，/ 尚未出仕。至元壬申，皇子開國安西，公始起繇門資，充侍從，沬風沐雨，不憚勞苦。/ 蜀南諸蛮二奚不辟，相扇繼叛，攻殺長吏，大爲邊害。詔發兵討之。君曰：此非吾時 / 邪。奮躍請行，從之，不果往。二十六年，加朝列大夫、大理金齒等處宣慰副使兼管軍萬 / 户。云南既僻遠，雖稱撫定，而叛服不常。其每歲差税軍國所需，必須兵力催辦。君到 / 任，巡行招来，諭以恩威，府甸率職聽命。二十九年，改受金虎符，仍前副宣慰使、僉都元 / 帥府事。至是，永昌一帶蒲蠻皆反。蒲蛮本名樸子蠻，近瀾滄部落，性極頑獷，聲近而訛 / 以樸爲蒲。其俗多以婦人治田作，而男子日以治槍弩、礪鋒刃爲事。官軍至，山路險狹，/ 伏林篟中，候其過，横擊中斷，捷出神怪，影響莫測。至是，大率衆犯永昌，公提兵守城，躬 / 自巡邏，調度儲偫，嚴守備，遠斥候，則動静必預知，折其尾毒，卒不得施，伺怠掩擊，蒲蠻 / 以平。三十□年，鎮西總管阿藍叛結，群蠻繼叛，雲南行省議討捕，命公供給饋餉，修橋 / 道。永昌東北四十里有江曰潤□，大兵所經，其江兩崖峻峭，洪濤迅激，聲聞十餘里。舊 / 以藤索爲橋，廣四五尺，袤五百餘尺，下臨江面，高數十丈，架空而過，人不得並行，其鞍 / 馬輜重，別尋間道。拏舟而濟，甚爲艱阻，過

《郝天澤墓誌》誌蓋拓片

者苦之。公創意作木橋，機巧如神，曠古未有。/橋成，人皆便之。阿藍平，別種阿皮復叛，梗絶歸路，遮殺疲卒商旅，我軍患之。君建議：今/我軍久勞於外，且不設備，而蛮國離其砦栅，出爲寇暴，或前或後，伺怠攻我，此危道也。/請分兵擣其巢穴，彼必自救不暇。道路既清，而吾之衆可以出險。如此則進退久速，唯/我所欲。意与主帥合，從之。諸蛮遁走，凱旋獻捷于朝，賞賚有加，改四川道宣慰副/使，仍僉帥府。蛮夷易動，兵事紛拏，往来奔命，略無暇日，可謂勞矣。君出入生死十五餘/年，得謝而歸。方將幅巾藜杖，優游田里，邀清風，友明月，以樂乎桑榆之景。乃以大德九/年六月六日辛巳疾終于家，享年六十二。是年八月初十日葬于三原縣修真鄉長孫/村利谷西原先塋兆次。初，君在南中，其俗多以賄貨與人男女，託名恩養，其實賣也。公/至，設法禁之，仍以为例。公諫□洞朗，不爲險阻。喜於待接賓客，与人交必以信加之。□/謀而成，臨事果决，断析不疑。故所莅□成功，去則人思之。自段氏國大理始建文廟，歸/元以来，未暇修飭。公力为經營，頗還舊觀，春秋奠享，俎豆莘莘，夷人慕之。公娶夫人程/氏，絳州尹程武德女，作配君子，實具淑行。生二男三女。男長曰文彬，進義副尉、蘭州同/知，在治有善政，百姓安之；次文郁；女長適甘肅省宣使張拜顔不花；次適榮經縣尹王/良賢；次適甘泉縣達魯花赤解也先不花。孫男四人:師德、德德、添壽、安安，庶出。孫女六/人，錦茶、慶童、宣童、玉童、貴童、楚楚。將葬，嗣子文彬以遺命具公行實來請銘，乃序而銘/之。辭曰：

木以深固，源以峻潔。濬之培之，其可踣竭。惟郝之宗，功隆位崇。本枝既豐，其慶/不窮。有燁其文，有洸其武。人一莫舉，公則兼取。始政于南，終政于蜀。不以害怵，不爲利/梏。釋負而還，始趨高閑。胡不慭遺，壽以天慳。兄弟孔殷，燕及孫子。從先塋葬，是曰受/祉。/

前僉淮西江北道肅政廉訪司事郭松年撰/

《郝天澤墓誌》誌石拓片

嚴毅墓誌

卒葬時間： 大德九年（1305）八月二十二日葬。
行款書體： 誌文37行，滿行37字，楷書。
撰書人名： 郭松年撰，蕭𣂏題蓋，嚴有恒書。
誌文首題： 大元故成和郎陜西等處官醫提舉嚴君墓誌銘。
誌蓋標題： 大元成和郎陜西等處官醫提舉嚴公誌。4行，滿行4字，篆書。
形制紋飾： 誌蓋、石，均青石質。蓋方形盝頂，高73.5厘米，寬75厘米，厚12厘米，四殺素面無紋飾。誌石方形，高73厘米，寬72厘米，厚11厘米，四側素面無紋飾。
出土時地： 不詳。
存佚狀況： 2009年入藏大唐西市博物館。
主要著録： 《大唐西市博物館藏墓誌》。

【録文】

大元故成和郎陜西等處官醫提舉嚴君墓誌銘/

君諱毅，字子仁，姓嚴氏，世爲馮翊人，元初來居京兆。高曾而上，皆以醫鳴。考君禮，最著，爲京兆惠/民局司令。妣趙氏，生君于癸卯歲九月二十日。幼而慧敏，從絅齋李公學，克勤無怠，進進絶出流/輩。司令君卒，葬祭皆由禮，既免喪，事母趙尤孝謹。君性安静，不樂游衍，孜孜焉以治家講學爲急。/晝營生理，夜考典籍，然特以醫爲專門，克紹先烈。王雄飛先生氣運之學，絶妙一時，太史楊公介/而學焉。先生授以秘奥，自是學問辯思，而爲術益精。自軒岐雷公啓玄，古今名流方技之書，剔抉杳微，殆無遺恨，旁及星纏曆紀風水地理占相之法，罔不鈎纂，業成，遠近翕然稱之。至元十年/詔皇子啓封安西，營邸于秦，役夫四集。時屬盛暑，人多疲疫。相府辟君提領醫工，以拯病者，全活/甚衆。以功，王命署提舉陜西四川醫工。十六年，升陜西等路醫局同提舉，繼受成全郎，權醫/局提舉。廿三年，真受。廿九年，改升成和郎、陜西等處官醫提舉，服命五品。時公吏例無禄秩，而官/月俸獨三十緡。君曰：官無禄食，名可足，奈人吏何？悉推以與之，以故，人樂爲用而事以集。先是，光/岳未一，宋人入寇，梁蜀繹騷。時兵力不足，主者以醫户二十充軍。事解，因之不除，尚隸屯田。後西/鄙兵興，仍復以行。君曰：夫被堅執鋭，决勝負於矢石之間者，兵也。醫則投湯劑，已人疾苦耳。今反/用之，無乃不可乎？白於當途，使復舊貫，人皆德之。知商州張平甫子病，喘咳虚煩，食飲衰減，日以/羸憊。它醫以爲肺痿，或以爲瘵，服藥反熾，坐而待斃。禱君候之，曰：是痰積在膈，法當越之，以藥恐/不堪。飲以湯，越痰色青緑，稠如膿，數升良已。酬以重幣，却之。張求士文其實。人有病傷寒者，甫二/日，熱甚，然不欲飲。君診之曰:脉浮而數，和解則愈。適天大雨，少頃止，凉氣洒然，君復視之，喜曰：六/脉静矣，藥不必用。其處證察理之妙，舉皆類此。君初未領惠民局，以己財貿善藥，品無貴賤，必擇/其良。販鬻者争詣君求售，遠近畢集，皆預居之以待求者。官不以閑劇，民不問貧富，隨取隨与，不/計其直，

《嚴毅墓誌》志蓋拓片

矜寡無告，雖不持一錢，亦必資以善藥，未嘗空其請以返，而德容難色不見辭气。是不幾/於有道者邪？年逾五十，不復仕，乃營樊川别墅爲終老計。手植花竹，開池塘，友魚鳥，徜徉山水間。/秦之士夫皆有作，以述勝概。大德九年五月二十八日，以疾終於家，享年六十有四。先塋在馮翊，/至司令君昆季，改葬咸寧縣洪固鄉神禾原。今以地隘，有恒卜葬君於司令君塋之右，寔是年八/月廿二日也。夫人郭氏，有賢行，實君内助。生男一，有恒，好學克家，今官醫效郎、安西路惠民局提/點。女二人，長適宋肯堂，次適楊文奂。孫男一，介；孫女一，適靖元亨。始君尚未冠，絅齋李公爲平準/庫提舉，以職盡付之，君洗手從事，凡貿易出納，一無差舛。絅齋袖手清脱，君之力也。其公廉幹敏，/有如此者。君气和而清，卓爾自立。平居無事，恂恂然退讓若無能者。及外交於物，緻栗周密，沈斷/有守。其在親友間，貧窮患難者，必賑恤之。人無貴賤少長，一以和平接之。訓誘後進，亹亹忘倦，人/多敬愛之。君嘗曰：天道流行，晝夜不息；寒暑来往，歲氣舛而不齊；去古既遠，醫道晦而不明。或泥/古而不達於今，知體而不究其用。而能合天之運，獲藥之靈，蓋亦鮮矣。遂使標本倒置，人用夭札，/乃抒自得之妙，增減方論，質之前喆，類爲一書，以惠後人。而天不假年，未就而卒，惜哉。瀕葬，有恒/纍□哀毁，奉善狀以来，拜而請銘。予既知君之深哲，取其實而銘之。辭曰：

嘻乎嚴君！質弱而强，氣柔而方，以濟其剛，其剛不傷。行挹洙泗，道師岐黄。何成之難，没不大彰。惟/施與而忘倦，厥聲允臧，富耻潤屋，散積流芳。有子以世其業，有官以庇其後，君爲不亡。神禾茫茫，/有幽者堂，孰爲之華，視此銘章。/

前僉淮西江北道肅政廉訪司事郭松年撰，/集賢直學士奉訓大夫國子司業蕭𣂏篆蓋，男恭書

《嚴毅墓誌》誌石拓片

曹世良墓誌

卒葬時間： 大德九年（1305）八月二十二日葬。
行款書體： 誌文26行，滿行26字，楷書。
撰書人名： 薛延年撰并書丹、題蓋。
誌文首題： 大元故曹君墓誌銘。
形制紋飾： 誌石石質不詳，拓片高、寬均76厘米，誌文四周綫刻卷雲圖案。
出土時地： 不詳。
存佚狀況： 藏地不詳，私人藏拓。
主要著録： 未見著録。

【録文】

大元故曹君墓誌銘/
安西王府文學洛陽薛延年撰并書丹篆蓋/

送死，大事也；銘誌，又其大者也。銘之誌墓，庶高岸爲谷，幽堂啓扃，情/當掩者，有所歸認，斯曹君之墓也。君諱世良，字嘉甫，世爲石州寧鄉/縣人。/聖元開創，父佐北京田侯立陝西，徙居京兆，因占籍焉。高祖贍，曾祖/志，隱德不耀。祖慶，金河東千夫長；父俊，京兆路鎮撫軍民都彈壓，有/忠略，遠近敬畏。配杜氏，二子，長諱世昌，次即君。君性質沈厚，幼失所/怙，兄持厥家，君與之居，恩義接際。雖磬禮終日，無憚□□□□□夙/承家緒。事嫂若母，撫猶子如己出。治生篋丹圭之室，箕裘日熾。□□/千户侯而無形，□□循公義，不矍矍於進□，僵僵乎日以樽酒□□/以爲終焉之計。大德乙巳夏六月初十日寢疾不起，春秋六十□□/嗚呼！曹氏積善世而至於君，君又不嗇施予，窮揑不行者，周而達□；/貧喪無歸者，地以瘞之。良臧獲百餘畝，一不責以酬。丁内艱，哀毁踰/制，皆本天性，非人矯縱，指視而然。噫，若加之以學，厥行又豈止，此而/已也。先娶常氏，再娶梅氏，胥有壼儀婦德。子男二人，長曰知止，陝西/行省知印，爲人雅厚謙和；次曰知善，克家肖父。女二人，長適襄陽縣/尹王良弼，次未笄，許適大傅耶律公孫安壽，俱梅氏出。男孫二，女孫/一，俱幼。以其年八月廿二日卜葬于咸寧縣洪固鄉廟坡里芙蓉原/之先塋，禮也。知止暨族兄構，衰絰賫狀來泣曰：先君所履之迹，具託/撰銘辭，誌諸墓石，以傳無窮，以慰罔極，幸毋拒焉。余與構同里閈，義/可受，遂依狀叙而銘焉。銘曰：/

子弗肯構，厥父徒菑。君考有後，子弗弃基。孝展罔極，/敬抒塤篪。虬驟蔑志，蠖屈日嬉。積而能散，哀閔□□。/屋潤子顯，天道有知。芙蓉之原，曲□之西。佳□□□，/松楸凄凄。貞珉有誌，魂兮永栖。

《曹世良墓誌》拓片

吴天祐墓碣銘

卒葬時間： 大德十年（1306）閏正月二十五日葬。

行款書體： 碣銘上端題“總管吴君墓銘”1行6字，篆書。銘文30行，滿行30字，楷書。

撰書人名： 吴昉撰，完顔守瀹書并題額，程珪刻。

銘文首題： 大元碉門黎雅等處副總管吴君墓碣銘。

形制紋飾： 銘石青石質，圭首，豎長方形，高73厘米，寬62厘米，厚17厘米。

出土時地： 不詳。

存佚狀況： 現藏西安博物院。

主要著録： 《西安新獲墓誌集萃》。

【録文】

大元碉門黎雅等處副總管吴君墓碣銘

安西路石匠提領程珪刊，/承務郎監察御史陝西諸道行御史臺都事吴昉撰，/永昌王府文學完顔守瀹書丹并篆額/

古之交，以道義爲重；今之交，以勢利爲先。勢利之交，不旋踵而如路人；道義之/交，雖子孫猶能繼其好。蓋勢利易盡，而道義無窮也。元貞乙未，僕調陝西漢中/道憲幕，因同僚白彦貞得道義之交者，吴君壽之也。大德戊戌，代歸。乙巳，忝綴/行臺，再至關右，壽之亡已三年矣，每以不得遂復見之願爲恨焉。其子禮，持安/西王府文學薛延年所次行狀請銘，以夙昔道義之契，不宜以狂斐辭，謹按狀。/壽之，諱天祐。高祖錫，曾祖僅，祖鈞，父珍，母李氏。同州人，馮翊縣鄧莊，祖以□□/壟在焉，兵後遷安西永興坊。君知好德，出天性，事親以孝聞。與人交，篤於信。善/居室，□□美，雖韜光市隱，而不忘濟物儲善，藥資生理，每施予貧者用。遂其初/□□父母喪，哀毀哭泣，人所不堪。啜粥服衰，殯葬祠祀，一如古禮。僕嘗見君貲/印券楮幣之類，置之袖中。僕曰：子不懷之，寧不慮遺？曰：吾行立坐必端拱，而手/未嘗垂。由是知君於齋莊恭敬，不須臾離也。昔程普謂與周瑜交，如飲醇醪，不/覺自醉。僕謂壽之之德，使人心悦而服，實亦似之。故關輔道善人必以君爲稱/首長。河西寧遠宣撫使司監司不作兀道過秦，聞其賢，延以賓禮，辟爲雅州税/使司提領。時居是職者，往往務羨餘以要能聲。君獨不然，唯恐民受剥削之病，/□其直，減其筭，由是貨通人便，歲課亦集。調大備倉提領，出納平，會計當，在筦/□□，著廉幹之稱如君者，世之罕有也。雲南省擢遷縣宰、宣撫使不羅罕曰：始/□司所舉之賢，欲以撫寧吾民，今爲他境所奪。遂表聞，/旨授碉門黎雅等處管民副總管，佩銀符。君爲治有方，吏民畏愛，興除利害之/政。方次第行，不幸遘疾。歲癸卯七月廿三卒於□，享年六十有五。僚佐士庶，罔/不悼痛。子義，自治所嚴道縣跋涉三千餘里，護柩以歸。卜以丙午閏正月廿五/日葬於咸寧縣洪固鄉鳳栖原先塋之次，禮也。子男五：仁、義、禮、

《吴天祐墓碣銘》拓片

智、信，仁早逝。女/一，適□□張氏。孫男二、女二，皆幼。夫人辛氏，克順夫志，婦道母儀無少虧。諸子/皆克□□友，婣睦如父在時，人謂君爲不亡矣。友人相州吴昉銘曰：/

猗歟□□，溫恭忠恕。昔我在秦，傾蓋如故。今我来斯，幽明殊路。/痛梗中懷，□□□□。猗歟壽之，至性天賦。不卑小官，超登大府。/喜君之来，民歌安□。□君之亡，哭聲載路。丹旐旋歸，鳳栖安厝。/蕪蕪高原，蒼蒼宰樹。勒銘幽墟，既寧既固。昌爾後人，妥靈垂裕。

徐寬墓誌

卒葬時間：大德十年（1306）二月二日葬。

行款書體：誌上端題“大元故同知徐公墓誌銘”1行10字，篆書。誌文27行，滿行27字，隸書。

撰書人名：李允升撰，元子壽書并題額。

誌文首題：故承事郎晉寧路同知解州事徐公墓誌銘。

形制紋飾：誌石青石質，方形，高、寬均94厘米，厚20厘米。

出土時地：興平縣出土，時間不詳。

存佚狀況：現藏興平市博物館。

主要著録：《咸陽碑刻》《新中國出土墓誌・陝西（壹）》。

【録文】

故承事郎晉寧路同知解州事徐公墓誌銘 /

徵事郎前興平縣尹李允升撰，/ 安西路陰陽教授元子壽書并篆額 /

承事郎、晉寧路同知解州事涂［徐］侯，以大德十年正月二十日卒於官，其 / 家挽柩来歸，欲以弍月之二日葬興平縣文渭鄉皇甫村之舊塋。其伯 / 子諒洎其舅㥅其舊交李允升識墓之石，予因紀其本末。侯之先，河間 / 人，由大父提舉人匠陜西，遂家關中。提舉諱益，考諱興祖，字繼先，攝行 / 諸色人匠總管府事。權府侯恬於聲利，用不能盡其才，遂起歸歟之志，/ 浮沈里社間，一寓於酒，日以絲竹自娱。予以大德六年来宰是邑，公歿 / 已久，鄉之耆老，喜謂余言之。太夫人張氏，子男十一人，承事侯其長子 / 也。侯諱寬，字寬甫，軀幹雄偉，器宇豪邁，讀書略通大義，弱冠盡能解諸 / 國語。至元十四年，/ 皇子安西王分封西土，開相府於關陜，遴選皆天下之旄俊，侯預焉，擢 / 爲譯史兼通事。凡傳達命令，翻譯教條，人皆稱之曰能。未幾，升充 / 秦王府都事。秩滿，以銓例調澤州州判。侯爲政嚴而不苛，以恤民爲先 / 務。去之日，士民歌詠之，惜其来之遲，去之速也。既而升上黨，判睢陽，倅 / 解梁，咸著能聲。侯之爲人也，孝於父母，信於朋友，兄弟之間，怡怡如也。/ 當其耳順之年，人方以遠到期之，而侯病不起矣。凡三娶：郭氏、納懷氏 / 皆先侯卒，再娶楊氏，礮手元帥公之次女，閨門雍睦，治家有法，侯之善 / 行，内助爲多。□男三人：長曰諒，次曰誼，次曰謙，皆楊出也。女一人，適其 / 舅氏楊文禮□子思政。而爲之銘曰：/

盡己曰誠，推己曰恕。人之所難，行公之素。兩判藩方，/ 令聞孔彰。何以行之，愷悌慈祥。公爲解倅，猶昔之治。/ 革吏之貪，恤民之匱。事親以孝，治身以廉。天胡不吊，/ 善人是殲。昔之来也，解人企慕。旅櫬西歸，哀感行路。/ 渭水之陽，侯之故鄉。刻石誌墓，公其不亡。/

大德十年歲在丙午二月初二日壬寅，孝男諒、誼、謙同建

《徐寬墓誌》拓片

張楫妻高氏墓誌

卒葬時間：大德十年（1306）二月葬。
行款書體：誌文14行，滿行14字，隸書。
撰書人名：無。
誌文首題：無。
形制紋飾：誌石青石質，方形，高、寬均49厘米，厚13厘米。誌石雙面打磨光滑，背面中心鑿一圓孔，孔徑10厘米，孔深8厘米。
出土時地：不詳。
存佚狀況：現藏西安博物院。
主要著録：《陝西碑石精華》《新中國出土墓誌·陝西（叁）》。

【録文】

夫人姓高氏，父諱玉，母劉氏，故雲中/人。以辛丑歲五月十四日生夫人於/京兆景風里，爲仲女。及選婿，得故張/庫使君楫。天性端静恭順，又歸配良/夫，故夫人事舅姑，睦親戚，教子御下，/率符古賢行。與弟今白水令希道友/愛尤至。庫使君以大德甲辰卒，葬咸/寧縣龍首鄉春明門先塋。今兹丙午/閏正月壬辰，夫人以疾終安仁坊居/第，壽六十有六。男登仕佐郎煒等，卜/以二月辛酉安袝庫使君墓。俾恕紀/其大略如此。夫人生子七人，男五女/二，孫男四人，孫女一人，其詳具庫使/君誌云。

曾禄刊石

夫人姓高氏父諱玉女劉氏故雲中
人以辛丑歲五月十四日生夫人於
京北景風里爲仲女及選壻得故張
庫使君楫天性端靜慈愼又婦配良
夫故夫人事舅姑睦親戚敎子御下
率符古賢行與弟令白水令希道叉
壹尤至庫使君呂大德甲辰卒葬咸
寧縣龍首鄉菩明門先塋令兹丙午
閏正月壬辰夫人以疾終安仁坊居
第壽六十有六男登仕佐郎煒等卜
以二月辛酉安祔庫使君墓俾恕紀
其大略如此夫人生子七人男五女
二孫男四人孫女一人其詳具庫使
君誌云　曾祿刊石

《張楫妻高氏墓誌》拓片

韋珪墓誌

卒葬時間：大德十一年（1307）六月。

行款書體：誌文19行，滿行18字，隸書。

撰書人名：蕭𣂏撰并書，程珪刻。

誌文首題：大元故河中韋君國寶幽堂銘。

誌蓋標題：大元故河中韋君國寶幽堂銘。4行，滿行3字，篆書。

形制紋飾：誌蓋、石均青石質。蓋方形盝頂，高、寬均70厘米，厚15厘米，係用唐代墓誌蓋改刻而成，四殺綫刻四神圖像，殺下直邊綫刻卷草紋，蓋底面打磨平滑。誌石方形，高71厘米，寬72厘米，厚16厘米。

出土時地：不詳。

存佚狀況：現藏大唐西市博物館。

主要著録：首次刊布於《碑林論叢》總第二十四輯（王彬、陰玲玲、楊潔：《大唐西市博物館藏元代墓誌考述》）。

特殊説明：該誌文無明顯葬年，葬年大德十一年（1307）乃推算而來。撰書者蕭𣂏，1307年拜太子右諭德，1318年卒。其《勤齋集》收録有《務滋亭記》，即大德十一年（1307）應韋珪之子韋君佐所請而撰寫，記述了與韋珪及其父韋知義（五翁）的交游，并爲韋珪所築亭園題匾“務滋”一事。誌文中有“晚並滋水務明農，務滋扁亭期德崇。……壽七帙七戊蒼龍，病月辛巳末疾終”之句。“戊”義萬物滅，“蒼龍”爲“辰”，故推算韋珪逝世於1307年（丙辰年）農曆五月（辛巳月）末，次月（壬午月）辛酉日葬。

【録文】

大元故河中韋君國寶幽堂銘 /

前嘉議大夫太子右諭德蕭𣂏撰書篆 /

文學之韋出河東，從弟咸寧跡五翁。翁名知義驚 / 傳烽，流離代洛居秦中。生珪國寶昌以年，孝友 / 信利平實同。任以家事方成童，服賈致養親融融。/ 弟珮諸子競畏恭，錫類藹藹慈祥風。起家猗頓𡒊 / 比蹤，自奉殊約延賓豐。群從禮訓日磨礱，振恤 / 姻故忘劬躬。萬金良藥祛痎癃，求者麇至無倦 / 容。爲鬻通逵食疲癃，買田南郭瘗瘝恫。生平翱 / 翔閱胥窨，一分不妄全吾衷。遺金遺幣悉歸主，/ 官緡誤給還所重。人無戚疏一厚忠，保作勤勩 / 蠲其傭。晚並滋水務明農，務滋扁亭期德崇。富 / 能行德今初逢，鄙里歆嗟寔素封。壽七帙七戊 / 蒼龍，病月辛巳末疾終。克順維曾質維祖，族居 / 數百稱鄉邦。妣石配党党父忠，賞鑒而女肅以 / 雍。卒養外姑業匱空，西葬新兆園芙蓉。党歸其 / 穴十秋鴻，嗣德惇飭曰世隆。嫁趙思寧女遘凶，/ 孫學暨德咸幼雙。黄渠之阡鬱深松，明月辛酉 / 龜筮從，刻銘窆石昭無窮。/（此處有脱句）

程珪刊

誌蓋

誌石

《韋珪墓誌》拓片

張謙墓誌

卒葬時間： 大德十一年（1307）八月二十八日葬。
行款書體： 誌文33行，滿行33字，楷書。
撰書人名： 李允升撰，商庸書，石孟瑛題蓋。
誌文首題： 大元故奉直大夫南陽屯田副總管張公墓誌銘。
形制紋飾： 蓋佚。誌石青石質，方形，高、寬均51厘米，厚13厘米。
出土時地： 不詳。
存佚狀況： 現藏西安市長安博物館。
主要著録： 《長安新出墓誌》《新中國出土墓誌·陝西（叁）》《長安碑刻》。

【録文】

大元故奉直大夫南陽屯田副總管張公墓誌銘 /

徵事郎興平縣尹李允升撰，/ 將仕郎諸色人匠副總管商庸書丹，/ 承直郎、随路諸色民匠副都總管石孟瑛題蓋 /

公諱謙，字受益，世居雲中之天城，因官寓關中，遂占籍焉。五世祖有仕遼爲參政者；曾 / 祖志全，少中大夫、良鄉縣令；祖德元，隱德不仕；父諱鼎，號大郎君，娶雲内州轉運使吕 / 傒之女，公其長子也。幼有夙成之度，眉目秀整，聰惠過人，人皆以奇童目之。弱冠，六經 / 諸子無所不通，於史學爲尤長，論古今成敗，如在目前。其族兄爲京兆課税大使，辟爲 / 參佐。公制科條，定程式，課歲增而民不擾。中統改元，蜀土未平，大軍攻两川，供饋頗艱。/ 行省事於關陝，聞其能，辟公充興元等處軍儲規措副使。公通水陸，以便漕運；招商賈，/ 以中盐粮。平蜀之役，兵食常足，公有力焉。四年，/ 宣授成都漕運副使。是時，益部初定，兵革未息，公綜理有方，道路無壅。寬開市之征，定 / 盐茶之額，行之逾年，民不告病而國用饒足，考績爲諸路之最，改授奉直大夫，陞充本 / 司同知。至元十年，大兵圍困襄樊，/ 大帥劉公宣撫汴梁，辟公爲參佐以從行。公建 / 言：襄陽，荆楚之門户。襄陽既下，破竹之勢迎刃而解。但所患者，粮餉不繼，當爲屯田久 / 駐之基，以足兵食。行省遂於唐、鄧、申、預等處爲屯所，奏授公以副總管，俾經畫其 / 事。公創立營屯，按行水利，置陂塘，溝畎澮；相高下，均土田；具器械，畜牛種。加之年穀屢 / 豐，粮餉不絶，民忘其勞矣。宰相姚公賦詩以美其能，上功於 / □，未及升用而薨，享年五十有七。夫人何氏，澤州士族，有賢行，早卒。生子國綱，字振之，/ 慷慨尚氣義，樂施与，名卿才大夫多与之游，終於豐備總庫提舉。女二人，長適故參政 / 王公之子子華，欽授 / 宣命，充采石等處茶盐提舉；次適舅氏、同知趙州事何季治之次子何義。再娶賈氏，雲 / 内等州大帥賈公之女。生子國維，字之翰，今爲御臺察院書吏。國綱娶鄉里士族郜參 / 謀之孫女，生男曰仁，今爲 / 安西王府掾；女一人，適儀成局提舉劉恭。國維娶廉訪司經歷李士

《張謙墓誌》拓片

觀之女，生男一人，/ 女一人，尚幼。常論公在中統至元之間，聲名顯著，三領錢穀，供饋軍儲，皆有政績可紀。/ 而壽与位而止於斯，可哀也已。其子國維与其孫仁，大德丁未八月二十八日奉公之 / 柩歸葬于長安縣華林鄉北良村之原，乞文於余。允升与公有鄉曲之舊，与其子振之 / 相友愛，不敢以固陋辭，而爲之銘。銘曰：/

家世簪纓，鄉閭所稱。或隱或仕，待君而興。伐蜀之役，/ 公領漕計。帶甲百萬，賴公以濟。楚貢不供，襄樊是攻。/ 營田積穀，兵食以豐。勉其怠惰，教以耕耨。邦民歌之，/ 召父杜母。功業甫就，天不假年。我銘公墓，以永其傳。

賀仁傑墓誌

卒葬時間： 大德十一年（1307）九月葬。
行款書體： 誌文54行，滿行54字，楷書。
撰書人名： 吕域撰，韓有鄰刻，誌蓋蕭𣁽書篆，小字賀惟一書。
誌文首題： 大元故光禄大夫平章政事商議陝西等處行中書省事賀公墓誌銘并序。
誌蓋標題： 大元光禄大夫平章政事商議陝西等處行中書省事賀公墓銘。5行，行5字，篆書。右側小字楷書，共4行，滿行31字；左側小字楷書，共5行，滿行35字。
形制紋飾： 誌蓋、石均青石質。蓋方形，高132厘米，寬130.5厘米，厚14厘米。誌石方形，高131厘米，寬130.5厘米，厚16.5厘米。
出土時地： 1953年鄠縣秦渡鎮張良寨出土，其誌蓋曾嵌於該村2組戲樓臺基東面，誌石嵌置台基西北側。
存佚狀况： 現藏西安市鄠邑區文物管理所。
主要著録： 《户縣碑刻》《陝西碑石精華》《新中國出土墓誌·陝西（叁）》。

【録文】

誌蓋

大元光禄大/夫平章政事/商議陝西等/處行中書省/事賀公墓銘/

大德十一年春正月癸酉，/仁宗皇帝至自覃懷削平内亂，遣使召光禄大夫平章政事商議陝西行中書省/事賀公入朝京師，言念/世祖皇帝舊人，宜速駕以來，有所咨訪故也。公承命就道。六月十有九日，薨於/樊橋。馳使以聞，/三宫爲之震悼，尋贈公恭勤竭力功臣，儀同三司、太保、上柱國，封雍國公，謚曰忠貞。距易名/之歲十有二年，/聖天子起懷賢之思，猶以公褒崇之典爲未稱，特加推誠宣力翊運功臣、太師、開府儀同/三司、上柱國，追封奉元王，仍謚忠貞。孝孫惟一頓首百拜書/

誌銘

大元故光禄大夫平章政事商議陝西等處行中書省事賀公墓誌銘并序/

奉議大夫前華州知州吕域撰，集賢侍讀學士少中大夫蕭𣁽書篆/

大德丁未五月，命使馬野先持中咨具大臣奉旨諭秦省，若曰：光禄大夫平章政事賀仁傑，先朝舊人也，欲與議事。其勸駕以來，/平章公手其文以示其友覃懷吕域曰：吾無他長知，能勤與實爾，荷累朝恩厚至此。今老矣，復何能？唯凡可以建白報稱者，恨不能知，知/則能入告求言且於衆。況與子交踰四紀，幸無隱行，有曰能相祖至臨潼否？域應曰：諾。由是凡其平生，語無不及，及應，可以啓沃者，必命書之。/六月戊申，至臨潼，乃言曰：吾以君父之靈，獲侍禁闥餘五十年，日聆聖教，沐浴恩光，實爲天幸。/嗣皇尚不弃遺，願以所識烈祖成訓，上補高明。非此，無爲報效。且別泣而言曰：君恩難報，丘壟難忘，親友難會。吾雖老，必還秦。涕/泗交下。辛亥，至樊橋，忽疾作。適詔使来云：上即位，恩禮舊人，嗣相參政勝拜平章政事矣。公撫膺感謝，良久而逝，壽七十四。七月辛未/間，聞，三宫悼惋。癸酉，賜嗣平章乘傳馬十奔喪以葬，哭盡哀。既得兆，泣謂域曰：勝不天禍逮及先公。知先公之詳，莫

《賀仁傑墓誌》誌蓋拓片

先生。如葬有期，敢以/誌銘爲請。域不克以不文辭。公字寬甫，曾祖而上，世爲隰州人。祖種德，徙長安。生三子，伯貴，不仕；仲賁，公考府君也，奇偉倜儻，少從軍，善居室，至/完美。妣鄭，同里人，豐碩克家。生五子，長公，次義立、禮貴、智明、信仲。女一，適王權省子貴用。歲甲寅，因板築得白金三千七百兩，府君曰：無故得/財，未必爲福，不專己私，庶可保。時/世祖居潛六盤，以二千五百兩獻，上不肯受，曰：天所賜汝者。府君進曰：京兆，上湯沐邑，況今征大理，神其或者爲軍而出此金，故願/奉充軍實。況臣所留，猶懼弗任，幸賜哀▨。既留内乃還。時公從軍漢中，主將以金故欲害公，上聞而怒，主將幾危殆。明年，歸/潛邸，宿衛近侍，日親。凡己未渡江及龍飛後北征時皆扈從，旦夕不可離。考府君後得京兆諸軍奥魯總管，佩金符；叔贇，亦/得同知京兆諸軍奥魯總管府事；弟義立，徵事郎、朝邑縣尹；禮貴，事親不仕，其子儉，京官五品；智明，進義校尉、管州判官；信仲，奉議大夫、/南道宣慰副使。皆以公省院臺，皆欲仕公，公不從，上亦不欲離外。時有董公文中同宿衛，協力贊襄，善善惡惡，必達之/上，上甚信重，善類倚以集事。時論人物，目爲董、賀，奸臣奏罷天下案察，莫有能諫上。域時國學生，先師左丞許文正公付域奏章，屬/二公案察之復立，二公與有力，此類非一。秦灞水湍駛，古今病之。魯人劉斌多智數，良於諸工，欲橋以石，即功八年未有緒，且有沮害其成/者，▨人道者。蘇可璥閔其勞，以爲非縣官力不可，自秦赴都以屬公。公言於上，上召斌，凡兩廷見，上相其人，以爲必可爲。賜力/與人，前後三十年，迄▨于成，爲秦永利盛觀，公父子力也。至元十三年，江南平，川蜀獨不下，時宋將張珏行四川制置，據重慶；王立行合州安/撫，據釣魚，控制二十餘州。朝廷選重臣行兩樞密院以規取，西院由嘉、叙、瀘趨重慶，東院困釣魚已有年。釣魚自謂嘗阻/憲宗兵，意城破必屠夷俘虜，以故負固不可下。西院副樞李公德輝分治成都。十四年冬，潼川招討使劉偉以所獲立軍士張合等上，李公放/還，使持檄喻皇子安西王教許以不殺，招立来降。立遣合等賫蠟書，乞李公自来則降。十五年春，李公来與東院官同受立降，同犒賜署立/招討使矣。而東院官復誣奏李公越境邀其功，上怒，遣使就釣魚誅立者三，王皆止之：立若誅，則釣魚人皆當爲俘虜。王欲陳於/上，未行而薨，留立京兆獄，而行院、王相府、樞密院皆莫與之辨。時域以西院從事例至都，謀諸先師許公，以爲宜言於公。言之公，果奏。/上驚悟，召樞密僚屬，怒之曰：汝等以人命爲□戲耶？速召立来，立生則已，如死，吾必刑汝輩。立至，授金虎符，位三品。許公聞之曰：賀公有回天/之力，其有後乎。至今李公廟食合州，出於公者，人不知也。十六年，公方在告，忽被旨召，至則已積白金二千五百兩御榻前，/上指示曰：此卿父六盤所獻之數也。時吾得此以勞軍，不爲無補。聞卿母来，今還此金，卿以供具。公固辭，不許，受而散諸族人。十七年，上都/留守闕，上遽言曰：賀仁傑其人也。即授正議大夫、上都留守兼本路都總管、開平府尹，以子勝代宿衛。十八年春，進上都，秩二品，階公資/德大夫。秋，授兼虎賁親軍都指揮使、三珠虎符。二十五年，中省擬公平章政事，行省江浙。上以留守爲重，無可倚任者，乃階公榮禄大夫、/中書右丞，餘如故。以子勝參知政事，居中省，欲日聞機務，上倚注公父子者如此。前後賜元寶五万貫，御衣、金帽、玉帶、貂裘、異物無筭。/大德乙巳，公年七十有二，以勝襲留守位，始得歸老于秦，加公光禄大夫、平章政事，商議陝西等处行中書省事，以御服、玉帶、元寶二万五/千□、□金五百兩爲贐。君臣之間，其懿如此，蓋公事上行己，一以忠信孝弟爲主，精勤篤實，人鮮與儷。其所感格亦非尋常所及，故能歷/□□□累朝，始終眷顧如一。/新天子臨御，軫念舊人，首被徵車。不辭老疾，不畏暑途，懷曾皇之教，急欲告君，豈非其孝弟忠信之蕴于中者，無有窮已。中道薨逝，/□□！公明敏温恭，坦夷信義，疾惡之心，不畏强禦；好善之誠，見義必爲。方奸臣用事，狡計鋒出。凡近侍要人，不以權利籠絡，則以機阱傾摧，於/□□無所施。及權臣繼之，其虐焰滔天，非奸臣比。塞蔽聰明，困折豪英，鞭笞四海。雖名王家嫡，莫有憚忌。公在留臺已十載，百色求公，竟/無所得，必欲以疑似中。公四旬之内，凡七十餘奏至于廷争，上怒而後已。人以此知公律身嚴而处事詳，非上意曲護而免。上都所/部以畿甸，故人多豪縱，地瀕沙漠，政治風俗與他郡異，號稱難治。自公位事，立法制，明簿籍，抑强扶弱，均賦薄徭，平刑法，弛鹽禁，井井有條，惠/愛之政，五年有成。百姓作生祠，李老谷像公而祀。上聞而嘉之。其事親也，迹遠而心邇。宿衛以来率數歲，奉命一省覲，不一再月而還，/温凊定省，有不暇施，與人言及其親及其昆弟，未嘗不流涕終之。父母承顧恤，享盛名，闔族官禄，祖宗有光，此則孝之大者。於諸弟嚴厲，有/微過，絲豪不少貸，要欲其皆成立，厠時髦，昌大其門户爾，此亦友弟之大者，然人鮮知之。公先有嫠嫂年盛，族黨欲依國俗，公會族人而誓/之曰：吾雖不能讀古聖人書，安能違古聖人制？禮其嫂彌敬，携侄鎰之上都，薦其才，使稱其官，今已累及四品。其還鄉也，人以晝錦榮之，公不/知其身之貴也。里閭熙熙，老老幼幼，無異平日。喪來，遠近悲悼。公始娶夫人劉氏，生男勝，女適奉議大夫、上都路兵馬都指揮使夾谷合班。其/再娶也，上欲以勢家巨族

《賀仁傑墓誌》誌石拓片

妻之，公辭以臣本寒族，所不願也。乃娶今夫人順德鄭氏，國醫大使龍岡老人師真孫，適公數年而喪明，公日/以貴，平生無妾媵，賓敬三十餘年。生男勗，年三十二，後公兩月而卒；女三人，故河東山西道案察使韓世英男慶、參知政事董士珍男守正、武/略將軍虎賁親軍總管楊琪，其婿也。孫男三，寧、慶、興，皆幼。女二，齊、康，在室。諸弟之子男十八人，女九人，孫男九，女四。以是年九月壬午葬鄠/縣太平鄉先塋之側，劉夫人祔。銘曰：/

堯舜之盛，人皆可爲。先民有言，良不吾欺。堯舜之道，孝弟而已。推而擴之，無逾於此。孝可移君，弟可移尊。人之欲仁，則仁斯存。宿衛之良，世稱/賀董。繼繼承承，荷蒙光寵。維公父子，殿天子之邦。生而嗣之，再世平章。已老還鄉，猶不忘弃。何以致之，曰維孝弟。古有能者，通於神明。况/是人爵，公胡不能。君君臣臣，父父子子。夫夫婦婦，兄兄弟弟。朋友之交，貴賤無異。公於人倫，亦可謂至。澆漓有聞，可覺後覺。孰云少文，吾謂已/學。君使臣以礼，乃奕葉相沿；臣事君以忠，亦奕世相傳。君臣之際，可云兩全。隆古則有，今稱/我元。烏呼，爲公之子孫，尚其勉旃。/

韓有鄰摹刊

《賀仁傑墓誌》誌石拓片放大圖

任謙墓誌

卒葬時間： 至大元年（1308）八月十一日葬。

行款書體： 誌文24行，滿行24字，楷書。

撰書人名： 劉元撰，嚴肅書，馬紹庭題蓋。

誌文首題： 大元故任君敬叔墓誌銘。

誌蓋標題： 大元故任君敬叔墓銘。3行，滿行3字，篆書。

形制紋飾： 誌蓋、石均青石質。蓋方形盝頂，高56厘米，寬59厘米，厚11厘米。誌石方形，高58厘米，寬56厘米，厚14厘米。

出土時地： 不詳。

存佚狀況： 現藏西安博物院。

主要著録：《新中國出土墓誌·陝西（叁）》。

【録文】

大元故任君敬叔墓誌銘 /

開成路儒學教授劉元撰，嚴肅書 /

君諱謙，字敬叔，世系長安人。祖諱鼎，父諱直諒，字正卿，叔諱直 / 忠，皆晦迹不耀。祖母于氏，母曹氏，嬸索氏。父先叔一歲亡，君方 / 七歲，性敏慧敦篤，不與群兒戲，喪祭哀泣，動有成人量，觀者莫 / 不感嘆。入學讀書，母不勞神，師不勞訓。年甫十五，孤立成家，事 / 母嬸孝謹，定省之禮，日加一日。年三十餘，財富雄鄉里。大德丁 / 未，因從祖歿，改葬父叔，自謂幼遭凶憫，喪禮有闕，遂不飲酒食 / 肉，不預樂事，如袒括之日，若此至死。嘗蒙勤齋蕭諭德先生賞 / 識。母嬸孀居，壽俱七旬，凡出入食息，無不同處，相敬相讓，四十 / 餘年如一日。節行昭著，都省檄旌表門閭，雖由婦德之 / 所存，亦皆君孝心感發之所致。眷屬交友中，有貧乏不能自存 / 者，常賑貸之，不求其報。其孝親敬長、輕財尚義、樂賢好事之心，/ 出於固有。年四十有四，病終于家，寔至大戊申五月二十五日 / 也。妻張氏、劉氏先逝，繼室賈氏。子男三人，惟義、惟一、惟聰，皆賈 / 出。女二人，長劉所出，次賈所出。卜於是年八月十一日葬於龍 / 首鄉永泰橋先塋之次，張氏、劉氏祔焉，禮也。妻母召愚曰：我子 / 行事，汝備知之，欲求文以誌其石。緣愚有葭莩之親，不敢以不 / 才辭，謹筆其目之所睹，云而爲之。銘曰：/

君生不辰，父叔早喪。母嬸在堂，竭力奉養。/ 單孑無憑，産業日成。律身以敬，惟德之行。/ 若此吉人，宜享神祐。上天爲何，不與其壽。/ 平□善行，因言以宣。勒之貞石，以永其傳。/

承直郎雲南□□肅政廉訪同使馬紹庭篆蓋

誌蓋

大元故任君敬叔墓誌銘
開成路儒學教授劉元撰　嚴肅書
君諱謙字敬叔世系長安人祖諱鼎父諱直諒字正卿叔諱直
忠皆晦跡不耀祖母于氏母曹氏孀寡氏父先叔一歲亡君方
七歲性敏慧敦篤不與群兒戲喪祭哀泣動有成人量觀者莫
不感歎入學讀書母不勞神師不勞訓年甫十五孤立成家事
母孀孝謹定省之禮日加一日年三十餘財富雄鄉里大德丁
未因從祖役改葬父叔自謂幼遭凶憫喪禮有闕遂不飲酒食
肉不預樂事如祖括之日若此至死嘗蒙勤齋蕭諭德先生嘗
識母孀居壽俱七旬凡出入食息無不同處相敬相讓四十
餘年如一日節行昭著　都省檄旌表門閭雖由婦德之
所存亦皆君孝心感發之所致眷屬交友中有貧乏不能自存
者常賑貸之不求其報其孝親敬長輕財尚義樂賢好事之心
出於固有年四十有一病終于家寔至大戊申五月二十五日
也妻張氏劉氏先逝繼室賈氏子男三人惟義惟一惟聰皆賈
出女二人長劉所出次賈所出卜於是年八月十一日葬於龍
首鄉永泰橋先塋之次張氏劉氏祔焉禮也妻母召愚曰我子
行事汝備知之欲求文以誌其石緣愚有葭莩之親不敢以不
才辭謹筆其目之所覩云而爲之銘曰
君生不辰　父叔早喪　母孀在堂　竭力奉養
單孑無憑　產業日成　律身以敬　惟德之行
若此古人　豈享神祐　上天爲何　不與其壽
平善行　因言以宣　勒之貞石　以永其傳
承直郎雲□□肅政廉訪□□馬紹庭篆蓋

誌石

《任謙墓誌》拓片

趙泰墓誌

卒葬時間： 皇慶元年（1312）四月葬。
行款書體： 誌石22行，滿行21字，楷書。
撰書人名： 李昶撰，楊雍書，文禮愷題蓋。
誌文首題： 元故趙君長官墓誌銘。
誌蓋標題： 元故趙君長官墓誌蓋。3行，滿行3字，隸書。
形制紋飾： 誌蓋、石均石質不詳。蓋方形，拓片高33厘米，寬33厘米，四殺無紋飾。誌石方形，拓片高49厘米，寬50厘米。
出土時地： 不詳。
存佚狀況： 藏地不詳，私人藏拓。
主要著録： 未見著録。

【録文】

元故趙君長官墓誌銘 /

承務郎陝西等處行中書省管勾架閣庫李昶撰，/ 平凉府儒學教授楊雍書，/ 奉元路儒學正文禮愷題蓋 /

君諱泰，字彦通，姓趙氏，華州渭南人。縣之村曰豐陰，松 / 梓在焉。君九歲而孤，母鞠之。逮長，大父之名遂不能記。/ 歲時展墓，世次行列亦散漫不可區別。君每曰：我死，與 / 吾父必改葬。皇慶元年三月丁未，以疾終於京兆所居 / 之正寢，年六十有七。越四月乙酉，考甫，妣王氏、伊氏居 / 中，君居昭，長子友仁居穆，葬於長安縣華林鄉三爻里，/ 從治命也。君娶同郡韋氏，心淵行懿；刁氏，俱無恙。子七 / 人，次餘慶、文忠、秉鈞，女一人，適張德用，韋出也；定、搏、久，/ 刁出也。孫女一，許嫁矣，未行。家本華之鉅族，業吏以相 / 襲，考廉平謹飭，仕途駸駸然中而止。君才又以吏見稱，/ 嘗爲安西真定管民長官矣。一旦不樂仕，優游以待老，/ 故無震耀于時者。余與惟善同舍，雅獲拜君於堂上，聆 / 其緒論，義理昭灼，使人亹亹而弗厭也。嗚呼，今亡矣，復 / 何可得邪？惟善請曰：餘慶不夭，罹茲酷罰，尚徼福于先 / 人。而吾子不忘夙昔之好，願哀爲之詞，乃序而銘焉。曰：/

維祖維考，靈風颯然。塗車茅馬，考後祖前。安葬窀 / 穸，歆我豆籩。子孫踵武，福履其延。勒詞貞石，以識 / 新阡。

元故趙君長官墓誌蓋

誌蓋

元故趙君長官墓誌銘

承務郎陝西等處行中書省管勾架閣庫李袓撰

平涼府儒學教授楊雍書

奉元路儒學正文禮愷題蓋

君諱泰字彥通姓趙氏華州渭南人縣之郵曰豐陰杜梓莊爲君九歲而孤母鞠之逮長大父之名遂不能記歲時展墓世次行列亦散漫不可區別君每曰我死與吾父必改塋皇慶元年三月丁未以疾終於京兆所居之正寢年六十有七越四月乙酉孝甫妣王氏伊氏居中君居昭長子友仁居穆瘞於長安縣華林鄉三交里從治命也君娶同郡韋氏心淵行懿刁氏俱無恙子七人次餘慶文忠秉鈞女一人適張德用韋出也定搏久刁出也孫女一許嫁矣未行家本華之鉅族業吏以龔孝廉平謹飭仕途駸駸然中而止君才又以吏見稱嘗爲安西眞定管民長官矣一旦不樂仕優游以待老故無震耀于時者余與惟善同舍雅獲拜君於堂上聆其緒論義理昭灼使人亹亹而弗厭也嗚呼今亡矣復何可得耶惟善請曰餘慶不天罹茲酷罰尚徼福[illegible]人而吾子不忘夙昔之好願哀爲之詞延序而銘[illegible]曰

維祖維孝靈風颯然合[illegible]馬鬣孝後祖前[illegible]孜孜我豈遺予孫蓮[illegible]福履其延勒詞貞石以識新阡

誌石

《趙泰墓誌》拓片

武敬墓誌

卒葬時間：皇慶二年（1313）五月葬。
行款書體：誌文25行，滿行25字，楷書。
撰書人名：楊雍撰并書、題蓋。
誌文首題：元故延安路醫學教授武君墓誌銘。
誌蓋標題：皇元敕授延安路醫學教授故武君誌蓋。4行，滿行4字，隸書。
形制紋飾：誌蓋、石均青石質，四側均三面粗糲，一面打磨光滑，無紋飾。蓋方形，高45.5厘米，寬43.5厘米，厚15厘米。誌石方形，高、寬均43厘米，厚18厘米。
出土時地：2008年西安市長安區韋曲鎮皇子坡村北出土。
存佚狀況：現藏陝西省考古研究院。
主要著録：首次刊布於《考古與文物》2014年第3期（陝西省考古研究院：《西安南郊皇子坡村元代墓葬發掘簡報》）。

【録文】

元故延安路醫學教授武君墓誌銘 /

君姓武氏，諱敬，字敬臣，世家京兆之盩厔。高祖以儒醫鳴；曾祖，金 / 京兆府學教授，官朝列大夫、武騎尉，賜紫金魚袋；祖，第進士；父成 / 和郎、陝西等路醫學提舉，以義榮名其堂，有齒德者，生三子：孟曰 / 彬，仲曰恭，君其季也。彬，王邸太醫；恭，蚤没；君從教授慵齋先生學，/ 勤苦刻勵，能世其家，德業日進，聲聞日烜赫。名彦鉅卿，咸樂與之 / 友，當路交薦。元貞始元，授安西醫學教授，再調延安，不赴。君以仕 / 非素志，買田韋曲以歸老。構義榮先生祠，仍樹碑以麗牲，歲時追 / 遠，必盡其誠。憲使高凝題其顔，曰永思，京兆尹李頫文其碑。適有 / 泉出祠側，行臺都司吴昉以孝名詩，人美之。妣夫人有疾，嘗刲臂 / 以救，其天性仁孝若此。有司方狀其始終，上之，而君已卧病矣，終 / 於皇慶壬子六月廿有六日，壽六十七。從葬咸寧縣洪固鄉之少 / 陵原朝列府君兆次，明年五月壬寅也。元配趙氏，再配吴氏、苟氏，/ 趙、吴前亡。子男一，惟德，苟出；女三，嫁張贇、李材、孫驥。材有能詩聲。/ 葬有日，惟德拜請曰：先人學於慵齋夫子之席，惟德又師事先生，/ 先子成和君得慵齋銘其墓，先人今弃館舍，如先生賜之銘，亦地 / 下之願也。感今念昔，理不可辭，嘗謂君事親孝，教子義方，與人交，/ 無甘壞。高曾而降，以儒起宗，以醫濟物，以謙恭下士，其武氏之家 / 範也。故余於教授君文筆、藥石之工之精，略而不書，特著其出處，/ 俾納諸壙中。高曾祖考，别見元遺山洎大父慵齋君之碑誌。銘曰：/

以道濟物，匪儒則醫。尺短寸長，疇兼有之。世容有之，/ 一再世止。繇金而元，高曾祖禰。夫君克肖，于宗有輝。/ 鬱鬱九原，復全其歸。君既歸矣，孰踵厥武。德其效之，/ 無忝爾祖。/

平涼府儒學教授楊雍撰并書、題蓋

《武敬墓誌》誌蓋拓片

元故延安路醫學教授武君墓誌銘
君姓武氏諱敬字敬臣世家京兆之盩厔高祖以儒醫鳴曾祖金
京兆府學教授官朝列大夫武騎尉賜緋金魚袋祖第進士父成
和郎陝西等路醫學提舉以義榮名其堂有盛德者生三子孟曰
彬仲曰嵩君其季也彬王邸太醫嵩丞漫君從教授慵齋先生學
勤苦刻勵能世其家德業日進聲聞日烜并名彥鉅卿咸樂與之
交當路交薦元貞始元授安西醫學教授再調延安不赴君以仕
遠必盡其誠憲使高凝題其顏曰永思京兆尹李頍文其碑適有
非素志買田韋曲以歸老構義榮先生祠仍樹碑以麗牲歲時追
祭出祠側行臺都司吳昉以孝名詩人美之妣夫人有疾嘗封臂
以救其天性仁孝若此有司方狀其始終上之而君已卧病矣終
於皇慶壬子六月廿有六日壽六十七從葬咸寧縣洪固鄉之少
陵原朝列府君兆次明年五月壬寅也先配趙氏再配吳氏皆氏
趙吳壽亡子男一惟德皆出女三嫁張贇李村孫驥村有能詩聲
塋有日惟德拜請曰先人學於慵齋夫子之席惟德又師事先生
先子成和君得慵齋銘其墓先人今棄館舍如先生賜之銘亦地
下之願也感今念昔理不可辭嘗謂君事親孝敬子義方與人交
無甘壞高曾而降以儒起宗以醫濟物以謙巻下士其武氏之家
範也故余於教授君文筆藥石之工之精略而不書特著其出處
俾納諸壙中高曾祖考別見元遺山泉大父慵齋君之碑誌銘曰
以道濟物匪儒則醫尺短寸長疇兼有之世容有之
一再世上繇金而元高曾祖禰夫君克肖于宗有輝
贊贊九原復全其歸君既歸矣孰踵厥武德其效之
無忝爾祖
平涼府儒學教授楊雍誤并書題蓋

《武敬墓誌》誌石拓片

王世英墓誌

卒葬時間： 延祐三年（1316）二月十一日葬。

行款書體： 誌上端題“元故耀州同知王公墓誌銘”1行11字，楷書。誌文30行，滿行31字，楷書。

撰書人名： 同恕撰，王瓚書。

誌文首題： 元故忠勇校尉同知耀州事王公墓誌銘并序。

形制紋飾： 誌石青石質，竪長方形，高99厘米，寬78厘米，厚12厘米。上端兩角抹去，下端背後有寬4.5厘米、深4.5厘米的凹槽。

出土時地： 2005年西安雁塔南路東側曲江溪水園住宅小區基建工地出土。

存佚狀况： 現藏西安市文物保護考古研究院。

主要著録： 首次刊布於《文物》2008年第6期（《西安南郊元代王世英墓清理簡報》）。

【録文】

元故忠勇校尉同知耀州事王公墓誌銘并序

儒林郎國子司業同恕撰 /

公王姓，世英名，京兆屬州耀之富平人。祖諱革，考諱汝舟，娶焦氏，生三子，長即公 / 也。性沉毅，有膽略，童幼不與凡兒伍。既長，精通 / 國朝語。至元戊辰，由京兆宣撫司奏差，擢成都省宣使。時宋城未下者猶各據守，/ 潜師襲成都，猝至城下，中外應絶，人心恟懼。嚴侯適行省事，會衆謀曰：事亟矣。不 / 濟師，何以禦敵？它鎮遠，恐不能須，近者莫潼川若也，且都統劉公在，緩急可用。欲 / 發兵，誰可行者？衆莫敢應，公毅然請行。行省喜，遣之。乃夜乘虜不意，從十騎突圍 / 而出。既而虜覺，追及之，公僅以身免。比至潼川，纔餘三騎。急發兵，還擊虜，解圍遁 / 去。行省壯之，賞金幣有差。越明年，/ 皇子王安西，聞公名，召爲王府通事。甲戌，從 / 王入朝，/ 上方以嘉定爲憂，/ 王薦公以孰敵情僞，/ 詔假公節往招懷之。公至，則宣 / 德威，陳逆順，虜將趙黑子感激來降。公與俱朝，/ 上嘉之，賜衣一襲，授敦武校尉，歷武功、華陰令。二十八年，遷咸陽令。/ 朝廷命重臣野速兒犒軍吐蕃，陝西行省遣公爲輔行。會羌酋爲亂，賊殺長吏，持 / 刃脅公。公神不少動，正辭責之曰：朝廷厚而生，寬恤而徭，爲而選良牧。不思報效，敢爾横逆邪。賊相顧曰：是端人也。/ 無庸殺，還。丁母憂，服闋。大德五年，陞忠勇校尉，同知耀州事。化民以德，守法以公。/ 居官而民安之，去則人思之。俸禄入門，悉分族之貧者。十年正月廿三日終於家，/ 享年七十有三，葬於咸寧縣洪固鄉先塋之次。娶蕭氏，高陵令天禄女，淑婉恭儉，/ 儀範戚屬。後公十年，延祐乙卯十二月廿九日卒，得壽八十有一。生二男，長曰良 / 弼，從仕郎、襄陽令；季曰公弼，陝西省宣使，前六年卒。女一人，適韓柔立，亦卒。孫男 / 二：蠻蠻、靠山。明年丙辰二月十一日以蕭夫人祔公墓。子襄陽侯來屬銘，不得辭，/ 乃銘曰：/

《王世英墓誌》拓片

臨危蹈難，寇莫敢犯，忠於君兮。辭尊居卑，養志毋違，孝於親兮。/ 壽則匪嗇，位不滿德，在後昆兮。襄陽俊良，朱服銅章，治績聞兮。/ 擾雲有根，達海有源，慶斯存兮。刻銘貞石，藏之玄宅，慰明魂兮。/

王瓚書

輔昌墓誌

卒葬時間： 延祐三年（1316）四月一日葬。

行款書體： 誌上端題“元故輔君墓誌”1行6字，隸書。誌石17行，滿行29字，楷書。

撰書人名： 同恕撰，李則書。

誌文首題： 元故輔君墓誌銘并叙。

形制紋飾： 無蓋。誌石青石質，竪長方形，高85厘米，寬44.5厘米，厚17厘米。

出土時地： 1956年西安市南郊出土。

存佚狀況： 現藏西安碑林博物館。

主要著録： 《榘庵集》《西安碑林全集》《新中國出土墓誌·陝西（貳）》。

【録文】

元故輔君墓誌銘并叙 /

儒林郎國子司業同恕撰，李則書 /

輔本晉大夫智氏，繇智果策，智伯必滅宗，更其姓爲輔氏，雖歷世綿遠，不知 / 昭穆何别，蓋其苗裔也。君諱昌，字明之。先祖仕金，嘗官于秦，因爲秦人。生泰 / 和戊辰四月廿五日，族属衆盛，星散兵間。今唯居任城者，或通譜焉。君既涉 / 變，故斂藏智略，施之家政，教子治生，翦翦有法，鄉里推爲信義君子。年七十三，/ 以至元庚辰二月七日卒。元配于氏，生一女，嫁劉德禄。繼室上官氏，柔明淑 / 慎，笄而歸君。積勤累儉，佐理家事。君殁，撫育諸子，雖極慈愛，而教切之義，有 / 加無替。妻道母道，兩克舉之。後君三十五年，當延祐乙卯十月十六日卒，壽 / 八十有八。生四子，長世安；次世榮，大寧倉使；次忠，皆前殁。次仁，奉直大夫、宣 / 徽院都事。一女，適楊時。孫男五人：亨、升、企、鈞、翊。孫女五，長適張遵，次適王餘 / 慶，次適毛永安，餘幼。曾孫女二。初，君與于氏葬長安縣槐衙里先塋，至是卜 / 遠日，得丙辰四月癸酉吉，奉直將舉其柩，合而葬焉。其子企以奉直命來速 / 銘。銘曰：/

智燭之圓，炳乎幾先，世胄蟬嫣兮。志力之堅，/ 輔佐之賢，家以載延兮。子譽日宣，飛騰俊躔，/ 有煒其傳兮。襟山帶川，松檟陰煙，輔氏之阡兮。

元故輔君墓誌

元故輔君墓誌銘并敘

儒林郎國子司業同恕譔　李一則書

輔本晉大夫智氏繇智果策智伯必滅宗更其姓爲輔氏雖歷世綿遠不知昭穆何别蓋其苗裔也君諱昌字明之先祖仕金嘗官于秦因爲秦人生泰和戊辰四月廿五日族屬衆盛星散兵間今唯居任城者或逸譜牒君既涉變故斂藏智略施之家政教子治生翦有法鄉里推爲信義君子年七十三以至元庚辰二月七日卒元配于氏生一女嫁劉德祿繼室上官氏孝明淑愼笄而歸君積勤累儉佐理家事君殁撫育諸子雖極慈愛而教切之義有加無替妻道母道兩克舉之後君三十五年當延祐乙卯十月十六日卒壽八十有八生四子長世安次世榮大寧倉使次忠皆前殁次仁奉直大夫宣徽院都事一女適楊時孫男五人亨升企鈞翊孫女五長適張遵次適王餘慶次適毛永安餘幼曾孫女二初君與于氏葬長安縣槐尙里先塋至是卜遠日得丙辰四月癸酉奉直將舉其柩合而葬焉其子企以奉直命來速銘銘曰

智燭之圓　炳乎幾先　世胄蟬嫣兮　志力之堅
輔佐之賢　家以載延兮　子譽日宣　兆騰俊躔
有煒其傳兮　襟山帶川　松檟連阡　輔氏之阡兮

《輔昌墓誌》拓片

弘公和尚壽塔記

刊立時間：延祐四年（1317）二月立。
行款書體：記文4行，滿行3字，楷書。
刊石人名：無。
記文首題：無。
形制紋飾：橫長方形，拓片高27厘米，寬42厘米。
出土時地：不詳。
存佚狀況：石佚拓存，國家圖書館有藏拓。
主要著録：《北京圖書館藏中國歷代石刻拓本匯編》第49册。

【録文】

興教大/師弘公/和尚壽/塔之記/
延祐四年二月 日建/

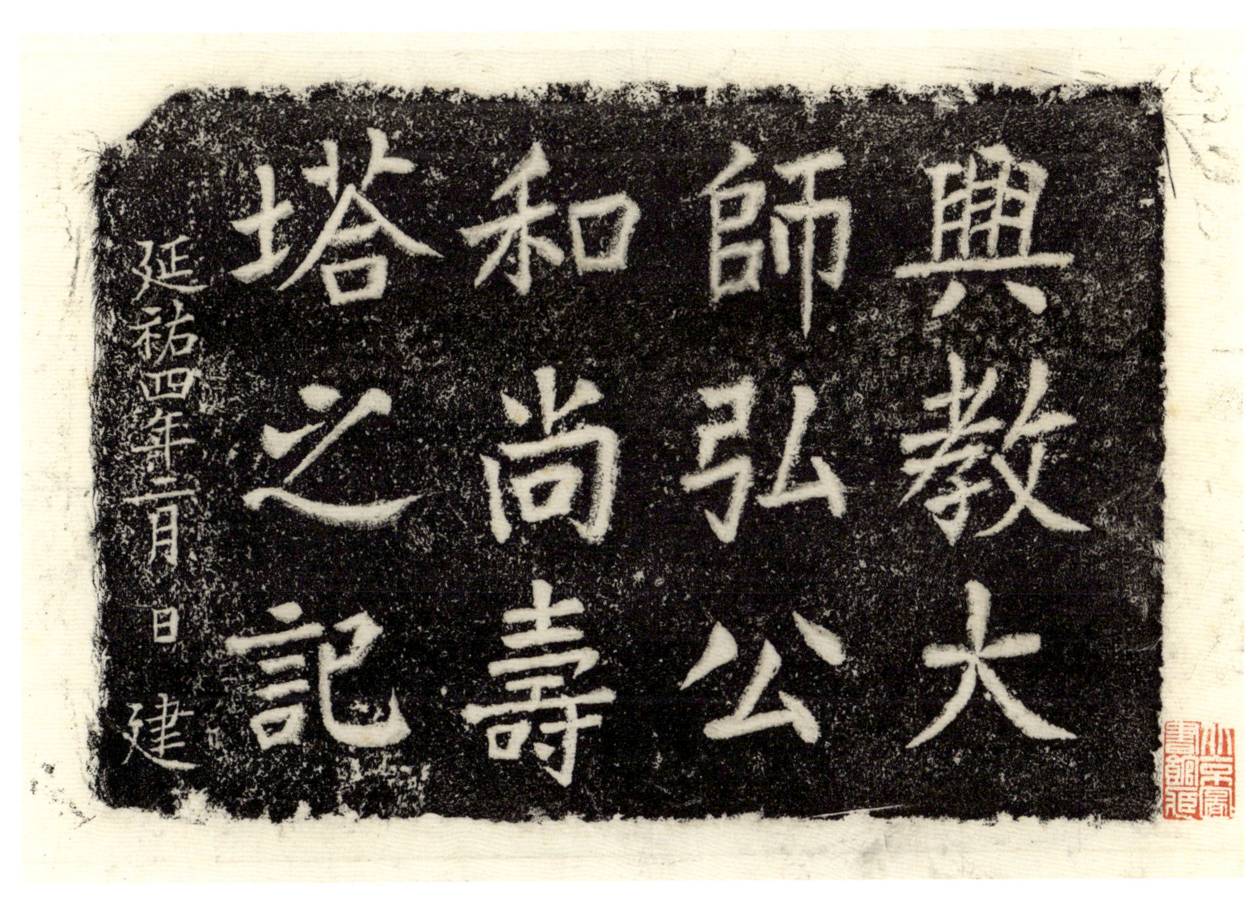

《弘公和尚壽塔記》拓片　國家圖書館供圖

劉天與墓誌

卒葬時間： 延祐四年（1317）十月葬。

行款書體： 誌文27行，滿行28字，楷書。

撰書人名： 李庸撰，無書者姓名。

誌文首題： □□中順大夫廣安府知府兼管本府諸軍奥魯勸農事劉公墓誌銘并序。

形制紋飾： 蓋未見。誌石青石質，方形，高54.5厘米，寬51厘米，厚15厘米。無紋飾，除誌面打磨外，其他五面均爲簡單加工，十分粗糙。

出土時地： 2009年西安市長安區韋曲街辦曲江觀山悦住宅小區基建工地出土。

存佚狀況： 現藏陝西省考古研究院。

主要著録： 首次刊布於《文博》2015年第2期（李舉綱：《元劉天與墓誌及相關問題探析》）、《元代劉黑馬家族墓發掘報告》。

【録文】

□□中順大夫廣安府知府兼管本府諸軍奥魯勸農事劉公墓誌銘并序 /

前渠州儒學正李庸撰 /

公諱天與，字穹賜，世居龍興威寧。高祖諱伯林，以劉爲氏，壬申 / 太祖聖武皇帝□兵南下，首先率衆歸附聖元，官至諸軍兵馬都 / 元帥、西京留守，謚忠順公。曾大父諱時，襲職元帥。祖諱嶷，字孟方，佩金虎 / 符，河東陝西等路都總管萬户、成都路經略使，謚忠惠公。父元超，年十二，/ 世祖潛邸選當質子，先卒。母太傅、也可那延耶律公之女，誕公丙辰五月 / □□□□□。中統改元，公□□年，詔旨佩金符、京兆路諸軍奥魯官。/ 至元庚午□□□路沔州知州，癸□□裁，授忠顯校尉、順慶路判官。既冠，/ 勇慕讀書，閑於□□，敦孝弟，尚義氣，其儀威奇異，有如神人。己丑，/ 宣授昭信校尉、渠州□□□□□。□德敦然，□□□備，又屢感牛産二犢，/ 禾生雙穗。大德己亥，按□□□□□□□□□□，州官如故。三載之中，政 / 迹益著。癸卯，陞武德將軍、梁山州知州、□□□□□□順大夫、廣安府知 / 府兼諸軍奥魯勸農事。蜀省廉司以公廉善政，□□良爲驅、刑獄冤滯 / 者，悉委公結之，時譽一無閑言。皇慶壬子，省摘更修巴山驛路，疾終渠 / 江縣館，四月初三日也，壽五十有七。渠州廣女官民聞之，不憚江山千里，/ 咸臻喪次，致祭悲痛。感公三十餘年，轉仕川蜀，恩化若此。室萬户石抹氏 / □女，忠惠公之甥也。母儀婦道，德賢備矣。又室宣撫彭君之女。子四人，長 / 完者，次□□、脱脱、奴奴。孫五人，哈赤、怗滅赤、鑾鑾、壽童、納速禿。女三，長適 / 彭氏宣撫之孫，二居室。延祐改元，完者捧公柩歸葬奉元咸寧縣洪固鄉 / 鳳栖原之先塋。石抹氏延祐丁巳九月甲子有十日疾卒，春秋六十有二，/ 是年十月甲午祔焉。完者、脱脱手疏德善請銘，僕以渠州儒學正門下積 / 年，義不可辭，乃銘曰：/

陰修克躬，冥報必豐。忠順忠惠，又生是公。五歲授官，/ 世罕與同。既冠莅政，嘉聲隆隆。服膺孝弟，和氣融融。/ 軀幹魁偉，貌象峥嶸。三十餘年，爲國效忠。巴山雲棧，/ 載雨載風。悠悠蒼天，何數不容。刻之□石，永磨無窮。

《劉天與墓誌》拓片

郭宗敏墓誌

卒葬時間： 延祐五年（1318）八月十四日葬。
行款書體： 誌文23行，滿行23字，楷書。
撰書人名： 郭松年撰并題蓋，張好修書，金成刻。
誌文首題： 有元故茶局提舉郭君誌銘。
誌蓋標題： 大元故提舉郭君之墓。3行，滿行3字，篆書。
形制紋飾： 誌蓋、石均青石質，四側均未打磨平整。蓋方形，高43厘米，寬45厘米，厚7厘米。誌石方形，高44厘米，寬43厘米，厚10厘米。
出土時地： 1949年前西安南郊瑞樂村出土。
存佚狀況： 現藏西安碑林博物館。
主要著録： 《西安碑林全集》《新中國出土墓誌·陝西（貳）》。

【録文】

有元故茶局提舉郭君誌銘/

集賢大學士榮禄大夫郭松年撰并篆蓋，/四川等處行中書省掾史張好修書/

君諱宗敏，字仲文，京兆人，曾高暨祖而上，金季喪亂，世系亡/逸。考旭，字德輝，少失怙恃，自幼剛果，信而好義。既冠，我/元大震，混一車書，以關津之要，遣領奥魯百户人等，管舟浮/橋，職總把亨。春秋七十有五卒，時至元甲申五月廿四日也。/娶李氏，後君十年卒。女四人，皆歸令族；一男，乃君也。君天姿/穎卓，勤於課誦，精究於卜筮，學極玄奥。或問以禍福，應對游/刃肯綮，若先知焉。其行己動静語默，一以禮節自律，謹而多/藝，鄉閭翕然嚮慕。後顯官故友，因君行修舉，受王令充/茶局提舉，亦匪其情。君常語人曰：士窮則修身，達則兼善，貧/賤何憂□。聞者嘆服。大德甲辰五月廿日殁於故鄉正寢。嗚/呼，鬚鬢鬢不垂素，幾耳順，以五年未至，而遽罹此大故，槁葬，/獲卜，有所待也。娶王氏，延祐五年七月廿二日卒。生二子，伯/曰希元，明辯才能，剛直通敏，今將仕郎、嶺北行中書省照磨。/季曰希亨，謹厚不華，籍甘肅行省宣使。女二人，長適温，次之/李氏。孫男二，長口貞，純而好學，次及女孫　，皆幼。以延祐戊/午八月十四日合葬於京兆咸寧縣洪固鄉南宫里先兆之/次，禮也。謹按行實勒銘，以掩諸幽。其辭曰：

皇天匪常，惟德降/祥。惡積之隆，授以餘殃。汾陽令門，陰騭無疆。祖考基善，君也/弗忘。君之未亨，後報是彰。一鶚退飛，二鵬翱翔。桂叢其秾，蘭/裔其芳。於斯千年，福禄永昌。

長安金成刊

誌蓋

《郭宗敏墓誌》誌石拓片

趙元諒墓誌

卒葬時間： 延祐六年（1319）三月二十七日葬

行款書體： 誌文20行，滿行22字，楷書。

撰書人名： 同恕撰，王弁書。

誌文首題： 故將仕郎趙君墓誌銘并序。

誌蓋標題： 元故將仕郎趙君誌銘。3行，滿行3字，楷書。

形制紋飾： 誌蓋、石均青石質。蓋方形盝頂，高、寬均60厘米，厚14厘米，四殺未打磨平整。誌石方形，高、寬均60厘米，厚13.5厘米。

出土時地： 不詳。

存佚狀況： 現藏大唐西市博物館。

主要著録： 《榘庵集》、《全元文》第一九册、《碑林論叢》總第二十四輯（王彬、陰玲玲、楊潔：《大唐西市博物館藏元代墓誌考述》）。

【録文】

故將仕郎趙君墓誌銘并序 /

儒林郎前國子司業同恕撰 /

將仕趙君，諱元諒，字良卿。其先兖之鄆城人。祖諱義，妣翟 / 氏，徙家隰州，又徙家奉元，故今爲奉元人。考諱吉，字伯祥，/ 妣晉氏。君以乙卯歲五月廿日生，天資純謹，經史通大義。/ 出掾開成宣慰司，繇積閲，/ 敕主鳳翔扶風縣簿，歷安西涇陽縣，官將仕佐郎、延安總 / 管府知事、陝西都轉運鹽使司知事、臨洮府司獄，轉將仕 / 郎、奉元路司獄。爲簿能抑暴，使以負重苦，傳騎伸冤獄之 / 罪死者。佐運幕，能使鹽丁盡力，歲料倍常數，其見於用者 / 如此。事親孝，從兄順，御下則恩義兼盡，處家則勤儉有方。/ 利不苟取，勢不苟合，其本諸身者又如此。以延祐己未正 / 月十有六日卒，壽六十有五。卜以三月廿有七日葬長安 / 縣華林鄉高陽原。君凡四娶，兩孺人晉氏，舅女，從姊妹也;/ 李氏，皆合祔焉。今孺人邵氏，佐君子，有賢稱。子男三:寅、容、/ 宏。女二，長適雲南臨安路蒙古字教授苗彬，次在室。邵孺 / 人，予里中故家也，遣其子寅以進士王弁狀來乞銘。銘曰：/

有用以及乎人，有本以誠乎身。不究於前者用之屯，/ 可裕於後者本之真。巋四尺之斧墳，尚永永其不泯。/

將仕郎前金州判官王弁書

誌蓋

故將仕郎趙君墓誌銘 并序

儒林郎前國子司業周恕撰

將仕趙君諱元諒字良卿其先兗之鄆城人祖諱義妣翟

氏從家隰州父從家奉元故今為奉元人考諱吉字伯祥

妣晉氏君以乙卯歲五月廿日生天資純謹經史通大義

出掾開成宣慰司繇積閱

勑主鳳翔扶風縣簿歷安西涇陽縣官將仕佐郎延安總

管府知事陝西都轉運鹽使司知事臨洮府司獄轉將仕

郎奉元路司獄為簿能抑暴徒以負重苦傳騎伸冤獄之

罪死者佐運幕能使鹽丁盡力歲料倍常數其見於用者

如此事親孝從兄順御下則恩義兼盡處家則勤儉有方

利不苟取勢不苟合其本諸身者又如此以延祐己未正

月十有六日卒壽六十有五卜以三月廿有七日葬長安

縣華林鄉高陽原君凡四娶兩孺人晉氏舅女從姊妹也

李氏皆合祔焉今孺人郎氏佐君子有賢稱子男三寅容

宏女二長適雲南臨安路蒙古字教授苗彬次在室郎孺

人予里中故家也遺其子寅以進士王弁狀來乞銘銘曰

有用以及乎人有本以誠乎身不究於前者用之也

可裕於後者本之眞崇四尺之斧墳尚永永其不泯

將仕郎前金州判官王弁書

誌石

《趙元諒墓誌》拓片

張壁墓誌

卒葬時間： 至治元年（1321）十一月葬。
行款書體： 誌文34行，滿行33字，楷書。
撰書人名： 王惟忱撰，鄭琬題蓋，王瓚書。
誌文首題： 大元故進義校尉奉元路盩厔縣尉張君墓誌銘并叙。
誌蓋標題： 大元故進義校尉盩厔縣尉張君墓誌銘。4行，滿行4字，隸書。
形制紋飾： 誌蓋、石均青石質。蓋方形盝頂，高51.5厘米，寬54厘米，厚13厘米。誌石方形，高51.5厘米，寬53厘米，厚13.5厘米。
出土時地： 不詳。
存佚狀況： 現藏大唐西市博物館。
主要著録： 《洛陽新獲墓誌：二〇一五》《碑林論叢》總第二十四輯（王彬、陰玲玲、楊潔：《大唐西市博物館藏元代墓誌考述》）。

【録文】

大元故進義校尉奉元路盩厔縣尉張君墓誌銘并叙 /

奉訓大夫前諸色人匠總管王惟忱撰，朝列大夫四川行省郎中致仕鄭琬題蓋 /

至治改元龍集辛酉十月甲辰盩厔縣尉張君文玉以王事致疾，歿於寶雞之旅舍。孤 / 克柔、侄知柔聞訃，哭走護柩以歸，卜以其年十一月庚午朔從葬於咸寧縣洪固鄉鳳 / 栖原先塋之次。前事託父執苗張二君持府學正王瓚狀来請銘，其故叔東皋老人希 / 賢與予平日交游最厚，且知張氏一家素有義門之稱，不忍爲辭，姑紀實而入序之。君 / 諱璧，世爲京兆永壽人。大父世忠，潜德弗耀，妣劉氏。考國綱，陝西行省豐備庫使。母王 / 氏，前進士子正之女，淑善和雅，閨門整肅，無鬩墻之色，姻婭相懽，宗族取則焉。二子，長 / 曰式，蚤卒；次即君也。生而警悟，志氣不群。既壯，經紀家事，有幹濟稱，/ 陝西行省辟爲宣使。役滿，除三水巡檢，轉芝川、宜禄，俱有能聲。大德九年，遷富平縣尉。/ 前政留獄，不旬月，剖摘盡出，□害發奸伏。邑民潘國寶，素循良，頗富實。一旦被賊人趙 / 僧僧執襄陽僞牒以僞鈔，賊人指連，擒捕急發，潘訴其冤，君疑之，故緩其事。以它故適 / 府，於旅邸求得一商所執文據對辨，其印不同。還詰之，賊服其詐，蓋嘗於潘宅求財物 / 而不獲者，故讎之，遂處以法。潘既脱，以物爲謝，君悉却之，一毫無所受。縣民德之以爲 / 神。延祐二年，再擢行省職，官宣使。五年，調進義，改今職。縣乏長官，君攝其事，差税徭役，/ 靡不均平。民得聊生，官無廢事。至治改元之夏，妖僧圓明謀爲不軌，事泄，竄伏山谷間。/ 躬率壯卒入山搜捕，窮崖邃谷，靡所不至。崎嶇跋涉千百餘里，不獲食者累日，不以爲 / 艱，用是成疾。事定還縣，行次寶雞，疾篤而卒，享年五十有二。室人惠氏，淑婉華懿，勤於 / 内職，養姑教子，曲盡婦道。綜理家務，一一有倫。君既無反，顧之内憂，故得盡力於公務。/ 子男三人，長即克柔，次久久、周家奴。女幼，在室。君天姿孝友，倜儻有大志，疏財重義，與 / 人財物交，或有欠縮，無多寡，盡釋之，一無所問。父早逝，母在堂無恙，奉甘旨，問温凊，日 / 携子侄嬉戲於其側，欲親之喜。築園於長樂坡南，亭臺池沼，花卉竹石，四時之致不絶。/每辰良景媚，輒駕車奉母，邀親賓，會姻婭，烹羊釃酒，游樂其中，以悦慈顔。長安士夫詩/文贊美，以爲有老萊戲彩之情、潘岳娱親之趣。母年七旬，不期一旦偶爾失明，衆皆有/年老不醫之嘆。君多方求治，諸藥無效，憂形于色者踰二年。忽遇良醫，以金鈚開撥，索/塗如舊。鄉人慶賀，皆曰張君孝感之誠之所致也。今年八十有六，眠食自若，而君不克/送終，輒抱遺恨以卒，是可哀也。雖然從君之才之德，孝於母，忠於國，壽踰五旬，以天年/而終，亦不爲夭。與夫，享富貴而遺其親，遇患難而奪其節者，固有間矣。銘曰：/

嗚呼張君，生於義門。事親極孝，從仕克勤。疏財重義，寬仁夙著。/以資納交，贏縮不顧。置園長樂，景媚華繁。載游載宴，以悦慈顔。/尉安百里，牛刀初試。擿伏發奸，政聲盈耳。耿谷捕亂，涉水登山。/躑躅千里，曾不辭艱。輿櫬以歸，路人悲感。以孝移忠，瞑目何憾。/鳳栖南崗，檜柏蒼蒼。先塋之次，爰卜新藏。磨礱貞石，刻此銘誌。/昭示子孫，垂千百祀。

奉元路儒學正王瓚書

《張璧墓誌》誌蓋拓片

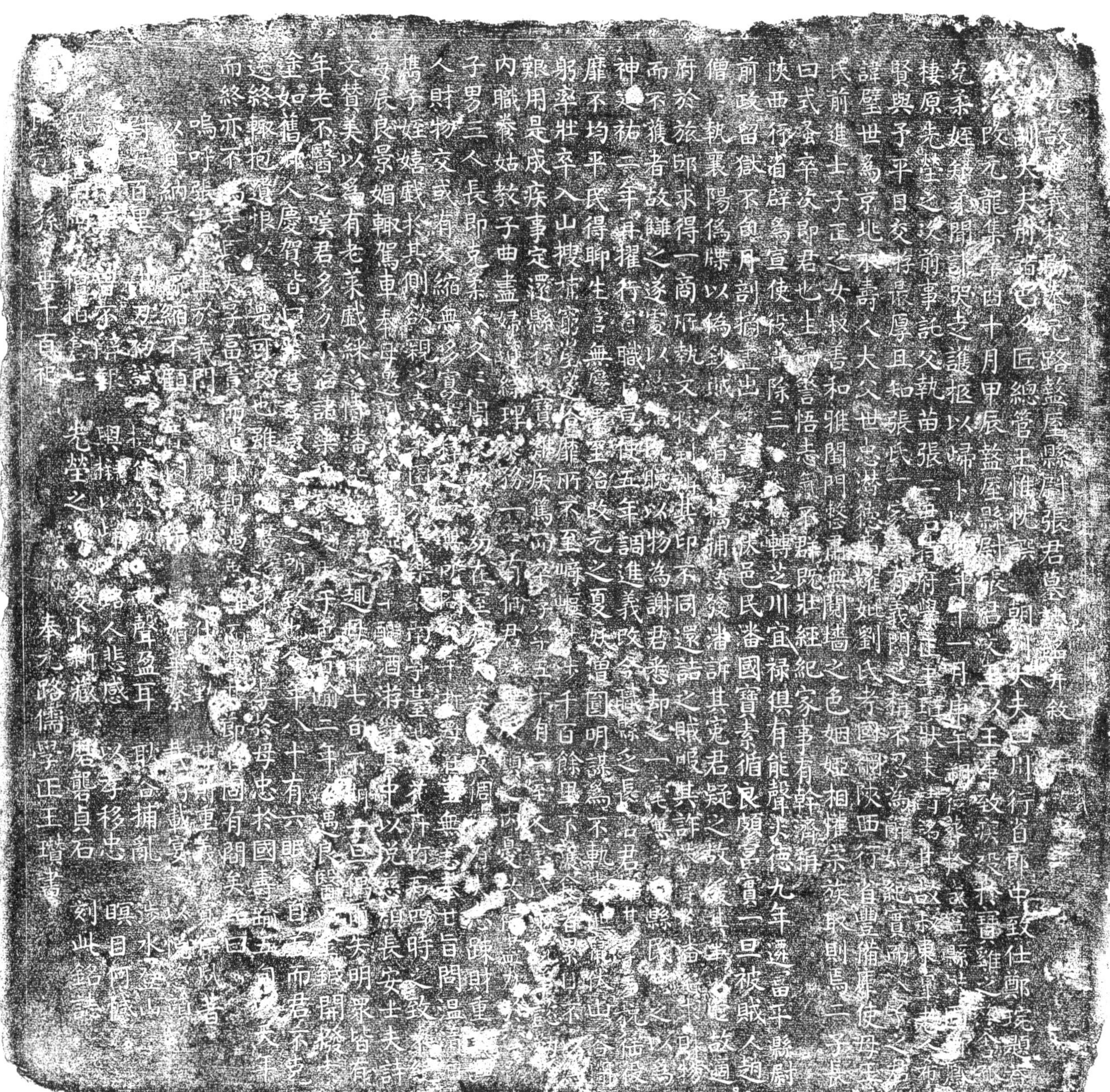

《張璧墓誌》誌石拓片

王忠墓誌

卒葬時間： 至治二年（1322）八月十四日葬。

行款書體： 誌上端題“鄉丈王公墓誌”1行6字，楷書。誌文22行，滿行27字，楷書。

撰書人名： 張元撰，沈彥祥刻。

誌文首題： 故王公墓誌。

形制紋飾： 墓塔砂石質，現存底座、塔身、塔頂，塔刹無存。塔身由兩塊方形石塊拼成，下部石塊長60厘米，寬40厘米，厚62厘米；上部石塊長63厘米，寬64厘米，厚44厘米，兩石中心用一圓形榫卯連接。背面刻誌主王忠家族成員6代世系圖，兩側爲綫刻人物、牡丹、蓮花等圖案，刀法簡單，造型草率，刻有“奉元延安路”“管領奉元、延安等路投下總管王彝”題銘。底座呈長方形，四側綫刻牡丹、蓮花圖案，塔頂四側各有3個石雕斗拱。

出土時地： 2011年延安市洛川縣石頭鎮修輝村出土。

存佚狀况： 現藏延安市洛川縣博物館。

主要著録： 首次刊布於《碑林集刊》總第十九輯（楊軍：《元〈鄉丈王忠墓誌〉略考》。

【録文】

故王公墓誌

石匠提領沈彥祥刊 /

余亡友鄉丈王公有賢子曰澤，其父喪，權厝於居第之北，既踰時，即舍 / 杖違次而來，□其先世昭穆之次及公之行事之狀，且泣而言曰：不肖 / 以不孝罪大，禍延先人。今奄忽四□月矣，將以延祐三年八月十四日葬 / 於村之西北。切惟先人平昔所游，惟吾子爲厚而能知其詳，幸不弃先 / 人之故，敢請誌其墓，兹願重託焉。余 / 既謝不敏，懇請益堅，苟辭之而甚 / 焉，則是負公於幽冥，亦無以慰澤之孝誠也。不獲已，乃以辭而系之。曰：/ 公諱忠，世爲韓城縣人也。曾高而上族世次第，亂後失傳，弗可得而詳 / 考。祖父三郎，力農爲業，以陰陽術數之學鳴於時，迄今宗族餘脉在彼 / 者尚多。父用，當金季擾攘之後，徙於鄜城縣修回里居焉。公亦以耕自 / 隱，不求聞達。公之爲人，内剛毅而外淳直，扶危濟困，以惠利爲心。鄰里 / 凡貧而有喪者，必以財厚賻之；親戚有因而乏食者，必以粟貸之。種不 / 言之德，施及物之功。嗚呼，燕山竇禹鈞聞，然詎見可繼者，是公也。弟曰 / 顯，先公卒，撫其子英，過於己子。延祐二年九月十二日以疾終，享年七 / 十。娶劉氏，生子曰澤，省除歷州縣務使；次子曰欽；又次子曰彝，今爲投 / 下管民總管；幼曰從禮。孫一十一人，澤之子曰當兒、寄童；欽之子曰恩、/ 慶壽、慶延；彝之子曰禮延、憨兒、重延；從禮之子曰神驢；英之子曰延壽、/ 福壽。其葬以劉氏配焉，弟顯以雲氏配焉。初，公與余游，余年壯盛，余以 / 鄉丈之禮尊敬之，公始終待余以朋友，不以耆艾齒序致異，可謂篤厚 / 君子矣。公今既没，余雖獨存，亦復垂病，胡得無情哉。故哀而誌之，表□ / 石塔，用傳永久。時至治壬戌秋八月既望，省除儒學官張元謹誌。/

男王澤、王欽、王彝、王從禮、王英等立石

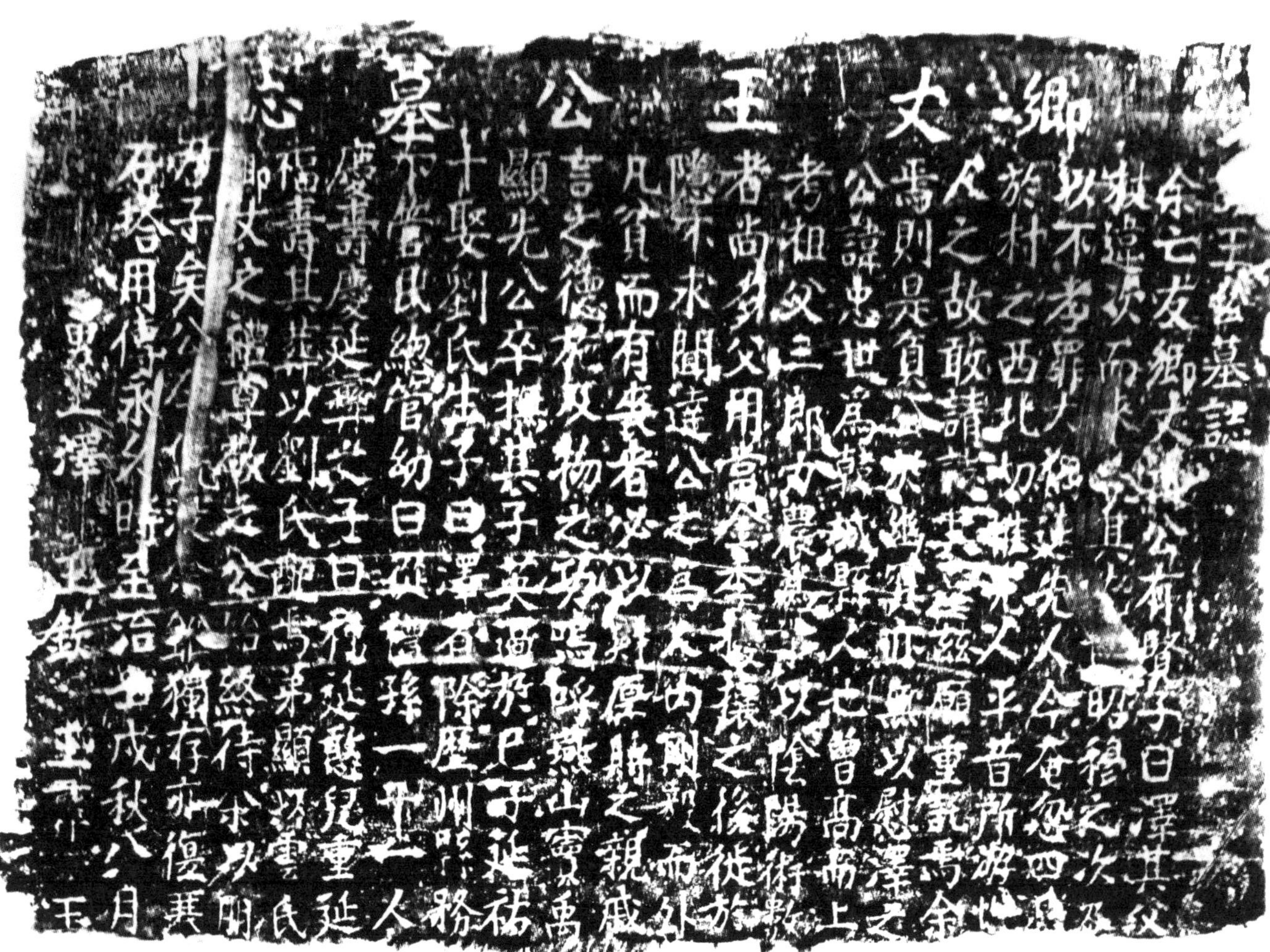

《王忠墓誌》拓片

尚好信墓誌

卒葬時間：至治三年（1323）三月三十日葬。
行款書體：誌文30行，滿行31字，楷書。
撰書人名：盧惟善撰，王濟安書并題蓋。
誌文首題：大元故安静處士尚君墓誌銘。
形制紋飾：蓋佚。誌石青石質，方形，高、寬均53厘米，厚15厘米。
出土時地：不詳。
存佚狀況：現藏西安博物院。
主要著録：未見著録。

【録文】

大元故安静處士尚君墓誌銘/

京兆盧惟善撰，遼海王濟安書并題蓋/

君諱好信，字彦誠，姓尚氏，自號安静處士。其先京兆奉先縣人，家諜逸墜，世次不/克究知。大父諱質，金華州防禦判官。四子，兵後惟諱古字彦朴者獨存，即君之考/也。歲丙申，關中治甫定，太傅濮國公聞其故家子廉慎，辟所莅規運官，年五十二/卒。五子。至延祐乙卯用次子敏修貴，贈承德郎。母恭人，耆儒京兆幕賓李公/之女，作配於良，内外同德。及守寡撫孤，愈厲清操，雖戚屬家，未嘗往也。教誨諸子，/皆能樹立早成。彦誠爲最幼，而性識通朗有度，事母以孝謹聞。承德公生平用廉/慎律己，身後生理稍屈。彦誠恒以奉親，甘旨不豐爲愧，乃降志爲商販貨殖事，以/勤儉持之。久之，遂致殷富。乃廣其居，事存事亡，各有攸宇。既而母卒，諸兄亦繼亡，/恩被諸兄子益厚，皆因之優贍保家，既化其義讓孝敬，異凡子弟。逮至暮年，財贏/意滿而能崇謙，抑絶鄙習。日延致賓客故人，宴飲極歡，敬將無倦。其餘波所及，至/於毀責券、助喪葬、書良其僮奴，此亦人所難能，獨易爲之。愛親及疏，行周内外，有/前賢之風焉。既遘疾，猶以幣遍寄故人，与之永訣，可謂克終友道矣。至治癸亥二/月二十二日終於家，年七十三。君凡三娶，趙氏、成氏皆先卒，再娶姚氏，皆有賢行，/使君譽隆於朋友，有内助焉。二子克敬、克脩，皆趙出也。克脩早世。男孫曰永壽，尚/幼；女孫曰秀、曰英，在室。克敬洎兄子克忠、克己、克讓等，卜以是年三月三十日葬/君於咸寧縣龍首鄉孟村之先塋，以趙氏、成氏祔焉，禮也。克敬等將君遺命，因予/友劉君鴻漸再拜以墓銘見託。既不得終辭，因亦列予知君言行之可異者，見其/臨事慎重，不苟度，可乃爲之。及与之言，辭約理明，誠老練世故者。鄉人有訟，久不/决，求君剖析，必正色審克，一歸正道，故又知有治劇之才。嗚呼，且喻君或得長一/郡一邑以爲政，决非偶然者。其所設施，必當如古良吏於今無疑矣。而徒爲富室，/如澤積之不流，其潤物不能及遠，惜哉。爲之銘曰：/

《尚好信墓誌》拓片

民生有欲，錫予孰主。富尊五福，衆鮮克舉。君之雅道，惟以德輔。/懋遷有無，復以義取。儉勤之積，惠施之溥。惟曰發身，亦隆幹蠱。/宗族欣欣，承其德宇。朋友之多，敬之無斁。民我奴賤，憫此勤苦。/削券已責，慰彼貧窶。凡民有喪，我財往賻。凡民有争，我戢爾怒。/恩被疏遠，愛君莫助。初希安静，久之彌著。静以審安，安能正慮。/故視千金，其輶一羽。焯然衆美，終始惟裕。方從君游，遽銘君墓。/百年不待，悲纏風樹。孝子慈孫，勿替永慕。

答里麻世禮墓誌

卒葬時間：泰定元年（1324）二月二十八日葬。

行款書體：誌文28行，滿行28字，楷書。

撰書人名：焦可撰并書、題蓋。

誌文首題：大元故中奉大夫浙東道宣慰使都元帥答里麻世禮公墓誌銘并序。

形制紋飾：拓片高、寬均59厘米。可見從中部斷爲左右兩塊，左上角缺損，其餘皆清晰。

出土時地：不詳。

存佚狀況：石佚拓存，國家圖書館有藏拓。

主要著録：《北京圖書館藏中國歷代石刻拓本匯編》第49册。

【録文】

大元故中奉大夫浙東道宣慰使都元帥答里麻世禮公墓誌銘并序 /

敕授延安路教授關中焦可撰并書丹題蓋 /

公諱答里麻世禮，畏吾人，其先家朔漠，因官關中，遂寧宇焉。祖宗勛烈，詳 / 載□父宣慰使忽倫察公神道碑，兹不具。母西和州氏，封延安郡夫人。公 / 爲宣慰使之中子，生而穎悟，既長不群。大德己亥，年甫十六，入侍 / 成宗，歷十二載。至大元年，宣授奉訓大夫、僉山南河北道肅政廉訪 / 司事。彼多豪貴大户，開溝澮，溉園田，妨奪農業水利。公下車之初，申明 / 朝省，允復舊制，以從民便。三年，調僉浙西道，清廉治政，聞達 / 朝廷。四年春，召爲邢［刑］部郎中。皇慶改元，轉升本部侍郎。延祐三年，公 / 思親年艾，南歸就養。四年夏六月，丁宣慰使憂。未幾，遷除同知晉寧路總 / 管府事，民賴安業。才及半載，召復刑部侍郎。七年，優升本部尚書。至 / 治改元，授中奉大夫，金珠虎符，出爲宣慰使都元帥浙東道。自京師挈家 / 將治任，路次揚州私第，卧疾不起，得年四十有四，實至治三年秋八月廿 / 日也。夫人阿里都迷失，封延川郡夫人，前公四年卒。繼室也先忽都吐伸，/ 也先忽都宫中之女，恩賜之也。男二，側室所出，未名夭亡；女二，吐伸 / 出也，皆幼。訃聞，延安夫人哭之慟甚。越明年春，南之揚州護公柩北還奉 / 元。卜以泰定元年二月二廿八日窆於咸寧縣龍首鄉宣慰使之兆次，延 / 川夫人祔焉，禮也。將葬，延安夫人命公之弟卜答世禮等持狀踵門，請銘 / 其墓。予與公有鄉曲之舊，不敢以固陋辭，謹按來狀，乃爲之序。公賦剛毅 / 之性，懷遠大之志，經集子史，間嘗涉獵。居家孝於親而悌於兄，交游和 / 衆而信於友。始自出入禁闥，小心勤敬，兩佐憲司，四典秋官，弹察糾 / 劾，興利除害，二十八載，政迹顯著，其可稽考者多矣。嗚呼，公之春秋方富，/ 名爵有餘，天不假之以年，勛業未竟而終，是可惜也。銘曰：/

偉哉宣慰，報國顯忠。皇天輔德，挺生明公。侍從 / 天子，周旋敬恭。出佐風憲，抑遏奸凶。平理冤獄，□□□□。藹然聲華，山嶽其崇。勛業既熾，壽祉宜豐。/ □□□□，□□□□。龍首北原，馬鬣崇封。我銘公墓，/（下闕）

《答里麻世禮墓誌》拓片　國家圖書館供圖

李新買地券

卒葬時間： 泰定二年（1325）二月二十六日立。

行款書體： 券文左側立面竪寫“合同”二字右半部，13行，滿行8—27字不等，朱書，楷書。

撰書人名： 無。

券文首題： 無。

形制紋飾： 磚質，方形，高37厘米，寬36厘米，厚6.5厘米。

出土時地： 1987年9月西安市雁塔區曲江鄉岳家寨出土。

存佚狀況： 現藏西安碑林博物館。

主要著録： 首次刊布於《文博》1988年第2期（馬志祥、張孝絨：《西安曲江元李新昭墓》）。

特殊說明： 原石文字今模糊不得辨識，行款、書體、録文均采自《西安曲江元李新昭墓》一文記録。因金元時期買地券有固定格式和用詞，原録文中明顯錯誤處徑改。

【録文】

維大元泰定二年歲次乙丑二月辛巳二十六日丙午孝孫李安，伏緣 / 祖考妣未入塋墳，夙夜憂思，不遑安厝，遂於奉元路□□□ / 固鄉新院門之原，謹以錢彩信幣買到墓地一段。長二十步，寬 / 十七步三分五厘，積三百四十七步，合震冢庚穴之吉地，□□ / 祖昭穆坐穴。東至青龍，西至白虎，南至朱雀，北至玄武。内方 / 勾陳，封步界畔，道路將軍，齊整阡陌，致使千年萬載，永 / 無違礙。今備牲牢酒脯，百味香新，共爲信契。財地交相 / 各已分付，令工匠修塋安葬大吉。/ 知見人：歲月主，代保人：今日直符。故氣邪精，不得忏 / 吝。先有居者，永避萬里。違此約，地府主吏自當其 / 禍，助葬主存亡悉皆安吉。急急如 / 五帝使者女青律令。/ 右契乞墓中祖考李新照用。

《李新買地券》實物圖

耶律世昌墓誌

卒葬時間： 泰定三年（1326）六月一日葬。
行款書體： 誌文28行，滿行28字，楷書。
撰書人名： 盧惟善撰，劉籥書。
誌文首題： 大元故安西路耀州尹耶律君墓誌銘。
誌蓋標題： 元故安西路耀州尹耶律君墓。4行，滿行3字，楷書。
形制紋飾： 誌蓋、石均青石質。蓋方形，高39厘米，寬43.2厘米，厚度不詳。誌石方形，高52厘米，寬51厘米，厚度不詳。
出土時地： 1950年西安市長安韋曲出土。
存佚狀況： 現藏西安碑林博物館。
主要著録： 《西安碑林全集》《新中國出土墓誌·陝西（貳）》《長安碑刻》。

【録文】

大元故安西路耀州尹耶律君墓誌銘/

京兆盧惟善撰，劉籥書/

君諱世昌，字某，姓耶律氏，其先某州某縣人，系出遼東丹王，歷遼及金之/盛，族大以顯，詳著大墓之碑。伯祖阿海，材武絶倫，當/國初，有佐命大功，位太師，封梁國王。仲弟秃花，勛庸与兄等，授太傅、也可/那延、隨路兵馬都元帥兼陝西京兆路事、濮國公。某年薨。上用其兄子/猪哥襲職，即君之考也，母夫人李氏。兄弟五人，君最幼。當時一門爲大官，/聲勢烜赫者甚衆，君獨恬澹好讀書，從名士張退庵游，爲人恭而有礼，姁/姁然儒者也。至元三十年，陝西行中書省素知君雅德，時安西王得承/制拜官，乃言於王曰：世昌貴臣子，而能折節讀書，涵泳理義之正，行無/玷闕，可授以政，必能和輯其民。王從之，即命知安西路耀州事，聞諸/朝會。病卒，年四十六。夫人石抹氏，其父萬夫長。既出大家，性復賢明，用勤/儉率下。有子七人，皆夫人所生，服膺慈訓，不墜先君子之業。婦德母儀，望/尊九族。後君三十二年，當泰定三年四月初九日卒，年七十八。其子思敬，/娶李氏，孫仲山奴，婦王氏；思聰，娶夾谷氏，孫安僧，婦夾谷氏，孫女適河州/同知子袁鑰；思恭，娶石抹氏，孫拜住，孫女二，皆幼；思温，敕授鞏昌寧州/等處打捕鷹房怯連口民匠長官，娶李氏、王氏，卒，再娶夾谷氏、畏兀氏，孫/男衆家奴，孫女適雲南行省都事子馮某，皆夾谷氏所出；思義，早夭；思忠，/娶商氏，卒，再娶石抹氏；思明，四川行中書省宣使，娶趙氏，孫女適故宣撫/使孫楊▢▢，趙氏卒，再娶石抹氏。諸子卜以是年六月初一日，祔葬夫人於/其先君之墓，思温來請銘。予謂：大凡受福多者，後必衰微不振，理勢然也。/若君者，執德終身而不試。爲善者疑之，而乃子孫衆多，皆篤於孝敬，所謂/必復其始者，將在是乎。銘曰：/

天始祚遼，大啓土宇。國既云亡，諸孫孔武。梁濮乘時，/爲聖朝輔。垂功竹帛，聯榮珪組。及君入官，/實以德取。享命不融，諸子何怙。煢煢慈母，撫我嬰孺。/三十二年，家政益舉。人會有終，克成礼祔。高原膴膴，/爰啓幽户，刻我銘詩，不替永慕。

誌蓋

誌石

《耶律世昌墓誌》拓片

賀勝墓誌

卒葬時間：泰定四年（1327）十月三日葬。
行款書體：誌文85行，滿行44字，楷書。
撰書人名：虞集撰，同恕題蓋，高巘書。
誌文首題：大元故中書左丞相開府儀同三司上柱國贈推忠宣力保德功臣太傅謚惠愍賀秦國公墓誌銘。
誌蓋標題：大元故左丞相開府儀同三司上柱國贈推忠宣力保德功臣太傅謚惠愍賀秦國公墓誌銘。9行，滿行4字，隸書。
形制紋飾：誌蓋、石均青石質。蓋橫長方形盝頂，高94厘米，寬165厘米，厚12厘米。誌石橫長方形，高103厘米，寬171.5厘米，厚22厘米。
出土時地：1953年鄠縣秦渡鎮張良寨村北出土。
存佚狀況：現藏西安市鄠邑区文物管理所。
主要著録：《户縣碑刻》《全元文》第二十六册、《新中國出土墓誌·陝西（叁）》。

【録文】

大元故中書左丞相開府儀同三司上柱國贈推忠宣力保德功臣太傅謚惠愍賀秦國公墓誌銘/

翰林直學士奉議大夫知制誥同修國史虞集文，/奉議大夫前太子左贊善同恕題蓋/

世祖皇帝建上都於灤水之陽，控引西北，東際遼海，南面而臨制天下，形勢尤重於大都。大駕歲巡幸，中外百/官咸從，而宗王藩戚之期會朝集，冠蓋相望，供億之計，壹統之留守，故爲職最要焉。自非器鉅而慮周，望孚而/幹固，明習國家典要，深爲上所信嚮者，殆不足以勝其任也。自/世祖時，以屬諸賀氏，至於今三世矣。方奉元忠貞王爲政時，一府之中，非無國人貴姓與之共位，又有材僚佐布在/行列，求其臨事决議之際，必得其一言而後定，則它人固不能矣。是以終至元之世數十年間，有增秩賜金，而终/不可遷居他官焉。公忠貞之子也，諱勝，字貞卿，一字舉安，小字伯顏，以小字行。幼從魯國許文正公學，通經傳大/義。年十六，以大臣子備宿衛，/世祖甚器重之，入則侍帷幄，出則參乘輿，無晝夜寒暑，未嘗暫去左右。故事論奏，兵政機密，非國族大臣無得/與聞者，時獨不避公。或更命留聽近侍，或言《論語·八佾》之五章，若訕今日者，盍去諸？上以問公，公曰：夫子/爲當時言，距今二千餘載，豈相及哉？且國家受天命，爲天子，有天下，固當下比古之逖遠小名而自居乎？/上然之。二十四年，乃顏叛，率其兵入寇，上親将討之。将戰之夕，唯近臣只兒哈良帶劍立寢門外，雖親王貴/人不得輒至，而公直帳中，受密旨出入，指授諸将。及戰，公擐甲前導牙纛，既成列，還侍上側。王師奮擊，遂/克乃顏。明日，上顧謂近侍曰：昨者之戰，飛矢及於朕前，毅然無懾容者，唯伯顏爲然。都人見上之親/征也，頗恟懼，上欲慰安之，故亟還。夜行卧輿中，苦足寒，公解衣以身温上足，乃安寢。及旦蹕駐，始寤。它/日，上自校獵還宫，伶人道迎，有被色繒綴雜旄象師子以爲戲者，載輿象見之驚逸，執輿者莫能制。公時侍/上在輿中，即自投下，奮當其觸突，後至者始得追及，断靷脱象，乘輿乃安，而公創已甚。上親撫之，命尚醫/尚食謹護視，蓋三月而後安。是時，天下初定，四方以遽聞者，上欲亟賜報。公方少壯，能日馳千里，又/上所親信，有使事，輒見遣。受命無留行，復命無後期，所區畫動合旨意。或朝至而夕復出，亦不少憚也。故六詔/西域，交廣之屬，無不至焉，概計其所歷，無慮數十萬里。上春秋已高，海内已定，每嚴畏天象以自警，司天有/奏，得非時以聞，因拜公集賢學士，服一品服以領之。喪哥之爲相也，怒忠貞之尹京，常不下己，危中之上前。/旬月之間，數十奏不止，賴上察公父子深，故免。廷臣共知其奸，無敢爲上先言之者，公常啓其端，而言/者繼之，始服罪。上之改尚書省爲中書也，方卜相，顧謂公曰：汝以爲孰當吾心者？公再拜曰：命相，國之大/政，非小臣所敢知。然求之輿望，以爲太子詹事完哲，先真子也，端重忠實，可屬大事。上曰：然。吾并得所/以佐之者矣。遂相完哲，而以公爲參知中書政事，時年二十八耳。參决朝議，明允通練，一時驚异焉。久之，又拜僉/樞密院事。又拜大都護，典外國之来屬者。/成宗皇帝即位之十年，忠貞告老，尋殁于家。而公拜榮禄大夫、上都留守，兼本路都總管、開平府尹、虎賁親軍都指/揮使，服忠貞所佩虎符。至大四年，拜光禄大夫、左丞相、行上都留守，兼本路都總管府達魯花赤。延祐元年，拜開/府儀同三司、上柱國，三進而彌尊。遂兼台司之貴，而留鑰之寄如一，蓋世官矣。上都地寒，不敏於樹藝，無土著之/民，自穀粟布帛以至纖靡奇異之物，皆自遠至。宮府需用萬端，而吏得以取其無闕者，則商賈之資也。吏多並緣/爲奸，一旦稱遽發所居以集事，而直不時得，人用病焉。公常閲文書，按而予之，無或失其業，故来藏市者沛然日/增，以稱京師之盛。公坐府治事，謹辰酉，吏舍肅然，具牘無敢玩，出内無敢欺。貴人大家，或以上命得給賜，若/營繕市易，多遣私人逼脅府史，凌辱僚吏，搒係其民人，豪横過取，無可誰何。公必盡奏抑治之，而善柔者亦必使/得所當而去。吏有持上供物入宮門，迫暮不得出，所司捕得，奏誅之。公曰：此有故，非闌入也。力争之，吏得不死。奉/聖州民高氏，隸籍虎賁衛，以多貲名，身死而子幼，貴官有利其家財者，使部曲强娶其婦。公爲辯之上前，不/聽娶，高氏乃得全其家。公以民之飢也，嘗便宜發廪，不待得請；以民之不知教也，始大爲學舍，禮儒師以風化之。/是以吏民不識貴强之凌暴，承其教戒，仰之若神明焉，相率爲祠於西門之外，設公像而祝之。阿思罕之爲亂也，/關陝震動。公方朝正月於大都，上曰：上京，根本之地，其速還鎮。即日告行，都人見公至，如孤弱得慈母。時安/王將兵北行，所過多侵掠，公謂之曰：君父倚王以保民禁暴，今未出國門，而行次失律，/天子或以爲問，奈何？王悟，謝之。整兵以行，民周安堵。時方隆寒，士馬凍乏，縣官芻糗衣著不時具，公以私藏足之，行/者以爲感。/仁宗皇帝乃命工畫公像，敕學士爲贊識，以/天子之璽而賜之，俾傳示子孫。於是，公有足疾，辭不任劇，願賜骸骨歸。上曰：/祖宗以上京屬卿父子，民安化行，朝無顧慮久矣，徒卧護可也。乃賜小車，俾乘以出入，得至禁廷焉。當是時，太師/怙木迭爲丞相，子弟縱虐於民，公壹繩之以法。官峙宿儲，而丞相家奴擅罔市利，責高直於官，公每裁抑之，又惡/其帷薄之不修也，而貪嫉日盛，绝不與往来。都人張弼殺人獄具，丞相受其金錢無筭，爲折辱留守，脅使易辭出/之。公持不可，而中書平章政事蕭拜住、御史中丞楊朶兒只等遂與公等顯奏之，/天子震怒，罪且不測，賴/太后仁恕以爲言，幸得罷去相位，而諸公之怨不可解矣。/英宗皇帝之即位也，怙木迭復爲丞相，乘間肆毒，睚眦之私無不報者。蕭、楊二公既已被害，即誣公乘賜車出迎詔/書爲非禮而執之，激怒/主上，遂置之死。京師之人，巷哭相聞；而士大夫憤怒，相視以目。自是廷中不附己者，固已盡中傷之無遺矣。久之，/天子察其故，斥不得居位，遂死於家，敕仆所樹頌功碑，而言者始昌言。蕭、楊及公之冤未及有所昭雪，而/上崩。/今上皇

大元故左丞相開府儀同三司上柱國贈推忠宣力保德功臣太傅謚惠愍賀秦國公墓誌銘

誌蓋

誌石

《賀勝墓誌》拓片

帝入繼大統，發明詔以慰撫天下，顧未暇它及，而首以公之枉爲言，蓋知天人積憤之故，本由臣奸殘忍以/啓之也。於是奸忠逆順之辯大明，死者固已少自釋於地下，而天下之公議亦少振焉。明年，乃贈公推忠宣力保/德功臣、太傅開府儀同三司、上柱國，追封秦國公，謚惠愍。贊書哀惻，聞者感動。命下之日，都人走詣其殯，不约/而至者幾萬人。而其子惟一，即拜正議大夫、同知上都留守司事。泰定四年秋，集執經講帷，從在上都，而惟一適/遷陝西廉訪副使，乃来告曰：家世荷國厚恩，受京邑之托，父子一心，所以圖報稱於萬一者，天實臨之，/列聖實鑑之。我先人遭罹奸凶，遘履危禍，此惟一泣血终身而不忍言者也。/皇上聖明，灼見隱伏，不□故舊，褒恤之典，極於哀榮。又不以惟一不肖，俾嗣世職，感恩戴誼，是以未敢申其情/事，期滿歲而請行。今易節以西，實過鄉里，是天所以賜惟一也。将以泰定四年十月初三日，奉以歸葬焉。惟先人/終始，定於國是，非一家之私言也。托諸幽宫，以期不朽者，非太史氏，其何徵乎？敢以爲請，此又惟一忍死以待/者也。集受其言而悲之，乃考諸見聞，與其客吕弼所爲狀，得/祖宗付嘱賀氏以上都之事，與賀氏父子之爲治者，乃并朝廷哀忠臣、懲往失之意而具書之。按：賀氏世家平/洛隰州之永和，今爲京兆鄠縣人。曾祖種德，封通奉大夫、護軍、雍郡公。妣郝氏，贈雍國夫人。祖賁，京兆路總管、諸/軍奥魯，贈輸忠立義功臣、銀青榮禄大夫、大司徒，封雍國公，謚貞憲。妣鄭氏，贈雍國夫人。考仁傑，光禄大夫、上都/留守、虎賁親軍都指揮使、平章政事、商議陝西等處行中書省事，贈推誠宣力翊運功臣、太師，開府儀同三司、上/柱國，追封奉元王，謚忠貞。妣劉氏、鄭氏，皆封雍國夫人，改奉元王夫人。娶張氏，早卒。又娶揑古真氏，亦先公卒，皆/封雍國夫人，改封秦國夫人。子男二：惟一、惟賢，以世家子備宿衛。女二，長適平章政事阿不海牙，次適搠立忽攀/断事官。公墓在鄠縣。/

巍巍神京，/世祖所營。殿于漠南，治朝廣廷。有城有闕，民之攸止。大纛周廬，亦有舍次。始命董兹，國有幹楨。舉綱挈維，纪/目亦程。維昔周郊，陳實繼旦。慎始和中，異體同貫。我則不然，世官尚賢。保綏成功，動循故先。公始侍中，年壯氣/鋭。出入踐揚，百試無替。乃贊國均，乃佐本兵。乃斂長籌，以督畿坰。時巡至止，百用具給。清宫言還，留鑰是執。/歲率其常，年與位遷。膂力則非，精思弗愆。時入禁闥，衆起咸拜。名王細侯，亦仰而慨。曰此老成，/世皇之臣。祖事孫承，矧其都人。公出視政，獄市無擾。商曰予獲，民曰予保。公田于野，徒御不囂。有警無遨，具咨公/勞。公惟小心，不懈彌謹。義之有激，事在無隱。竊位爲權，彼凶滔天。我則老臣，忍從危顛。二三君子，掎角以制。不/竟于断，階此大厲。嗚呼昊天，不淑謂何。假爲神明，偏爲百訛。國論素定，公則不隕。揚言孔昭，/天子之聖。保終没寧，豈必謂身。身枉義伸，抑又何呻。我哀公子，知忠念孝。還葬忍緩，思報之道。奉節過家，/天子命之。承志正丘，天道聽之。嗟彼都人，不歌以相。曰此有祠，公庶来享。南山峨峨，其鹿維林。公從先王，歸復自/今。貞珉刻辭，作于太史。千載之徵，無愧孫子。

後學高巎書

仁宗皇帝乃命工畫公像 勑學士為贊識以
天子之璽而賜之俾傳示子孫於是公有足疾辭不任劇願賜骸骨歸 上曰
祖宗以上京屬卿父子民安化行朝無顧慮久矣徒卧護可也乃賜小車俾乘以出入得至 禁廷焉當是時太師
怗木迭兒為丞相爭弟縱虐於民公壹繩之以法宦寺宿儲而丞相家奴擅闤市利責高直於官公每裁抑之又惡
其帷薄之不修也而貪嫉日盛絕不與往來都人張弼殺人獄具丞相受其金錢無筭為折辱留守脅使易辭出
之公持不可而中書平章政事蕭拜住御史中丞楊朶兒只等遂與公等顯奏之
天子震怒罪且不測賴
太后仁慈以為言幸得罷去相位而諸公之怨不可解矣
英宗皇帝之即位也怗木迭復為丞相乘間肆毒睚眦之私無不報者蕭楊二公既已被害即誣公乘賜車出迎詔
書為非禮而執之[illegible]
主上遂竟之死京師之人巷哭相聞而士大夫憤怒相視以目自是廷中不附己者固已盡中傷之無遺矣多[illegible]
天子察其故弃不得居位遂死於家 勑作所樹頌功碑而言者始昌言蕭楊及公之冤未及有所昭雪而
上崩
今皇帝入繼大統發明詔以慰撫天下顧未暇究及而首以公之枉為言蓋知天下積憤之故本由臣奸殘忍以
啟之也於是奸忠逆順之辯大明死者固已少自釋於地下而天下之公議亦少振焉明年乃贈公推忠宣力保
德功臣太傅開府儀同三司上柱國追封秦國公謚惠愍贊書哀惻聞者感動命下之日都人走詣其殯不約
而至者幾萬人而其子惟一即拜正議大夫同知上都留守司事泰定四年秋集執絰請帷從在上都而惟一適
遣陝西廉訪副使[illegible]來告曰家世荷國厚恩受京邑之托父子一心所以圖報稱於萬一者 天實臨之
列聖實鑑之我先人遭時奸臣遽罹危禍此惟一泣血終身而不忍言者也
皇上聖明灼見隱伏不遺故舊褒卹之典極於哀榮又不以惟一不肖俾嗣世職感 恩戴 誼是以未敢申其情
事期滿歲而請行今易節以西實過鄉里是天所以賜惟一也將以泰定四年十月初三日奉以歸葬焉惟先人
終始定於 國是非一家之私言也托諸幽宮以期不朽者非太史氏其何徵乎敢以為請此又惟一忍死以待
者也集受[illegible]言而悲之乃考諸見聞與其客呂弼所為狀得
祖宗付屬賀氏以上都之事與賀氏父子之為治者乃并 朝廷哀忠臣懲往失之意而具書之按賀氏世家
[illegible]刑之[illegible]今為京兆鄠縣人曾祖種德封通奉大夫護軍雍郡公妣郝氏贈雍國夫人祖貞京兆路總管諸
軍奧魯贈輸忠立義功臣銀青榮祿大夫大司徒封雍國公謚貞憲妣鄭氏贈雍國夫人考仁傑光祿大夫上都
留守虎賁親軍都指揮使平章政事商議陝西等處行中書省事贈推誠宣力翊運功臣太師開府儀同三司上
柱國追封奉元王謚忠貞妣劉氏鄭氏皆封雍國夫人改奉元王夫人娶張氏早卒又娶捏古真氏亦先公卒皆
封雍國夫人[illegible]國夫人子男二惟一惟賢以世家子備宿衛女二長適平章政事阿不海牙次適搠立忽攀
斷事官公墓在鄠縣
巍巍神京
世祖所營殷于漢南治朝廣廷有城有闕民之攸止大蠹周廬亦有舍次始 命董茲 國有蘇積舉綱挈維紀
目亦綱維昔周郊陳實繼旦慎始和中異體同貫我則不然世官尚賢祿綬成功勳循故先公始侍中年壯氣
銳出入戎驂百試無替乃贊 國均乃佐本兵乃斂長籌以贊戢凶時巡至止百用具給清宮言還留鑰是執
歲率其常年與位遷膂力則非精思弗懲時入 禁闥衆起咸拜名王細侯亦仰而慨曰此老成
世皇之臣祖事孫承矧其都人公出視政獄市無擾商曰予獲民曰予保公田于野徒御不譁有譬無遨具瞻
勞公惟小心不懈彌謹義之有激事在無隱竊位為權彼兇滔天我則老臣忍徒危顛二三君子犄角以制不
竟于斷嗟此大厲嗚呼昊天不淑謂何假為神明偏為百詭 國論素定公則不隕揚言孔昭
天子之聖保終沒豈必謂身身枉義伸抑又何呻我哀公子知忠念孝還葬忍緩思報之道奉節過家
天子命之承志正止天道聡之差彼都人不歌以相曰此有祠公庶来享南山峩峩其庶維林公從先王歸復自
今貞珉刻辭作于太史千載之後無愧孫子
後學[illegible]書

《賀勝墓誌》誌石拓片放大圖

杜季昌墓誌

卒葬時間： 致和元年（1328）四月十七日葬。

行款書體： 誌文20行，滿行19字，楷書。

撰書人名： 孫孝思撰并書。

誌文首題： 大元故杜君墓誌銘。

誌蓋標題： 大元故杜君元甫之墓。3行，滿行3字，楷書。

形制紋飾： 誌蓋、石均青石質。蓋方形盝頂，高49厘米，寬51厘米，厚15厘米，誌石方形，高46厘米，寬48厘米，厚12厘米。

出土時地： 不詳。

存佚狀況： 現藏西安博物院。

主要著録： 未見著録。

【録文】

大元故杜君墓誌銘 /

延安路儒學教授孫孝思撰并書 /

杜君諱季昌，字元甫，其先本京兆望族，歷代多聞 / 人。考用，妣蘭氏，昆仲六人，君第三，生甲辰年四月 / 二十七日。幼聰敏知學，姿禀傀偉，有幹局。嘗辟兩 / 江招討司經歷，不就。悦於親，友于兄弟，信乎朋友。/ 樂周急，或有負債，貧不能償者，則焚其券，故鄉人 / 多稱慕。娶梁氏，安西王府掌膳提舉大用姊。/ 性嚴静，婦德母儀皆可法。少君一歲，十一月初二 / 日生。有男三，長忠，從仕郎、静江路臨桂縣尹；次信，/ 先没；次敏，河西隴北道肅政廉訪司書吏。女二，長 / 適安西王府掌書韋世隆，次適湖南道宣慰 / 司令史王文，皆同郡人。孫男五女六。延祐改元甲 / 寅六月初八日卒，八月十四日葬長安縣苑西鄉 / 新池村先塋，昭班第二穴。梁氏没于泰定五年戊 / 辰正月二十九日，三月改元致和，四月十七日合 / 祔君左。甥敏泣請銘，故書。/

粤維杜氏，世多聞人。噫予元甫，秉心克惇。/ 信義接物，孝友睦親。淑配曰梁，没世如賓。/ 四德無爽，五福宜臻。礱石刻辭，窀穸永鎮。

誌蓋

大元故杜君墓志銘
延安路儒學教授孫孝恩撰并書
杜君諱季昌字元甫其先本京兆望族歷代多聞
人考用妣蘭氏昆仲六人君第三生甲辰季四月
二十七日幼聰敏知學姿稟傀偉有幹局嘗辟兩
江招討司經歷不就悅於親友于兄弟信乎朋友
樂周急或有負債貧不能償者則焚其券故鄉人
多稱慕娶梁氏 安西王府掌饍提舉大用姊
性嚴靜婦德母儀皆可法少君一歲十一月初二
日生有男三長忠從仕郎靜江路臨桂縣尹次信
先沒次敏河西隴北道肅政廉訪司書吏女二長
適 安西王府掌書韋世隆次適湖南道宣慰
司令史王文皆同郡人孫男五女六延祐改元甲
寅六月初八日卒八月廿四日葬長安縣苑西鄉
新池邨先塋昭班第二穴梁氏沒于泰定五季戊
辰正月二十九日三月改元致和四月十七日合
祔君左塌敏泣請銘故書
粤維杜氏 世多聞人 隱乎元甫 秉心淵塞
信義接物 孝友睦親 淑配曰梁 沒世同寅
四德無虧 五福交臻 鐫石刻辭 萬季永鎮

誌石

《杜季昌墓誌》拓片

趙公瑾墓誌

卒葬時間： 天曆二年（1329）八月十八日葬。
行款書體： 誌文17行，滿行16字，楷書。
撰書人名： 張冲撰，李穀書，何信刻。
誌文首題： 元故趙君墓誌銘并序。
誌蓋標題： 元故趙君墓誌。2行，滿行3字，篆書。
形制紋飾： 誌蓋、石均青石質。蓋方形盝頂，高42厘米，寬41厘米，厚11厘米，四殺素面無紋飾。誌石方形，高40厘米，寬41厘米，厚10厘米。
出土時地： 不詳。
存佚狀況： 現藏西安市臨潼區博物館。
主要著録： 未見著録。

【録文】

元故趙君墓誌銘并序 /

前鄉貢進士張冲撰，李穀書 /

君諱公瑾，字廉甫，世爲蒲城人。大考以上，/ 譜係不存。考志元，淳篤無世俗習，妣王氏 / 亦淑慎，徙家咸寧。一子即君，恭儉天出，資 / 子錢以仰事俯育，温飽外怡然分守，惟諄 / 諄教子弟，期以成人。至元二十七年四月 / 十四日以疾卒于居第之正寢。娶屈氏，前 / 君卒；繼劉氏。二子：震，克勤善心計，/ 安定王旨授規運提舉，屈出也；次曰贑，通 / 敏習文法，敕潼川民匠提領，劉出 / 也。女三，長適劉世隆，次適楊元鼎，次適邵 / 和。孫男三，福緣、懷德、季榮。天曆二年八月 / 十八日，震等祔屈與劉葬于咸寧縣洪固 / 鄉芙蓉原先塋。銘曰：/

幽宅既安，有子有孫。以奉其祀，是 / 爲生死無憾。

何信刊

誌蓋

元故趙君墓誌銘
前鄉貢進士張沖撰　李轂書
君諱公瑾字廉甫世爲蒲城人大考以上
譜係不存考志元淳篤無世俗習妣王氏
亦淑慎徙家咸寧一子即君恭儉天出資
子錢以仰事俯育溫飽外怡然分守惟諄
諄教子弟期以成人至元二十七季四月
十四日以疾卒于居第□正寢娶屈氏前
君卒繼劉氏二子震克□善心訓
安定王旨捷規運提舉屈出也次曰贛通
敢習文法　敕潼川民匠提領劉出
也女三長適劉世隆次適楊元鼎次適邵
和孫男三福緣懷德季榮□曆二季八月
十八日震等祔屈與劉葬于咸寧縣洪固
鄉芙蓉原先塋銘曰
幽宅既安有子有孫以奉其祀是
爲生死無憾
何信刊

誌石

《趙公瑾墓誌》拓片

郝札剌兒台墓誌

卒葬時間： 後至元二年（1336）二月七日葬。
行款書體： 誌文28行，滿行30字，楷書。
撰書人名： 程大猷撰。
誌文首題： 大元故廣威將軍五路萬户府萬户兼管雲南右手萬户郝公墓誌銘。
誌蓋標題： 大元故郝公誌。2行，滿行3字，篆書。
形制紋飾： 誌蓋、石均青石質。蓋方形盝頂，高、寬均50厘米，厚10厘米。誌石方形，高、寬均50厘米，厚9.5厘米。
出土時地： 不詳。
存佚狀況： 現藏咸陽市三原縣博物館。
主要著録： 未見著録。

【録文】

大元故廣威將軍五路萬户府萬户兼管雲南右手萬户郝公墓誌銘 /

前鄉貢進士興元路褒城縣教諭雲陽程大猷撰 /

公諱札剌兒台，其先太原人，自金季板蕩後，庚子，其祖過池陽，遂卜築焉。考 / 札剌不華，爲鎮國上將軍、南道宣慰使、鎮蠻都元帥，不妨本職，總管五路萬 / 户。母樊氏，以 / 皇元丙辰年二月初八日生公于池陽故第。公幼敏慧，性沉武，其拳勇已爲群 / 兒所憚，才器過人。及長，狀貌魁偉，善騎射，爲人慷慨，多大節，征進亦獲戰功。/ 至元十九年，奉命討叛者亦奚不薛，遂令權管五路萬户軍馬征進。又 / 與撒禿胡萬户管領哨馬軍人，深入生界，殺虜蠻兵，其功甚偉。後屢攻蠻寨，/ 領兵深入，公不避矢石鋒鏑，蠻兵畏其名威，潰圍逃生。公每執訊獲醜，前後 / 功戰，九獲元勛。厥後四川行省驗公威德，録績以 / 聞，遂授虎符，陞五路萬户府正萬户。公乃赴都入覲，多蒙 / 恩寵，御賜物帛，再命虎符，授信武將軍、五路萬户，鎮守重慶。大德四年，以公征緬，/ 授廣威將軍兼管雲南右手萬户。公到緬中，困圍木蓮城寨，首奪奇功。雲南 / 行省嘉其丕績，以寶貨見賜。是年，至藤衝府，疾革，殁于 / 王事，享年四十有五。公凡五娶，楊氏、劉氏、朱氏、趙氏、史氏，俱循婦道。子三人：脱脱，/ 襲父職，楊氏所出；趙氏、朱氏二子早亡。女四人：長適四川等處廣安巡檢牛 / 氏，次適重慶府録事何氏，次適蒙古人咬住，次亡。孫男二人：長曰買奴，早亡；次 / 曰薛朝兀兒。孫女一人，適崇慶楊氏。其孫薛朝兀兒以至元二年二月初七日舉公之柩 / 葬于三原縣清豐原修真鄉南雒村先塋之穆穴，五夫人祔焉，禮也。嗚呼，公之生 / 也，克勤厥職，功德豐隆，故其褒寵榮，厚爵禄崇。還一日，薛朝兀兒來謂僕曰：我先祖 / 功業隆盛，累受恩榮，欲誌諸石，以藏不朽。子爲我序其事而銘之，不亦宜 / 乎？僕再三固辭，求之益懇，謹按狀而銘之曰：

猗歟郝公，太原傳芳。/ 有元庚子，徙居池陽。從父進征，厥名煌煌。效國克忠，功傑蠻甸。/ 勇冠三軍，身經百戰。敵畏威名，兵服訓練。數拔蠻寨，九獲元勛。/ 深入其阻，魁遁群分。御賜厚幣，待禮益勤。屢襲上爵，繩其祖武。/ 功赫搢紳，名崇千古。刻兹幽宅，永耀西土。/

至元二年歲次丙子二月戊寅朔初七日甲申，孝孫男薛朝兀兒謹誌

誌蓋

大元故廣威將軍五路萬戶府萬戶兼管雲南右手萬戶郝公墓誌銘
前鄉貢進士興元路褒城縣教諭雲陽程大猷撰
公諱札剌兒台其先太原人自金季板蕩後庚子其祖過池陽卜築焉考
札剌不華爲鎮國上將軍南道宣慰使鎮蠻都元帥不妨本職總管五路萬
戶母樊氏以
皇元丙辰季二月初八日生公于池陽故第公幼敏慧性沉武其拳勇已爲群
兒所憚才器過人及長狀貌魁偉善騎射爲人慷慨多大節征進亦獲戰功
至元十九季奉　命討叛者亦奚不薛遂令權管五路萬戶軍馬征進又
與撒先胡萬戶管領哨馬軍人深入生界殺虜蠻兵其功甚偉後屢攻蠻寨
領兵深入公不避矢石鋒鏑蠻兵畏其名威遣闈逃生公每執訊獲醜前後
功戰九獲元勳厥後四川行省驗公威德錄績以
聞遂授虎符陞五路萬戶府正萬戶公乃赴　都入覲多蒙
恩寵御賜物帛再命虎符授信武將軍五路萬戶鎮守重慶大德四季以公征緬
授廣威將軍兼管雲南右手萬戶公到緬中困圍木連城寨等奇功雲南
行省嘉其丕績以寶貨旌賜是季[illegible]縢衛府疾甚歿于
王事享季四十有五公凡五娶楊氏劉氏朱氏趙氏史氏[illegible]婦道子三人脫脫
襲父職楊氏所出趙氏朱氏二子早世女四人長適四川等處廣安遝換牛
氏次適重慶府錄事何氏次適蒙古人咬住次適孫男二人長曰買奴早亡次
曰薛朝兀兒孫女二人適崇慶楊氏其孫薛朝兀兒以至元二季十二月初七日舉公之柩
葬于三原縣清豐原修真鄉南維都先塋之穆穴五夫人祔焉禮也嗚呼公之生
也克勤厥職功德豐隆故其褒寵榮享爵祿崇遷一日薛朝兀兒來謂僕曰我先祖
功業隆盛累受　恩榮欲誌諸石以藏不朽子爲我序其事而銘之不亦宜
乎僕再三固辭求之益懇謹按狀而銘之曰　猗歟郝公　太原傳芳
有元庚子徙居池陽從父進征厥名煌煌　效國克忠　功傑蠻甸
勇冠三軍身經百戰敵畏威名兵服訓練　數拔蠻寨　九獲元勳
罙入其阻魁避群分　御賜厚幣待禮益勤　屢襲上爵　繩其祖武
功赫搢紳名崇千古刻茲幽宅永耀西土
至元二季歲次丙子十二月戊寅朔初七日甲申孝孫男薛朝兀兒謹誌

誌石

《郝札剌兒台墓誌》拓片

雷德詮墓誌

卒葬時間：後至元三年（1337）五月二十日葬。
行款書體：誌文27行，滿行26字，楷書。
撰書人名：同弢撰。
誌文首題：大元故興元路蒙古教授雷君墓誌銘并序。
誌蓋標題：大元故興元路蒙古字教授雷君墓誌銘。4行，滿行4字，楷書。
形制紋飾：誌石青石質，方形，高66厘米，寬64厘米，厚9厘米。
出土時地：1958年高陵縣姬家灣雷村西南二百米處出土。
存佚狀況：現藏西安市高陵區博物館。
主要著録：《高陵碑石》《新中國出土墓誌·陝西（壹）》。

【録文】

大元故興元路蒙古教授雷君墓誌銘并序 /

贈從仕郎奉先路咸陽縣尹同弢撰 /

高陵縣毗沙鎮雷士元，人皆稱其孝友兼至，信義兩立，余素敬愛之。/ 自□仕途，與余違闊者十餘年矣。逮今年至元丁丑春二月謁余，致 / 拜□禮，款晤移時，德愈□□謙抑，知始受興元路蒙古教授。一□命 / 且□□□，三月二十二日疾終于家，聞之驚悼累日。其年五月廿日，/ 卜葬慶安鄉堣原先塋。族□孜狀其實，請以銘諸幽藏。余於君有世 / 契之好，義不容辭。嗚呼，□前月過我，豈憶遽有終天之別乎。君姓雷 / 氏，諱德詮，士元其字也。世爲耀州同官縣雷平川人，後徙家高陵縣 / 毗沙鎮。曾祖定，妣楊氏；祖貴，嘗主四縣簿，妣杜氏；父禎，臨潼縣尉，有 / 能聲，先大夫文貞爲誌其墓，妣劉氏，婦道母儀，爲法閨門。生二子，長 / 即君也。性稟開明，端重謹敏。蚤歲如成人，入學迥出時輩。□弱冠，丁 / 母憂，□毀疾作，縣尉君患之，强以肉食。厥後家事任爲己責，不使縣 / 尉君少動於中。其有德無犯，就養無方者，朝夕益致謹焉。縣尉君卒 / 于官，護喪歸葬，衣衾棺斂，靡不悉，其哭踰三年猶一日。撫弟妹，情愛 / 篤全，婚嫁以時，群從昆季，怡怡如也，未嘗有間言。與人交，不苟合，尤 / 重然諾。或事有失其平者，君折以正言，往往心服。值天歷凶歲，所居 / 之鎮，佛刹道館及他□祠壞毀殆盡，君首輸己財，率里人修復，一新 / 舊觀。迹其生平，所謂孝友兼至，信義兩立者，爲如何哉。初，君以蒙古 / 翰林生，辟□州路學正，陞前職。如君之賢，僅及中壽，不得一試，其所 / 蘊□可憾已。天之生物，必因其才而篤焉，俾聖人之言，得不有疑於 / 今乎。先娶寇氏，前君十九年卒，生一女，適路克中。再娶吕氏，贈承事郎、/ 耀州同知之女，贈通□大夫、陝西等處行中書省參知政事文穆公 / 孫□。□室張氏，生一子曰鑾□，方在抱。乃系以銘。銘曰：/

德乎可政，才乎可嘉。不實而華，/ □悼而嗟兮。山川孔良，時日允臧。/ 先塋之藏，後人之昌兮。

《雷德詮墓誌》拓片

劉逵墓誌

卒葬時間： 後至元三年（1337）八月五日葬。
行款書體： 誌文31行，滿行29字，楷書。
撰書人名： 王通撰并書，王弁題蓋。
誌文首題： 元故奉訓大夫同知平凉府事致仕劉公墓誌銘。
誌蓋標題： 大元奉訓大夫同知平凉府事劉公墓銘。4行，滿行4字，篆書。
形制紋飾： 誌蓋、石均青石質。蓋方形盝頂，高56厘米，寬56.5厘米，厚12厘米，四殺素面無紋飾；誌石方形，高53厘米，寬55.5厘米，厚16厘米。
出土時地： 1999年西安市高新技術開發區中際大厦住宅工程基建工地出土。
存佚狀況： 現藏西安博物院。
主要著録： 首次刊布於《收藏界》2002年第1期（孫武，楊軍凱：《元代劉逵墓出土的幾件瓷器》）。

【録文】

元故奉訓大夫同知平凉府事致仕劉公墓誌銘/

魯齋書院山長王通撰并書，/承事郎前富平縣尹王弁篆蓋/

至元三年七月八日奉訓大夫同知平凉府事致仕劉公以疾卒于家，得年/七十有七，卜以明月五日葬于長安縣小郭里之先塋。擢金進士第、澤州刺/史庭，公高祖也；擢金進士第、保德令用，公曾祖也；京兆行中書省左右司都/事斌，公祖也。雲南行御史臺侍御史天麟，字君祥，公之考也。公自蚤歲，才器/不凡，陝省辟爲從史，後除商州判官，遷大都都城所副提舉，轉長安洛南令，/調同知静寧州事，陞知環州，以同知平凉府事致仕。在長安時，民有武斷鄉/曲，持吏短長，爲上下害，莫敢誰何者。公發擿其奸，明示懲諭，部内肅然。洛南/修禮殿，延師儒，俾專教育，山野之氓，始知禮讓。民有争田者，證據紛紜，案簿/山積，不直者十餘年。公聽兩造之辭，悉得其情，片言决之。静寧時，西僧與蘭/州驛争牧馬地五百頃，僧怙勢行賄，有司皆知其非而不敢决，六七十年矣。/行省檄公治之，公不顧恤，按圖核實，俾歸蘭州，朝廷允之。環州時，上官/歲市土物而不予直，公悉止之。其後以事沮公，公不避也。卒之，野無盜警，獄/無停囚，民德而吏畏焉，陝憲以政最聞。未滿秩，弃官以歸，聚圖史，蒔花竹，賓/友往來，談論觴奕，日娱樂乎其中。公讀書通國言，尤長於史，出入上下數千/百年，背誦無遺。性端直，倜儻無城府，待人應物豁如也。嗚呼，歷官而有能聲，/居鄉里而有佳譽，不待致政之期而謝其事，適意優游，知止自樂，可謂安於/義命者矣。公之先德，具翰林學士丞旨姚公、翰林直學士楊公所撰墓碑。公/諱逵，字鴻漸，娶傅氏、魏氏、李氏，皆先公卒。男伯遜，孝弟克家，仕至同知同州/事，亦先公卒。女二，長適李某，次未嫁而卒，皆傅氏出也。孫男二，曰遵，曰述。曾/孫曰張奴。葬期有日，遵衰絰致乃祖治命，拜泣請銘。通自先世於公有通家/之好，又辱公託，義不獲辭，謹序其事而銘之。銘曰：/

赫赫澤州，肇基孔脩。惟曾惟祖，世德咸休。迨考侍御，雲翮高翥。/偉績豐功，遐邇交譽。猗歟平凉，嗣緒有光。蚤自振拔，穎脱于囊。/ 兩爲邑令，屢典州政。興學延師，民風一正。鏟惡除凶，惟善之容。/ 析奸索弊，惟是之從。不壓于勢，不屈于議。訟簡獄空，一時號治。/ 六譽方騰，遽畫脩程。知止有戒，適意爲榮。左圖右史，松竹環倚。/ 或咏或觴，優游閭里。壽考維祺，福禄是宜。令聞令望，子孫是儀。/ 載歌薤露，有歸其墓。勒兹貞珉，千載永固。

《劉逵墓誌》誌蓋拓片

元故奉訓大夫同知平涼府事致仕劉公墓誌銘
魯齋書院山長王遹撰并書
承事郎前富平縣尹王弁篆蓋
至元三年七月八日奉訓大夫同知平涼府事致仕劉公以疾卒于家得年
七十有七卜以明月五日葬于長安縣小郭里之先塋擢金進士第澤州刺
史庭公高祖也擢金進士第保德令用公曾祖也京兆行中書省左右司都
事斌公祖也雲南行御史臺侍御史天麟字君祥公之考也公自弱歲才器
不凡陝省辟為從史後除商州判官遷大都都城所副提舉轉長安洛南令
調同知靜寧州事陞知環州以同知平涼府事致仕在長安時民有武斷鄉
曲持吏短長為上下害莫敢誰何者公發摘其姦明示懲諭部內肅然洛南
修禮殿延師儒俾專教育山野之氓始知禮讓民有爭田者證據紛紜案簿
山積不直者十餘年公聽兩造之辭悉得其情片言決之靜寧時西僧與蘭
州驛爭牧馬地五百頃僧怙勢行賄有司皆知其非而不敢決六七十年矣
行省檄公治之公不顧恤按圖覈實俾歸蘭州 朝廷允之環州時上官
歲市土物而不予直公悉止之其後以事沮公公不避也卒之野無盜警獄
無停囚民德而吏畏焉陝憲以政最聞未滿秩弃官以歸聚圖史蒔花竹賓
友往來談論觴奕曰娛樂乎其中公讀書通國言尤長於史出入上下數千
百年背誦無遺性端直倜儻無城府待人應物豁如也嗚呼歷官而有能聲
居鄉里而有佳譽不待致政之期而謝其事適意優游知止自樂可謂安於
義命者矣公之先德具翰林學士承旨姚公翰林直學士楊公所撰墓碑公
諱逵字鴻漸娶傅氏魏氏李氏皆先公卒男伯遜孝弟克家仕至同知同州
事亦先公卒女二長適李某次未嫁而卒皆傅氏出也孫男二曰遵曰述曾
孫曰張奴葬期有日遵衰絰致乃祖治命拜泣請銘遹自先世於公有通家
之好又辱公託義不獲辭謹序其事而銘之銘曰
赫赫澤州肇基孔脩惟曾惟祖世德咸休追孝侍御雲翮高翥
偉績豐功遐邇交譽猗歟平涼嗣緒有光蚤自振拔穎脫于囊
爾為邑令屢典州政興學延師民風一正剷惡除兇惟善之容
析姦索弊惟是之從不壓于勢不屈于議訟簡獄空一時號治
六轡方騰遽畫脩程知止有戒適意為榮左圖右史松竹環倚
或詠或觴優游閭里壽考維祺福祿是宜令聞令望子孫是儀
載歌薤露有歸其墓勒茲貞珉千載永固

《劉逵墓誌》誌石拓片

莽完不花買地券

卒葬時間：後至元四年（1338）十一月十二日葬。
行款書體：券文14行，滿行21—25字不等，朱書，楷書。
形制紋飾：磚質，正方形，高32厘米，寬33厘米，厚5厘米。
出土時地：不詳。
存佚狀況：現藏西安交通大學博物館。
主要著録：《西安交通大學博物館藏品集錦·碑石書法卷》

【録文】

維大元至元四年歲次戊寅十一月辛酉朔十二日壬申孝曾孫答納，伏緣/曾祖考妣未入塋墳，夙夜憂思，不遑安厝，遂於奉元路咸寧/縣龍首鄉宣平坊之原，謹以錢彩信幣買到墓地一段。自/方二十四步，積五百七十六步，內立中祖昭穆坐穴。東至青龍，/西至白虎，南至朱雀，北至玄武。內方勾陳，封步界畔，道路/將軍，齊整阡陌，致使千年萬載，永無違礙。今備牲牢酒/脯，百味香新，共爲信契，財地交相各已分付，令工匠修塋安/葬大吉。/知見人：歲月主，代保人：今日直符。故氣邪精，不得忓吝，/先有居者，永避萬里。如違此約，地府主吏自當其/禍，助葬主內外存亡悉皆安吉。急急如/五帝使者女青律令。/右券乞付墓中亡曾祖考莽完/不花永遠照用。

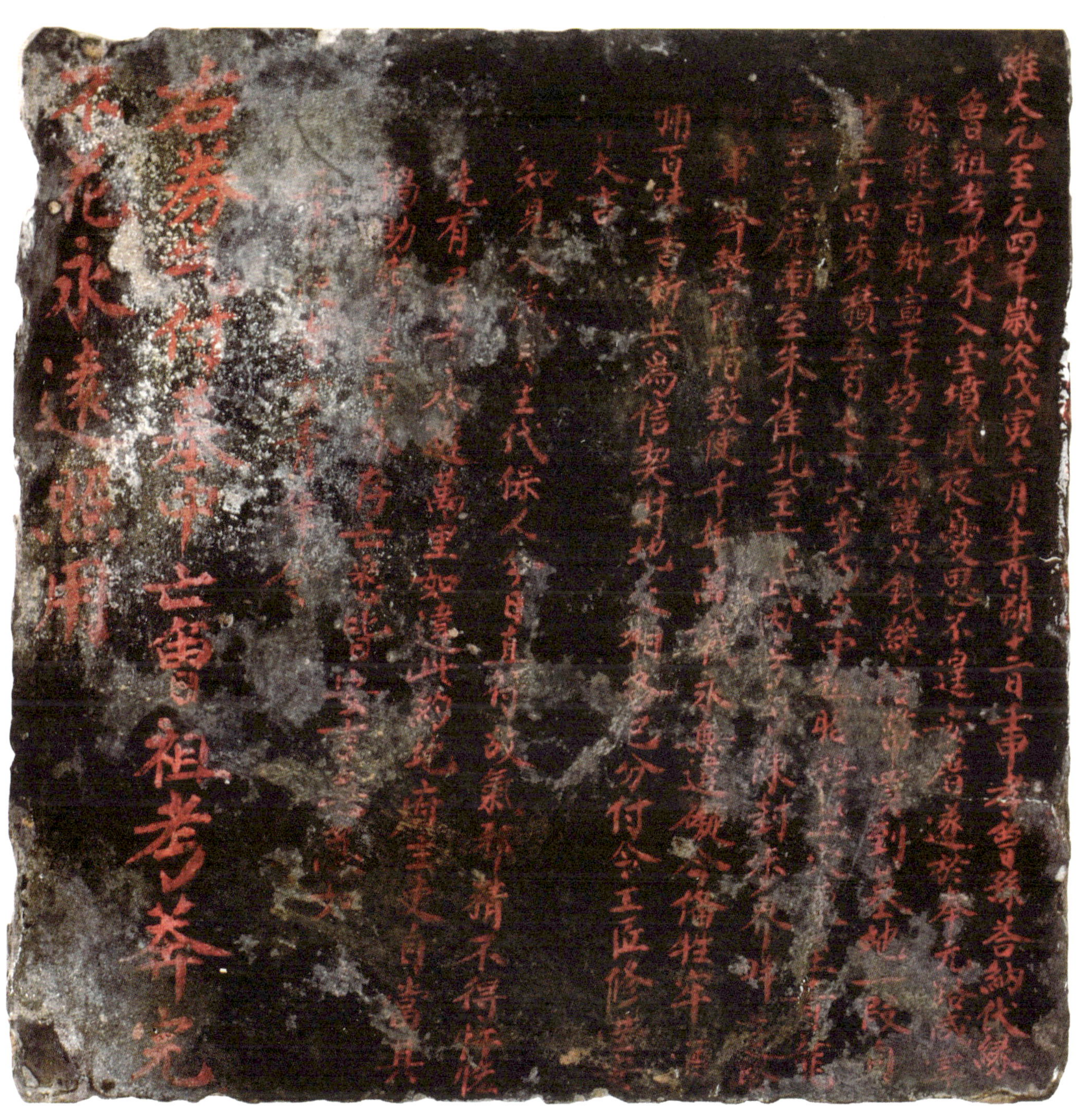

《莾完不花買地券》實物圖

張弘毅墓誌

卒葬時間： 後至元五年（1339）九月十七日葬。

行款書體： 誌上端題“元故張君達夫墓銘”1行8字，楷書。誌文19行，滿行21字，楷書。

撰書人名： 張冲撰并書。

誌文首題： 元故張君達夫墓銘。

形制紋飾： 無蓋。誌石青石質，竪長方形，高68厘米，寬56厘米，厚12厘米。

出土時地： 2011年5月西安市芙蓉東路與曲江路之間出土。

存佚狀況： 現藏西安市文物保護考古研究院。

主要著録： 首次刊布於《文物》2013年第8期（《西安曲江元代張達夫及其夫人墓發掘簡報》）。

【録文】

君諱弘毅，字達夫，姓張氏，祖以上諱逸莫考。考元家安/陸，遭兵亂，流離關中，養於紀氏，子之而不易其姓，遂爲/關中人。君質直向義，不苟言笑，克幹父蠱。非力所致，非/分所得，弗享弗取。繼先志，親睦紀氏子孫，長其長，幼其/幼，恩義交盡，始終不怠。兄事先父彦諶，通家踰卅年，情/敬益篤，盈歉相資，多寡無券契，不爽也。厚善其友馬良/佐。良佐夫妻相繼歿，子在襁抱，家頗豐裕，族舊或利其/有，君衛芘經紀，曲盡其方，嫉毀還至不恤也。男敬，開穎/喜吏習，選入府曹，君不樂，謂之曰：吾聞刻木爲吏期不/對，懼壞汝心地也。敬遂辭之，以克家稱。君嬰疾於延慶/里第，坐立肅然，不易常度。至元五年六月二十二日疾/革不起，享年六十六。娶武、李、趙，皆先卒，繼劉氏。敬，武出/也。凡四娶，不惑婦言，睽恩兒女，女適王氏子珍。先塋在/咸寧縣洪固鄉靈壽原，展敬弗便，改塋其南一里許，其/年九月十七日從葬於其昭，以武、李、趙祔。敬衰絰泣請/銘。銘曰：

惟君之生，凡民是朋。天質之良，靡有師承。不踐/其迹，行與義適。遺子以安，慮其陷溺。求之等夷，能肖者/稀。不有銘誌，孰闡其微。告爾嗣子，言猶在耳。慎保爾躬，/無忝爾止。奉元路儒學教授張冲撰并書

元故張君達夫墓銘

君諱弘毅字達夫姓張氏祖以上譜逸莫考元家安
陸遘兵亂流離關中養於紀氏子之而不易其姓遂為
關中人君質直向義不苟言笑克幹父蠱非力所致非
分所得弗享弗取繼先志親睦紀氏子孫長其長幼其
幼恩義交盡始終不怠兄事先父彥謐通家踰世季情
敬益篤盈歉相資多寡無券契不爽也厚善其友馬良
佐良佐夫妻相繼歿子在襁抱家頗豐裕族舊或利其
有君衛莊經紀曲盡其方嫉毀遝至不卹也男敬開穎
喜吏習遷入府曹君不樂謂之曰吾聞刻木為吏期不
對懼壞汝心地也敬遂辭之以克家稱君嬰疾於延慶
里第坐立肅然不易常度至元五年六月二十二日疾
革不起享年六十六娶武李趙皆先卒繼劉氏敬武出
也凡四娶不惑婦言睽恩兒女女適王氏子珎先塋在
咸寧縣洪固鄉靈壽原展敬弗便改塋其南一里許其
年九月十七日從葬於其昭以武李趙祔敬哀絰泣請
銘銘曰惟君之生凡民是例天質之良靡有師承不踐
其跡行與義適遺子以安慮其陷溺求之等夷能肖者
稀不有銘誌孰闡其微告爾嗣子言猶在耳慎保爾躬
無忝爾止奉元路儒學教授張沖撰并書

《張弘毅墓誌》拓片

雷德誼墓誌

卒葬時間： 後至元七年（1341）二月十三日葬。

行款書體： 誌文30行，滿行28字，楷書。

撰書人名： 尉阜撰并書。

誌文首題： 大元故進義副尉青澗縣主簿雷君墓誌銘并叙。

誌蓋標題： 大元故進義副尉青澗縣主簿雷君墓誌銘。4行，滿行5字，楷書。（無圖）

形制紋飾： 誌蓋、石青石質。蓋方形，高、寬均56厘米，厚7厘米。誌石方形，高67厘米，寬62厘米，厚24厘米。

出土時地： 不詳。

存佚狀況： 現藏西安市高陵區博物館。

主要著録： 《高陵碑石》《新中國出土墓誌·陝西（壹）》。

【録文】

大元故進義副尉青澗縣主簿雷君墓誌銘并叙 /

國子生尉阜撰并書 /

君諱德誼，字士宜。奉訓大夫、曜州知州禧之子，承務郎、興平縣尹德謙之 / 兄也。祖考世系，詳見幽齋同文貞公爲其考所撰碑。君以至元十五年三 / 月初五日生，幼從鈞臺韓徵君學，穎出同儕。先母羅氏，贈高陵縣君，生三 / 男，君居孟，仲德詢，季德謙，器宇宏偉，尹興平，政尚寬簡，撫惠孤弱，剗革舊 / □，崇儒雅，先君四年卒于官，其豐功茂績，具載贈從仕郎、咸陽縣尹同君 / 所撰墓銘。君以考曜州知州蔭，泰定四年敕中部尉。縣素多盜，君自 / 下車以來，嚴禁弭之方，簡守禦之備，不逾時，盜賊屏息，境内帖然。元統二 / 年，調爲朝邑鎮之税使司大使，左其用也。秩滿，至至元後六年，陞進義副 / 尉、青澗縣主簿。到邑首革蠹政，務崇□，勸奬民，訟有積年不决者，君廉問 / 分理，不移日乃平，各服其明决。是年十二月十四日以疾卒于官，得年六 / 十有四。娶段氏，前君四十一年卒；繼李氏，亦能淑德，閨門輯睦，亦卒；繼楊 / 氏，皆華族也。君有子五人，男四，志、恕暨女一人適馬氏者，李氏出；懸、忍，/ 楊氏出也。孫女四人。李君居里閈間，承寮寀，待族黨，交朋舊，均得其歡心，/ 鄉社無少長，咸愛敬焉。以君之良材偉德，居家孝友，忠敬族鄉，賓朋愛信。/ 居官刑政廉平，莅事聽斷明察，若宰之以大郡，比瓜代，弊者革，仆者起，廢 / 者興，缺者完，政清訟簡，風移俗易，熙熙然民生之富也，蔚蔚然儒風之振 / 也。□此者，君之志，士亦期君也。而青澗、延安之重邑，事劇民愚，君治之甚 / □□道。自莅政十二日遘疾，天奪其壽，不克展其所藴，惜哉。子志、恕，持君 / 喪還高陵之家，卜以至元七年二月十三日葬慶安鄉堣原先塋。族兄士 / □、士能，弟士衡、士道，子志、恕，持君行實，請銘於予。予與君素相友善，義不 / □得□，於□乎銘。銘曰：/

高陵雷氏，族華且盛。善積德累，介膺多慶。奕葉秀異，/ 以吏以儒。或緋或紫，榮著鄉閭。維進義君，曬以考貴。/ □□循良，行尚果毅。作尉中部，嚴備御方。邑

《雷德誼墓誌》誌石拓片

界静肅，/盜竊弭亡。莅政無私，課税有羡。棘枳鸞栖，邦家之彦。/□主厥邑，方展其能。民訟以决，吏弊以懲。猗欤賢簿，/天□不壽。摇摇銘旌，乃引乃柩。先塋之左，堣原之阡。/□之貞石，□永其□。

馮祐墓誌

卒葬時間： 至正二年（1342）四月九日葬。
行款書體： 誌文30行，滿行30字，行書。
撰書人名： 余貞撰，孟撝書，燮理溥化題蓋。
誌文首題： 元故朝散大夫河間等路都轉運鹽使司副使馮公墓誌銘有叙。
形制紋飾： 拓片高、寬均60厘米，左上角缺。
出土時地： 不詳。
存佚狀況： 石佚拓存，國家圖書館有藏拓。
主要著録： 《北京圖書館藏中國歷代石刻拓本匯編》第50册。

【録文】

元故朝散大夫河間等路都轉運盐使司副使馮公墓誌銘有叙 /

從仕郎襄陽路棗陽縣尹兼管本縣諸軍奥魯勸農事余貞撰，/ 儒林郎江南諸道行御史臺監察御史孟撝書丹，/ 奉訓大夫陝西諸道行御史臺監察御史燮理溥化篆盖 /

公諱祐，字天祥，世居京兆。由祖父而上皆爲宦族，世多聞人，故關中之稱名家 / 者，必曰馮氏。公生而聰敏穎拔，特異於諸子。及長，知讀書爲文，以才能受知當 / 時，辟爲四川行省掾，轉掾江西，以資格及例擢尹武昌之通城縣。未幾，湖廣行 / 省缺掾史，議者謂其地大物衆，號稱難治，非强明清慎，不足以佐蕃宣之重，克 / 當其選者，惟通城馮尹乎。乃羅致之。公既領事，梳分爪剔，冗去濁汰，闔省相慶，/ 稱爲得人。時平章公答剌罕將朝京師，詢于衆曰：孰能相我入覲于 / 朝者，吾與之俱。左右未有勝其任者，皆曰：才幹通濟，不愆于儀，莫馮掾若也。佥 / 曰可，公亦爲然，遂偕往。既至，中書亦聞其賢，選充左司掾，尋授承直郎、陝西行 / 省都事。未滿，陞奉訓大夫、知南陽府嵩州事。五年自，以之治民無怨言，罪無犯 / 獄，去之日，父老士夫，相與賫咨涕洟，遮道不得行，如赤子之失父母。既不能忘，/ 則相與伐石刻碑以彰厥美，至今東南行而過是州者，猶言公之善政善教焉。/ 继以奉議大夫，除尚書寶鈔庫提舉，改江州路同知。命下，俱未任，陞朝列大夫，/ 調遼陽行省左右司郎中。其所裨贊，善猷居多。时朝廷以經賦爲重，每 / 難其人選，爲河間等路都轉運盐使司副使，官朝散。在任，以疾弗起，享年五十 / 有八。子男三人，長曰集義，早世，有子一人，閩海道帥府奏差濟也；次克己，以遺 / 澤蔭，始授棗陽縣主簿，今承務郎、福州路福寧州判官；次守约。孫男三人，孫女 / 一人適西臺中丞何公仲博季子問道，實克己女也。公娶貟氏，後公廿六年而 / 卒。夫人令德楷範，以勤儉相夫子，以孝謹事舅姑，御下待人，動合禮度。以後至 / 元六年十月卒於福州懷安縣之寓館，享年八十有一。克己將以至正二年四 / 月初九日巳酉扶柩移葬於咸寧縣鳳栖原先塋之次，乃谋於濟及弟守约曰：/ 吾與汝不幸而父母弃背，非託纪述以勒貞珉，其何以發潜德之幽光，昭告子 / 孫於無

《馮祐墓誌》拓片　國家圖書館供圖

窮園。昔者吾以主簿筮仕棗陽，今余君以進士继尹兹邑，吾託交焉。宜 / 以狀□□□，冀垂不朽，乃以狀来示貞。予生也，後於運使公，未嘗有一日之雅 / □□□□□□百里而近，公之遺愛，至今未泯，私竊慕焉。及来棗陽，又与福寧君 / □□□□□□□□□不敢辭，乃摭其狀而系之銘，銘曰：/

□□其源，既才且文，乃國之賢，子孫其□享。

劉義墓誌

卒葬時間：至正四年（1344）十一月十日葬。
行款書體：誌文16行，滿行16字，楷書。
撰書人名：王威可撰并書，石匠楊刻。
誌文首題：無。
形制紋飾：誌石青石質，方形，高、寬均34厘米，厚6.5厘米。
出土時地：1983年西安市灞橋區洪慶鄉惠家莊村出土。
存佚狀況：現藏西安碑林博物館。
主要著録：首次刊發於《文博》1985年第4期（陳安利：《西安東郊元劉義世墓清理簡報》）。

【録文】

清甫劉姓，名義，世爲大同路應州金城人。/先至元初，福海以虎賁籍調鎮蜀雍，因挈/家留奉元咸寧之東陵鄉，卒，瑩葬莊東南/二里許。昆弟三人，義居長。弟忠，家金城；信，/娶張氏，三子，同義侍父母，早卒。義娶于氏，/貞順克相其夫，至順二年十二月廿二日/先卒。四男：長忠顯，次德元，三德亨，四德貞；/三女：長適舅之子，次早世。義生於戊辰歲/十一月十三日，在秦之産皆所爲也。性勤/敏克家，鄉里效焉。事父母始終於禮，友于/弟，教子有法，育諸孤有道。年七十七，至正/甲申歲閏月廿八日殁于家，於其年十一月/初十日葬于東陵先瑩，于氏祔之。銘曰：/

生兮惟经，没兮惟寧。/

陝西行臺掾王威可撰并書丹，/石匠提控楊刊

清甫劉姓名義世為大同路應州金城人
先至元初福海以軍賣籍調鎮蜀雍因挈
家留奉元咸寧之東陵鄉卒塋葬在東南
二里許昆弟三人義居長弟忠家金城信
娶張氏三子同義侍父母早卒義娶于氏
貞順克相其夫至順二年十二月廿二日
先卒四男長忠顯次德元三德亨四德貞
三女長適貿之子次早世義生於戊辰歲
十一月十三日在秦之產皆所為也性勤
敏克家鄉里効焉事父母始終於禮友于
弟教子有法育諸孫有道年七十七至正
甲申歲閏月廿八日歿于家於其年十二月
初十日葬于東陵先塋于氏祔之銘曰
生兮惟經沒兮惟寧
陝西行臺掾王威可撰并書丹
石匠提控楊 刊

《劉義墓誌》拓片

莫簡墓誌

卒葬時間： 至正九年（1349）春葬。
行款書體： 誌文10行，滿行11字，楷書，有方界格。
撰書人名： 無。
誌文首題： 無。
形制紋飾： 誌石青石質，方形，高53.5厘米，寬52厘米，厚度不詳。
出土時地： 西安出土，時間不詳。
存佚狀况： 曾歸端方藏，現藏故宫博物院。
主要著録： 《陶齋藏石記》《北京圖書館藏中國歷代石刻拓本匯編》第50册、《故宫博物院藏歷代墓誌彙編》。

【録文】

大元故嘉議大夫平江路總/管莫簡，字居敬，京兆人。前至/元丙寅十二月生，至正戊子/七月以壽终于正寢，享年八/十有三。祖迪，祖妣李氏；考祺，/妣田氏；妻邢氏，用公貴，咸授/三品封贈。冢子浩，蔭七品流/官。次年春，遵儒禮樸素，祔葬/長安縣苑西鄉青架社先塋/之穆，詳載别石。

大元故嘉議大夫平江路揔
管莫簡字居敬京兆人前至
元丙寅十二月生至正戊子
七月以壽終于正寢享年八
十有三禮迪祖妣李氏考祺
妣田氏妻邢氏用公貴咸授
三品封贈冢子浩廕七品流
官次年春遵儒禮襆素祔葬
長安縣苑西鄉青架社先塋
之穆詳載別石

《莫簡墓誌》拓片　國家圖書館供圖

崇公壽塔銘

刊立時間：至正十年（1350）八月二十五日立。

行款書體：塔銘中部題“明慧顯性大師崇公壽塔”1行10字，楷書。銘文10行，滿行17—19字，楷書。

形制紋飾：拓片高40厘米，寬37厘米。

出土時地：不詳。

存佚狀況：石佚拓存，國家圖書館存陸和九藏拓。

主要著録：《北京圖書館藏中國歷代石刻拓本匯編》第50册。

【録文】

明慧顯性大師崇公壽塔/

噫，識托池陽，廣吉上鄉。劉孟邑界，張氏瑞芳，/迤邐歲成，歸向法王。稟師授法，事□□志。/隨緣聚散，笑煞孟郎。嘻，一日□□還故地，恁/他明月與風長。/

嗣法：贇讓、完頊、印□。/

法徒：行嚴、行性、行達、行□、/行證、行圓、行顯立石。/

師孫：妙覺、妙能、妙用、/妙德、妙便、妙璡。/

大歲庚寅至正十年中秋八月乙酉二十五日記

《崇公壽塔銘》拓片　國家圖書館供圖

張黴墓誌

卒葬時間： 至正十七年（1357）十月二十四日葬。
行款書體： 誌文53行，滿行20—57字不等，楷書。
撰書人名： 劉傑撰。
誌文首題： 大元故奉政大夫河南府路陝州知州兼管本州諸軍奥魯勸農事知河防事張公墓誌銘。
形制紋飾： 誌石青石質，圓首，砌立於磚座上，現可見高91厘米，寬69.5厘米，厚13.5厘米。
出土時地： 不詳。
存佚狀況： 現藏咸陽市三原縣博物館。
主要著録： 首次刊發於《元史及民族與邊疆研究集刊》（第三十七輯）（王曉欣：《元〈張黴墓誌〉及相關問題考述》）。

【録文】

大元故奉政大夫河南府路陝州知州兼管本州諸軍奥魯勸農事知河防事張公墓誌銘 /

徵事郎陝西諸道行御史臺前監察御史劉傑撰 /

公諱黴，字克禮，姓張氏，耀之三原人。先世多隱德，曾祖貴，以孝義稱；祖德明，奉議大夫、信州路□山州知州、驍騎尉、涇陽縣子，以□□ / 榮貴也；父世昌，授敦武校尉、禮店汶州蒙古漢軍奥魯軍民千户，再授脱思麻路新附軍上千户，皆□贈文林郎、陝西等處□□□□ / 右司都事，加贈奉議大夫、奉元路總管府治中、驍騎尉、長安縣子，復加贈中順大夫、兵部侍郎、上騎都尉、清河郡伯；妣楊氏，封宜人，□ / 長安縣君，復加封清河郡君，皆以公貴也。公生而天資英偉，及長，力學强記，練達時务，經有年矣。有司歲貢，爲江北淮□□□□□□ / 書史，尋調山東。時山東運司憲史動干以私，富商市盐者多倚以爲重，惟公一無所與。王公仲益爲轉運使，深器重之。未幾，王仲益□ / 中書户部尚書，□辟爲令史，後遂推選爲提控，俾總曹務。時侍郎達失怗木兒、員外郎孛□怗木兒皆□□臺御史，同薦于臺□□□ / 掾史，既而樞密院亦以掾辟，公竟就臺辟。故事，臺掾考滿，除各道憲司審職。臺臣知公持守□□，/ 奏除御史臺管勾，陞文林郎、本臺照磨兼獄丞，皆能厥官。□年，轉儒林郎，拜江南諸道行御史臺監察御史，□官風采凜然。時閩李 / 志甫弄兵干紀，江浙平章别不花、右丞忽都海牙奉 / 命討之，玩兵不進，公獨抗章論其罪。臺臣以聞，上命中書省、樞密院、御史臺選官雜治得實，雖幸遇 / 赦原，竟坐免官。公尊賢下士，尤以敦免學校爲己任。大夫八剌哈赤銀青榮禄率臺察官屬躬詣宣聖廟學釋奠，持酒肴勸掖士子，儀□□ / 備，誠意懇悃，公實倡之也。河南二程夫子道統所繫，明道先生嘗主上元簿，作精舍東門外。今置書院以祀先生，公復言于諸御史，□ / 書院，行釋菜禮成。觀者咸曰：張公爲御史，其知本乎，前此所未也。至於薦人才、惠鰥寡，與夫流通鈔法、乎［平］，允獄訟，罔不盡職。公按行□ / 溧水句容，豪民胡子凌等蠹法厲民。擒其黨與，悉置之法，民

《張儆墓誌》拓片

《張徹墓誌》拓片放大圖

大悦服。會臺選御史朝賀京師，衆推公行。臺臣素知公□，奏□，/上賜□厚幣。後二年，公奉親家居，雲内王公時舉来爲御史，貽書于公曰：公所歷，民至今稱爲真御史也。至正二年，轉奉訓大夫，除僉□/諸道肅政廉訪司事。雲南，去京師萬里，僻處絶域。公至，興修學校，增飾祭器，巡行烏撒、烏蒙并曲靖宣慰司，見郡邑校□多□/圮，及先賢位次失序，公悉命正而新之。廟皃炳焕，禮儀整秩，殊俗嘆服。凡文學官考滿，例從憲司考試，乃上其名，銓曹次第甄用。憲司□/歷不以時至，則及代而不獲一試，困滯動經數年。公分部不避險巇，民瘼賴以甦息，而文學之士亦無困滯之患焉。遇盜，貰而不能歸者，□/[由]官償其所奪，由是道路行旅不絶。時憲司與省屬構隙，皆抵罪，惟公介然其間，人不可得而犯也。尋即侍親，家居，澹然無仕進意。□/載遭父喪，哀毁盡禮。六年，服闋，轉奉政大夫、僉西蜀四川道肅政廉訪司事。初，奉使至蜀，弗禮/上意，沮[壞]憲紀，攻擊湈遺，僉事烏馬兒誣服賊七百余定，貧無以輸，永寧宣慰司劉長官竟爲代之，道路皆嘆其屈。公既至，迹其不法，毅然□/之。適成都岳録事以奉使官吏受金若干，陳于憲司，衆懾懼不能決，公即具實狀以/聞。臺臣大夫亦憐只班金紫光禄，一日凡七詣闞［闕］坑［抗］疏。/上可其奏，命中書省、御史臺與本道憲司官同按其罪。奉使主事武子春、令吏何某、金某、知印曲列兒達兒麻、奉使之子子元皆當連坐，中[書]/省命兵馬司官執之。武子春不免于罪，乃自樓墜地，幾絶。兵馬司以站車發遣出都門，至章德，道中遇/赦，釋之。公竟解官去。朝廷聞之，明年，陞嶺北湖南道肅政廉訪司副使。公黜污舉善，發奸擿（伏），以至溪洞傜僚咸知警畏。又明年，調江浙行中/書省左右司郎中。江浙爲東南重地，分官任[職]居諸省之[右]，省設掾史四十人，案牘山積，稟署林立，無少休息。且中外使价絡繹，其米粟金帛貨貝□/天下之七，選法尤爲繁重，至有積歲在選不得調者。公披閲案牘，銓注若流，選曹爲之一清。台州黄岩[州]海寇竊發，奪官粮，梗塞海道，/朝廷興師掩捕。公調遣饋餉，不擾而集。御史普達實理、劉公廷幹上其功狀，浙西憲司官相继論薦。十年，自浙解官歸，舟次揚州，寇作，弗果行。南臺[大]□/麟選守集慶，江浙省選牧江陰，馹騎交至，皆不赴。十二年，鎮南王（傅）翰林承旨晃忽兒不花鎮揚州，選充副總管。未幾，有旨立淮南等處行/省，除本省理問所理問，凡事之稽疑不決者一以諉公，公緣情致理，悉底平允。泰興縣民大□構怨相殘，吏不能捕。省遣淮西元帥怗木兒、揚州路達魯花赤□/率兵誅之，前期遣公招諭。公直抵賊巢，宣布朝廷威德，曉以礼義，明示禍福。賊衆驚愕，投弃兵刃，羅拜于前，曰：明公至此，某等更生之秋矣，敢不□/過自新。率衆來歸，遂爲良民如初。未幾，選攝正總管。揚州，東南一大都會也，迫於寇攘，政令煩拏，征斂叢沓。公憂勞庶務，諮詢盡下，凡有[利]病，靡不□/究。鋤削積弊，教養疲氓，挈綱摧維，畢有條貫。民有姚某、張某行商湖廣，妻子貲財俱没于賊，委而不顧，脱難歸鄉里，而怨家指以爲賊黨。帥府官□/問，一皆引伏，執縛送省，委公推讞。察其無反狀，言于省，特釋之。公剛毅果断，嫉恶出於天性，豪猾懲之無所貸，然坐是竟亦[貶]□。十五年，賊陷河南□□□，/賊窮蹙西走，及閿鄉境，多遁去。閿鄉爲陝州属邑，地接長安潼關之險，古今恃以爲固，所守難其人。/朝議起公于家，授陝州知州。命下，咸以枉其才，惜之。公慨然曰：是豈不足行吾志耶？拜命即行。既至官，明號令，申約束，首建團結之議，使之有事□□，/無事則守。朝夕訓練，察其嚴弛，且勸且懲，營壘庵廬器械，公皆親爲經畫，無不精備。既而朝廷遣官至洛州縣，皆令舉行公之規制。已先□/境，鼓声一動，此響彼應，使者嘆賞而去。時太子陝西行中書省參知政事述律杰鎮潼關，河南行省命公守關之東門，詰奸禁暴，盗不敢犯，□/終夕不寐。太子參政每與計事，陳方應变，裨益爲多。潼關去州二佰余里，持牒訴不平者悉詣公所，必得一言决可否然後去。上官咸以風憲老成□□/稱之必曰張御史。屬吏侍側，終日不移，稟然如弟子之事嚴師焉。明年十四日，公以疾卒。越二十日，賊犯潼關，太子參政俱死于難。人皆曰使公在，詎至□/公事親至孝，爲御史臺照磨，迎養京師；拜御史，逾歲，棄官歸省。擢雲南以親老，願留養親，不許乃行。既至，親日有微疾，兄儼請召之，親曰：勿亟。儆某□/日果歸。親既終喪，田廬財産以讓其兄，余爲義莊以給宗族之貧者。孝義之行，鄉黨稱焉。公生于大德丁酉，晚號清谷，娶傅氏、趙氏，追封宜人、清河□/君；王氏，封清河郡君。子男二，長曰恒，次曰升，奉柩歸。以是年十月廿又四日葬常平鄉悌友村先兆。恒□請銘。余過關中，辱知最深，何□以不文辭？王齋歐□/嘗贊公像曰：心和氣剛，智圓行楷。讜言欲論，不闔不捭。當官劇繁，迎刃事解。廷中奏議，百辟震駭。霜松恒葉，秋月渤澥。展也曲臣，□□/鳴呼。世之持禄保位者雖極貴盛，一以古人之道練之，卒被阿諛之名。若公之歷官行事，視古之直道以事人者，蓋無愧焉。謹叙次其實而□□：/

直方以大，其動也綱。體法乎坤，臣道之常。天生我公，于此雍疆。風儀炯炯，言論揚揚。不□□□，/亦匪勁疆。執我王法，振我憲綱。抑尔凶頑，持尔善良。時止時行，厥聞益彰。公□杞梓，/不構明堂。公才騏驥，不鶩康莊。斂惠于州，控制一方。屹然潼關，奸慝遁藏。一人之守，/萬夫之防。既全而毁，繫公存亡。禄位未豐，年胡不長。刻辭墓門，過者感傷。/

時至正丁酉春中月中旬有七日，哀子恒暨升謹誌

劉天傑墓誌

卒葬時間： 至正二十年（1360）十一月二十九日葬。
行款書體： 誌文20行，滿行21字，楷書。
撰書人名： 無。
誌文首題： 無。
形制紋飾： 誌石青石質，方形，高53厘米，寬57厘米，厚12.5厘米。
出土時地： 2009年西安市長安區韋曲街辦曲江觀山悦住宅小區基建工地出土。
存佚狀況： 現藏陝西省考古研究院。
主要著録： 《元代劉黑馬家族墓發掘報告》。

【録文】

劉公諱天傑，字國英，乃四川、山西五路宣授金牌武略/將軍之子、秦國公之孫也，即元朝之故族，累世之功/臣也。公爲人雅量弘深，膂力過人，騎射出衆，文華超群，/爲當世文武之最也。時遇承平，遂以清高自適，隱居有/鄠南羅什里。公治家有法，訓子有方，深爲當世之所稱，/鄉鄰之所重。公娶馬氏，乃成都路總管之女也；又娶王/氏，乃姜堡里王君之愛女也，悉係閥閲之族，時爲泛德/之美。事上極孝，撫幼至慈，甚爲宗族之所貴重。生四子，/文饒、文焕，馬氏之子也；文彦、文礼，王氏所生也，時人號/爲四傑焉。文饒娶清氏，文焕娶張氏，文彦娶張氏，文礼/娶趙氏，亦以孝敬婉娩所稱。有女三，長適耶律氏，次適/晋寧楊氏，次適史氏，皆當世之盛族，一時之英傑也。公/七月初二日生，壽五十有二，天曆歲八月廿三日歿於/正寢。馬氏先卒;王氏九月初十日生,壽七旬有五,至正/庚子十月廿二日以疾終，卜於當年十一月廿九日合/葬於祖营［塋］，乃咸寧縣下店，古曲江之西南也。/

赫赫劉公，文武英特。國公之孫，武略之恩。/時逢海晏，韜光隱德。力彼忠勤，孝敬惟則。/遺厥後昆，子孫翼翼。有嗣有茔，永祀無忒。/

大元至正庚子歲十一月廿九日謹誌

劉公諱天傑字國英乃四川山西五路宣授金牌武畧
將軍之子秦国公之孫也卽元朝之故族累世之功
臣也公爲人雅量弘深膽力過人騎射出衆文華超群
爲當世文武之最也時遇承平遂以清高自適隱居有
鄠南羅什里公治家有法訓子有方深爲當世之所稱
鄉隣之所重公娶馬氏乃成都路總管之女也文聘王
氏乃姜堡里王君之愛女也悉係閥閱之族時爲淑德
之美事上極孝撫幼至慈甚爲宗族之所譽生四子
文饒文煥馬氏之子也文彦文禮王氏所出也時人號
爲四傑焉文饒娶晴氏文煥娶張氏文彦娶張氏文禮
娶趙氏亦以孝敬婉娩所稱有女三長適耶律氏次適
晉寧楊氏次適史氏皆當世之盛族一時之英傑也公
七月初二日生壽五十有二天曆歲八月廿三日歿於
正寢馬氏先卒王氏九月初十日生壽七旬有五至正
庚子十月廿二日以疾終卜於當季十一月廿九日合
葬於祖营乃咸寧縣下店古曲江之西南也
赫赫刘公　文武英特　國公之孫　武畧之恩
時逢海晏　韜光隱德　力波忠勤　孝敬惟則
遺厥後昆　子孫翼翼　有嗣有茔　永祀無忒
大元至正庚子歲十一月廿九日謹誌

《劉天傑墓誌》拓片

劉元亨墓誌

卒葬時間： 刻立時間不詳。
行款書體： 誌文殘存2行，滿行7字，隸書。
撰書人名： 不詳。
誌文首題： 不詳。
形制紋飾： 誌石青石質，長方形，高48.3厘米，寬34厘米，厚9.5厘米。
出土時地： 2009年西安市長安區韋曲街辦曲江觀山悦住宅小區基建工地出土。
存佚狀況： 現藏陝西省考古研究院。
主要著録： 《元代劉黑馬家族墓發掘報告》。

【録文】

宣差山西兩路征／行千户劉公之墓

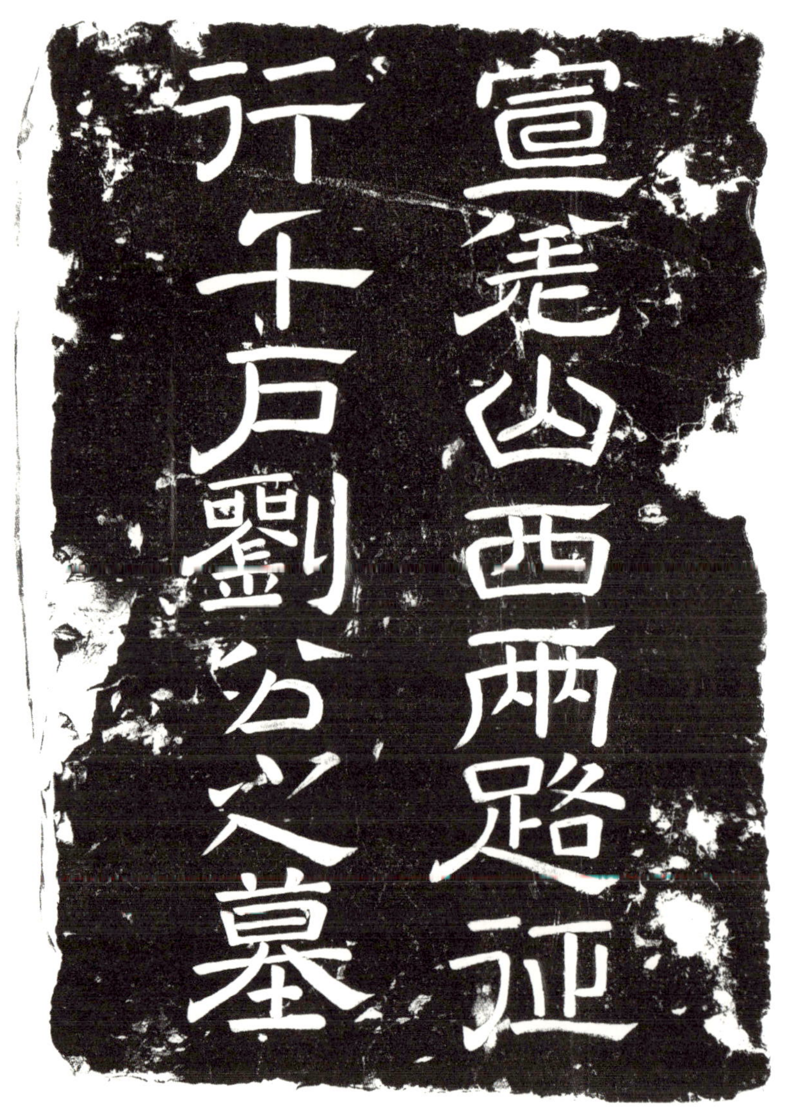

《劉元亨墓誌》拓片

劉惟德墓誌

卒葬時間： 刻立時間不詳。
行款書體： 誌文殘存8行，滿行字數不詳，楷書。
撰書人名： 不詳。
誌文首題： 不詳。
形制紋飾： 誌石青石質，殘高20厘米，寬18厘米，厚12.5厘米。
出土時地： 2009年西安市長安區韋曲街辦曲江觀山悦住宅小區基建工地出土。
存佚狀況： 現藏陝西省考古研究院。
主要著録： 《元代劉黑馬家族墓發掘報告》。

【録文】

（上闕）信校尉管軍上千户劉君䓁（下闕）/
（上闕）字惟德，姓劉氏，其先宣德州（下闕）/
（上闕）率衆歸附 /
（上闕）留守天下兵馬都元帥（下闕）/
（上闕）同三司上柱國，追（下闕）/
（上闕）授都總管萬（下闕）/
（上闕）開府儀同（下闕）/
（上闕）秦國（下闕）

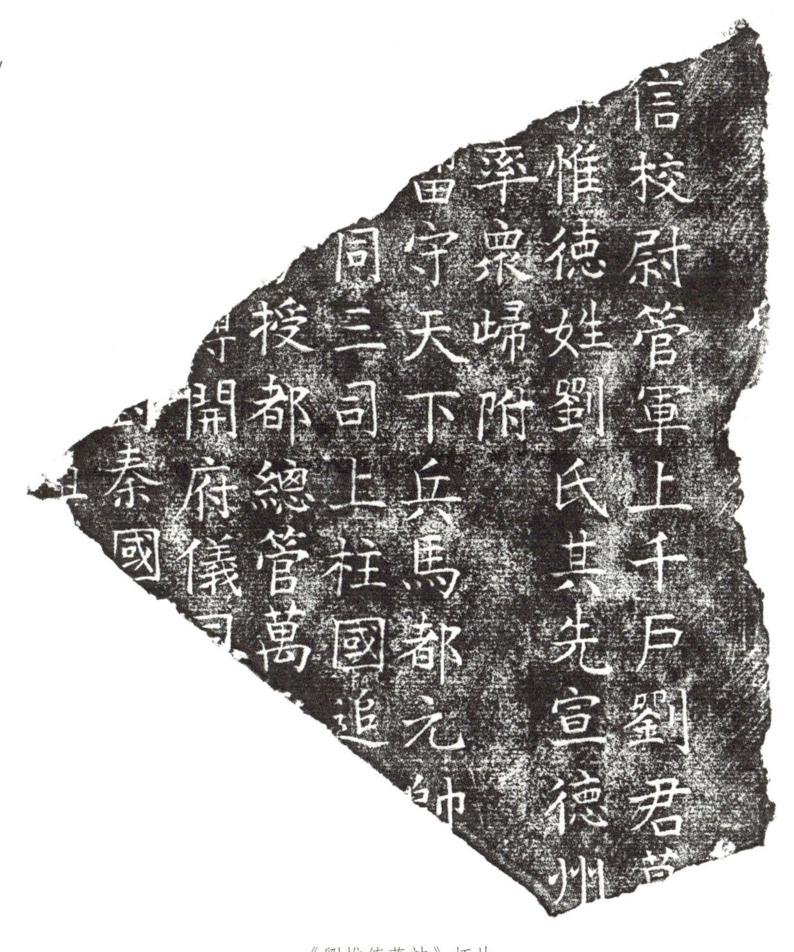

《劉惟德墓誌》拓片

徵引書目

[1] 北京圖書館金石組．北京圖書館藏中國歷代石刻拓本匯編：第 48 册［M］．鄭州：中州古籍出版社，1989.

[2] 北京圖書館金石組．北京圖書館藏中國歷代石刻拓本匯編：第 49 册［M］．鄭州：中州古籍出版社，1989.

[3] 北京圖書館金石組．北京圖書館藏中國歷代石刻拓本匯編：第 50 册［M］．鄭州：中州古籍出版社，1989.

[4] 董國柱．高陵碑石［M］．西安：三秦出版社，1993.

[5] 端方．陶齋藏石記［M］// 石刻史料新編：第 11 册．台北：新文豐出版公司，1982.

[6] 高峽．西安碑林全集［M］．廣州：廣東經濟出版社，1999.

[7] 故宫博物院，陝西省古籍整理辦公室．新中國出土墓誌：陝西（叁）［M］．北京：文物出版社，2015.

[8] 郭玉海，方斌主編，故宫博物院編．故宫博物院藏歷代墓誌彙編［M］．北京：紫禁城出版社，2010.

[9] 胡戟，榮新江．大唐西市博物館藏墓誌［M］．北京：北京大學出版社，2012.

[10] 李慧，曹發展．咸陽碑刻［M］．西安：三秦出版社，2003.

[11] 李家駿．西安交通大學博物館藏品集錦：碑石書法卷［M］．西安：陝西人民美術出版社，2013.

[12] 李修生．全元文：第二册［M］．南京：江蘇古籍出版社，1999.

[13] 李修生．全元文：第十一册［M］．南京：江蘇古籍出版社，1999.

[14] 李修生．全元文：第十九册［M］．南京：江蘇古籍出版社，2000.

[15] 李修生．全元文：第二十七册［M］．南京：江蘇古籍出版社，

2000.

［16］李治安．慶祝蔡美彪教授九十華誕元史論文集［M］．北京：中國社會科學出版社，2019.

［17］劉迎勝．元史及民族與邊疆研究集刊：第三十七輯［M］．上海：上海古籍出版社，2019.

［18］齊運通，楊建鋒．洛陽新獲墓誌：二〇一五［M］．北京：中華書局，2017.

［19］陝西歷史博物館．風引薤歌：陝西歷史博物館藏墓誌萃編［M］．西安：陝西師範大學出版總社，2017.

［20］陝西省古籍整理辦公室．藥王山碑刻［M］．西安：三秦出版社，2013.

［21］陝西省考古研究院．元代劉黑馬家族墓發掘報告［M］．北京：文物出版社，2018.

［22］陝西省考古研究院．陝西省考古研究院新入藏墓誌［M］．上海：上海古籍出版社，2019.

［23］宋伯魯，吴延錫等纂，楊虎城、邵力子修．續修陝西通志稿［M］．鉛印本，1934（民國二十三年）．

［24］同恕．榘庵集［M］．李夢生，校勘．太原：山西古籍出版社，2003.

［25］吴敏霞．長安碑刻［M］．西安：陝西人民出版社，2014.

［26］吴敏霞，劉兆鶴．户縣碑刻［M］．西安：三秦出版社，2005.

［27］武樹善．陝西金石志［M］．陝西通志館，1934（民國二十三年）．

［28］西安碑林博物館．碑林論叢：總第二十四輯［M］．西安：三秦出版社，2019.

［29］西安市長安博物館．長安新出墓誌［M］．北京：文物出版社，2011.

［30］西安市文物稽查隊．西安新獲墓誌集萃［M］．北京：文物出版社，2016.

［31］余華青，張廷皓．陝西碑石精華［M］．西安：三秦出版社，2006.

［32］張總．中國三階教史：一個佛教史上湮滅的教派［M］．北京：社會

科學文獻出版社，2013.

[33] 張江濤 . 華山碑石 [M] . 西安：三秦出版社，1995.

[34] 趙力光 . 西安碑林博物館新藏墓誌彙編 [M] . 北京：綫裝書局，2007.

[35] 趙力光 . 碑林集刊：17 [M] . 西安：三秦出版社，2011.

[36] 趙力光 . 碑林集刊：19 [M] . 西安：三秦出版社，2013.

[37] 中國文物研究所，陝西省古籍整理辦公室 . 新中國出土墓誌：陝西（壹）[M] . 北京：文物出版社，2000.

[38] 中國文物研究所，陝西省古籍整理辦公室 . 新中國出土墓誌：陝西（貳）[M] . 北京：文物出版社，2003.

後記

這是我平生第一次寫後記，當思索如何開始下筆時，却猛然醒悟自己在西安碑林工作即將滿30年。我從當年那個連隸書和楷書字體都分不清的碑刻"小白"，在幾年前已开始被年輕人稱爲"老師"了。但我仍清晰記得2002年，在我第一次句讀的墓誌録文上，王其禕老師批改出的滿紙紅字以及他臉上流露出的無奈。好在王老師没有放棄我，之後的五年我一直跟隨他整理隋代墓誌銘，我的石刻文獻整理之路即開始於此。

今天呈現給大家的這本圖書，是在我主持的陝西社科基金課題《陝西考古出土蒙元時期墓誌的整理與研究》基礎上完成的。這是我第一次主持石刻文獻的整理工作，成果得以出版，總是一件令人欣喜的事情。

本書的編纂團隊就是這一課題組的原班人馬，所以首先要感謝我的團隊成員。這個團隊中，除我之外，其他成員都是八零後。五年時間裏，他們中結婚生子者有之，攻讀博士學位者有之，也都逐步成爲各自單位的中堅力量，有了各自的研究方嚮，這些都是令我欣慰的地方。工作、生活兩不誤，豈不美哉！同時在這裏，也要對攝影師羅小幸先生的辛苦付出表示感謝。

其次，感謝提供墓誌資料的各個收藏單位和個人。感謝西安碑林博物館、西安博物院、陝西省考古研究院、西安市文物保護考古研究院、大唐西市博物館等單位的支援，感謝各地縣博物館的支持。陝西蒙元時期墓誌是首次進行整理，在具體工作中遇到不少始料未及的問題，如果没有各收藏單位的無私配合，這項工作是不可能完成的。

最後，感謝國家出版基金的支持，感謝陝西人民美術出版社總編輯雷波先生對本項目的關心。近年來，中古史研究領域青睞於對新材料的發掘與利用，石刻整理成果的出版層出不窮。但實話説，石刻整理是一項費心費力的工作，對於出版編輯團隊的水準亦是一場考驗。周佳星、衛春怡兩位編輯爲保證本書的品質做了大量工作，一次次發來的問題清單，使我一次次地汗顔和後怕。試想如果没有她們認真的審校，整理成果的品質將大打折扣。在此，要向韓宏偉先生率領的編輯團隊全體人員表達由衷的謝意。

由于本人學識有限，本書所收墓誌的録文雖經過反復修改，但仍會有一些錯誤和疏漏的地方，希望大家批評指正。

在西安碑林博物館工作是我的榮幸，這本書就算是我和我的團隊爲西安碑林獻上的一份禮物。

樊　波

二〇二一年四月